前　言

　　大数据时代，在商业、经济及其他领域中如何把隐藏在一大批看似杂乱无章的数据背后的信息集中和提炼出来，总结出所研究对象的内在规律，基于数据和分析去发现问题并做出科学、客观的决策越来越重要。数据分析技术广泛应用于云计算、移动互联网、物联网等战略新兴产业，帮助企事业单位用户在合理时间内获取、管理、处理以及整理海量数据，为企事业单位经营决策提供帮助。

　　Python 语言是一种面向对象的解释型计算机程序设计语言，它具有丰富和强大的数据分析和处理库，并具有语言简洁性、易读性和可扩展性等特点。本书以案例为主线讲解通过 Python 语言编程来进行数据分析，具体内容安排如下：

　　第一部分（第 1 章、第 2 章）：介绍数据分析与数据分析技术、互联网大数据及特点、数据分析过程、Python 数据分析库，并进行实际的 Python 数据分析开发环境的搭建。

　　第二部分（第 3 章）：讲解 NumPy 库的科学计算和数据处理函数，并通过实际综合案例具体介绍 NumPy 的数据分析过程。

　　第三部分（第 4 章、第 5 章、第 6 章）：讲解 Pandas 的数据结构、各种外部数据的读写、强大高效的数据分析函数，各章设计配套案例，通过案例分析突出 Pandas 简单快速的数据分析功能。

　　第四部分（第 7 章）：讲解 Matplotlib 绘制柱形图、饼图、散点图、折线图等基本图表和等高线图、3D 图、子图与嵌套图等高级图表的数据可视化内容。

　　第五部分（第 8 章）：Python 数据分析综合案例分析讲解，以爬取某市二手房交易数据进行数据分析，介绍识别需求、数据获取、数据清洗转换和数据分析、数据可视化和数据分析结果报告等全流程数据分析过程。

　　本书是专门为应用型本科大数据、计算机科学与技术、软件工程、应用数学等专业学生编写的数据分析类教材,也可作为数据分析技术人员的参考书。本书紧紧围绕应用型本科专业培养方案的毕业要求,以实际工程案例为主线,通过案例设计突出数据分析专业技能的培养和训练。全书案例 86 个,综合案例 3 个。

　　本书由厦门理工学院万念斌、肖伟东、叶丰标编著,参与编写的还有洪阿兰、陈晓艳、葛江玲、刘斌、吴婧等老师。由于时间和编者学识有限,书中不足之处在所难免,敬请同行、专家和读者指正。

编　者

2019 年 9 月

大数据应用"十三五"规划教材

本书受厦门理工学院资助，属厦门理工学院教材建设基金资助项目成果

Python 数据分析
案例教程

万念斌　肖伟东　叶丰标　编著

厦门大学出版社　国家一级出版社
XIAMEN UNIVERSITY PRESS　全国百佳图书出版单位

图书在版编目(CIP)数据

Python 数据分析案例教程/万念斌,肖伟东,叶丰标编著.—厦门:厦门大学出版社,
2019.12
ISBN 978-7-5615-7673-1

Ⅰ.①P⋯ Ⅱ.①万⋯②肖⋯③叶⋯ Ⅲ.①软件工具—程序设计—教材 Ⅳ.①TP311.561

中国版本图书馆 CIP 数据核字(2019)第 278412 号

出 版 人	郑文礼
责任编辑	眭 蔚

厦门大学出版社

社 址	厦门市软件园二期望海路 39 号
邮政编码	361008
总 机	0592-2181111 0592-2181406(传真)
营销中心	0592-2184458 0592-2181365
网 址	http://www.xmupress.com
邮 箱	xmup@xmupress.com
印 刷	厦门集大印刷厂

开本	787 mm×1 092 mm 1/16
印张	12.75
字数	326 千字
版次	2019 年 12 月第 1 版
印次	2019 年 12 月第 1 次印刷
定价	43.00 元

厦门大学出版社
微信二维码

厦门大学出版社
微博二维码

目　录

第 1 章 数据分析概述

大数据时代,在商业、经济及其他领域中基于数据和分析去发现问题并做出科学、客观的决策越来越重要。数据分析技术作为一门前沿技术,广泛应用于云计算、移动互联网、物联网等战略新兴产业,帮助企事业单位用户在合理时间内获取、管理、处理以及整理海量数据,为企事业单位经营决策提供帮助。本章将介绍数据分析与数据分析技术、数据分析过程、互联网数据及特点、Python 数据分析等内容。

1.1 认识数据分析

数据分析是指用适当的统计分析方法对收集来的大量数据进行分析,提取有用信息和形成结论从而对数据加以详细研究和概括总结的过程。数据分析的本质是什么?就是将这些结构化或者非结构化的数据,映射到指定格式的数据空间里面,然后进行分析,数据分析的基础就是数据空间的映射。数据分析的目的是把隐藏在一大批看似杂乱无章的数据背后的信息集中和提炼出来,总结出所研究对象的内在规律。它能帮助管理者进行判断和决策,以便采取适当策略和行动。

按统计学划分,数据分析分为描述性数据分析、探索性数据分析、验证性数据分析。描述性数据分析是初级数据分析,通常采用对比分析法、平均分析法、交叉分析法。探索性数据分析侧重在数据之中发现新的特征,是为了形成值得假设的检验而对数据进行分析的一种方法,是对传统统计学假设检验手段的补充。验证性数据分析侧重于已有假设的证实或证伪。

数据分析的应用非常广泛,典型的数据分析一般包括以下三步:

(1)探索性数据分析。数据获得后,并不是意向的那么工整,可能杂乱无章,看不出规律,通过清洗、转换、计算某些特征值生成不同形式的图表等手段探索隐含在数据中的规律性。

(2)模型选定分析。在探索性数据分析的基础上根据数据进行数学建模,设计编写算法,然后通过进一步的分析从中选出适合的模型。

(3)推断分析。通常使用数理统计方法对所建模型或估计的可靠程度和精确程度做出推断。

数据分析存在四大误区,它们是:忽略数据分析的核心,为了数据而分析;忽略业务知识,数据偏离实际轨道;忽略业务问题,追求高级分析模型;为数据而找数据。正确做法应该是围绕企业(单位)现状、业务变动情况及原因,预测未来趋势来进行分析;从企业(单位)业务出发,需要管理、营销、策略的综合知识;说明业务的问题、原因及解决方法才是重要的;客观中立地分析数据,不要为了迎合观点而去找数据。

要学习数据分析,先要掌握数据分析的常用术语,它们是:

(1)平均数。平均数等于全部数据的总和除以数据总个数,是对数据集中趋势的反映,平均数包括算术平均数、几何平均数、调和平均数、众数和中位数。算术平均数的优点是可以代表总体一般的水平,掩盖了总体内个体的差异;缺点是易受到极端值的影响。

(2)百分比与百分点。百分比(百分率、百分数%)表示一个数是另一个数的百分之几。百分点是指不同时期以百分数的形式表示的相对指标的变动幅度(提高或降低),以 1%作为度量单位,如 12%就是 12 个百分点。

(3)比例与比率。比率是指在总体中,各部分的数值占整体数值的比重,反映总体的构成和结构。比例是指不同类别数值的对比,它反映的不是部分与整体的关系,而是一个整体中各部分之间的关系。

(4)倍数与番数。倍数是一个数除以另一个数得的商,一般表示数量的增长或上升幅度。番数是原来数量的 2 的 N 次方倍,如翻一番为原来数量的 2 倍,翻两番为 4 倍。

(5)绝对数与相对数。绝对数是反映在一定时间、地点、条件下数量增减变化的绝对数或总规模的综合性指标。相对数用于反映客观现象之间数量或相互间联系的综合指标。

(6)频数与频率。频数是指一组不同类的数据重复出现的次数。频率是指每组类别次数与总次数的比值,它代表某类别在总体中出现的频繁程度,一般用百分数表示。所有频率相加之和为 1。

1.2　数据分析与数据挖掘

数据挖掘是指从数据库的大量数据中揭示出隐含的、先前未知的并有潜在价值的信息的非平凡过程。数据挖掘是一种决策支持过程,它主要基于人工智能、机器学习、模式识别、统计学、数据库、可视化技术等,高度自动化地分析企业的数据,做出归纳性的推理,从中挖掘出潜在的模式,可帮助决策者调整市场策略,减少风险,做出正确的决策。数据挖掘是通过分析每个数据,从大量数据中寻找其规律的技术。

数据挖掘和数据分析都是从数据中提取一些有价值的信息;都需要懂统计学知识,懂数据处理一些常用的方法,对数据的敏感度比较好。两者有很多相似之处,联系越来越紧密,很多数据分析人员开始使用编程工具进行数据分析,如 Python、R 语言等,而数据挖掘人员在结果表达及分析方面也会借助数据分析的手段。但是两者的侧重点和实现手法有所区别,不同之处表现在:

(1)在应用工具方面,数据挖掘一般要通过算法编程来实现,需要掌握算法设计和编程语言,重在算法;而数据分析更多的是借助分析工具进行,也可通过编程实现,如 Python 数据分析。

(2)在行业知识方面,数据分析要求对所从事的行业有比较深的了解和理解,并且能够将数据与自身的业务紧密结合起来;而数据挖掘不需要有太多的行业专业知识。

(3)在交叉学科方面,数据分析需要结合统计学、营销学、心理学以及金融、政治等方面进行综合分析;而数据挖掘更多的是注重技术层面的结合以及数学和计算机的结合。

1.3　互联网大数据及其特点

目前各行业应用领域讨论的数据,典型的是来自于联机事务处理(OLTP)的数据,此类数据通常具有较好的规范化,数据时时刻刻都在不断增加,具有典型的数据流特征。数据存在于企事业单位的联机系统中,是用户查询、业务处理的数据源。

互联网大数据是基于互联网的应用系统所产生的各种相关数据的集合。互联网大数据源于基于 Web 服务框架的各种应用、各种基于客户端的互联网应用、基于内容网的互联网应用延伸。一般把数据的大容量、数据蕴含的价值、数据来源多样化以及数据处理的快速化等特点作为大数据的基本特征。对于互联网大数据而言,除了具备这些基本特征外,还具有以下特点:

(1)大数据类型更加丰富。互联网大数据的数据类型除了基本数据类型外,还有文本型、音频视频型、用户标签、地理位置信息、社交连接数据等,这些数据广泛存在于互联网的五大应用中,它们本质上属于字符串、整型等基本数据类型,但它们经过重新整合已经形成具有一定语义的数据单元,是互联网大数据的基本组成部分。

(2)数据的规范化程度比 OLTP 中的数据弱。互联网数据具有较强的动态性和交互性,在采集时可能会出现不同时间的用户数据并不相同,加上互联网应用中对数据的校验不严导致数据规范化方式与 OLTP 预先定义的模式也不同,所以它的规范化程度较弱。

(3)数据的流动性大。在互联网环境下,越来越多的应用面向整个互联网用户群,数据在互联网不同节点间快速传递,数据产生量大,数据的流动性大。

(4)数据的开放性好。互联网应用框架本身具有自由、共享、分布式等特点,使得各种互联网应用中的数据在较大范围内是公开的,可以自由获取。

(5)数据的来源更加丰富。移动应用网络、智能化、物联网、虚拟现实技术、云计算等快速发展和普及应用,各种设备采集数据越来越方便,数据的来源多样化,它们以互联网为中心进行融合,形成大数据。

(6)数据的价值体现更加多样化。大数据的价值不仅体现互联网本身,更多的是与各行业领域结合,形成具有自身特色、远远大于预期的价值链。

1.4　互联网大数据处理的相关技术

互联网大数据处理技术主要用于对互联网大数据进行采集、分析和挖掘,其技术体系分为数据获取层、大数据计算与存储层、数据挖掘模型与算法层及应用领域技术层四层。

数据获取层主要处理数据的获取,如网络爬虫、网络探针、ETL（extract transform load)工具。网络爬虫通过模拟人的点击行为获取 Web 页面的内容,这种方法需要服务器付出一定的计算能力,特别是对于动态页面,需要更多的 CPU 执行和磁盘操作。如果与网站服务商之间能达成数据协议,就可以直接通过 ETL 从网站的数据库系统中获取数据,而不需要经过 Web 服务器框架。互联网上的数据类型很多,并不是所有的数据都可以通过模拟点击页面的方式获得,特别是一些基于客户端访问方式的数据,通过网络探针在网络数据流的层面上进行数据还原和获取。

大数据计算与存储层要实现存储和计算两大功能,这里的计算是指面向大数据分析的一些底层算法,如排序、搜索、查找、最短路径、矩阵运算等,这些算法与具体应用无关,它们为上层的数据挖掘提供基本的函数调用。从数据类型的角度看,互联网大数据中的结构化和非结构化数据并存,在存储层有关系型数据库 SQL 和非关系型数据库 NoSQL,就会产生两种数据模式。在这一层的技术有 MapReduce、Spark Core、Hive、Storm、SparkSQL 等。

数据挖掘模型与算法层是根据具体应用需求对采集的数据运用大数据分析算法进行数据分析,建立模型,然后利用这些模型进行在线数据流分析或批量数据分析。这一层算法最重要,常用的算法有数据聚类、分类、相关性计算、回归、预测等。

应用领域技术层主要涉及与具体应用领域有关的技术,这些技术通常与用户 UI、系统管理、输出、数据可视化有关。

1.5　数据分析的过程

数据分析过程的主要活动由问题定义、收集数据、数据预处理、分析数据、评价并改进数据分析的有效性组成。

1.5.1　问题定义

数据分析总是开始于要解决的问题,而这个问题需要事先定义。问题定义阶段主要工作是识别信息需求,即要明确需要解决的问题,明确数据分析的目的,不要偏离数据分析的方向,确保工作有效进行。识别信息需求是管理者的职责,管理者应根据决策和过程控制的需求提出数据分析的需求。需求是数据分析的开始,也是数据分析的目标方向。要做到清晰地确定需求,需要具备对业务、产品、需求背景有比较深的理解,理解得越全面越好判断需求。

1.5.2　收集数据

按照确定的数据分析目的来收集相关数据至关重要,是确保数据分析过程有效的基础,它为数据分析提供依据。

数据获取的来源一般有四个渠道:企事业单位数据库、互联网、市场调查、公开出版物或政府公开数据资源。从企事业单位数据库服务器获取的数据是企事业业务相关性最强的数据,真实高效;从互联网上爬取的数据一般资源丰富,但存在垃圾数据且数据结构较乱,有数据缺失等各种问题,需要进行数据清洗、转换处理;通过市场调查获取的数据比较客观;通过公开出版物或政府公开数据资源获得的数据,其权威性和真实性较强,是比较理想的数据。

1.5.3　数据预处理

数据预处理有时也称为数据准备,在数据分析的所有过程中,数据预处理虽然看上去不太可能出问题,但事实上,这一过程需要投入更多的资源和时间才能完成。收集的数据往往来自不同的数据源,有着不同的表现形式和格式,因此在分析数据之前,所有这些不同的数据都要经过数据清洗、数据集成、数据变换、数据规约等处理。经过数据预处理后的数据就可进行分析了。

1.5.4　分析数据

分析数据是将收集的数据通过加工、整理和分析,使其转化为信息。最基本的数据分析方法有平均分析法、比较(对比)分析法、漏斗分析法、数据矩阵分析法、交叉分析法、杜邦分析法、分组分析法。

(1)平均分析法:利用平均指标对社会经济现象进行分析,分为数值平均数、位置平均数(众数、中位数)。它的作用是可以比较同类企业、产品、服务标准之间的本质性差距;分析数据之间相互依存的关系;对企业中的某产品在不同时间进行水平比较,说明产品的发展趋势和规律。尤其是与对比分析法相结合,发挥的效果最好。

(2)比较分析法:将客观的事物进行对比,认识事物的本质和规律,进而判断优劣。通常是将两个或两个以上的同类数据进行比较,包括横向比较和纵向比较。纵向比较是对同一事物不同时期的特征进行比较,从而认识事物的过去、现在、未来;横向比较是对不同地区、时期的同类事物进行比较,找出差距,判断优劣。

(3)漏斗分析法:直观易懂,体现访客在业务中的转化和流失率,例如网站转化率漏斗图。

(4)数据矩阵分析法:可从原始数据中获得许多有益情报,是将多个变量化为少数综合变量的多元统计法。该法可进行多因素分析、复杂质量评价,有利于节约时间,提高分析质量。

(5)交叉分析法:通常用于分析两个变量之间的关系(二维交叉表)。

(6)杜邦分析法:从企业绩效评价来看,该法是从财务角度来评价企业盈利能力、股东权益回报水平以及企业绩效的一种经典方法。最显著的特点是将若干个用以评价企业经营效率和财务状况的比率按照其内在联系有机结合起来,形成一个完整的指标体系,最终通过权益、收益率综合反映出来。但杜邦分析法不能全面反映出企业实力,在运用中要和企业其他信息结合进行分析。

(7)分组分析法:是在分组的基础上,对数据分析对象的内部结构、现象之间的依存关系,从定性的角度去分析研究,从而认识分析对象的不同特征、性质及相互关系的方法。

如果数据分析过程中需要预测模型,则要创建或选择合适的统计模型来预测某一个结果的概率。这时,需要开发数学模型,为数据中所存在的关系编码全部信息。模型可以预测系统所产生的数据的值(回归模型),也可以为新数据分类(分类模型或聚类模型),生成模型需要编写相应的算法,如线性回归算法、逻辑回归算法、回归树和 K-近邻算法。

1.5.5　过程改进

数据分析是质量管理体系的基础。组织的管理者应在适当时候通过对以下问题的分析,评估其有效性。

(1)提供决策的信息是否充分、可信,是否存在因信息不足、失准、滞后导致决策失误的问题。

(2)信息对持续改进质量管理体系、过程、产品所发挥的作用是否与期望值一致,是否在产品实现过程中有效运用数据分析。

(3)收集数据的目的是否明确,收集的数据是否真实和充分,信息渠道是否畅通。

(4)数据分析方法是否合理,是否将风险控制在可接受范围内。

(5)数据分析所需资源是否得到保障。

1.6　Python 数据分析

Python 语言是一种面向对象的解释型计算机程序设计语言,它具有丰富和强大的数据分析和处理库,并且具有语言简洁性、易读性和可扩展性等特点。比起 R 和 Matlab 等其他主要用于数据分析的编程语言,Python 不仅提供数据处理平台,而且还有其他语言和专业应用所没有的特点,因此,在国内外,很多数据分析师使用 Python 语言编程来分析数据。

1.6.1　NumPy

NumPy 是 Python 语言的一个扩展程序库,主要用于数学和科学计算,特别是数组计算。它是一个提供多维数组对象、多种派生对象(如矩阵)以及用于快速操作数组的函数和API,包括数学、逻辑、数组形状变换、排序、选择、I/O、离散傅立叶变换、基本线性代数、基本统计运算、随机模拟等。NumPy 的核心是 n 维数组对象 ndarray,它是一系列同类型数据的集合。

1.6.2　Pandas

Pandas 是基于 NumPy 的一种工具,该工具是为了解决数据分析任务而创建的。Pandas 提供了高级数据结构和函数,这些数据结构和函数的设计使得利用结构化、表格化数据的工作更快速、简单。Pandas 纳入了大量库和一些标准的数据模型,提供了高效地操作大型数据集所需的工具,它的出现使 Python 成为强大、高效的数据分析环境。

1.6.3 Matplotlib

Matplotlib 是一个 Python 2D 绘图库,它提供一套表示和操作图形对象及内部对象的函数和工具。它不仅可以处理图形,还提供事件处理工具,具有为图形添加动画效果的能力。Matplotlib 的架构由 Scripting(脚本)层、Artist(表现)层和 Backend(后端)层组成,各层之间单向通信,即每一层只能与它的下一层通信,而下层无法与上层通信。Matplotlib 架构的最低层是 Backend 层,Matplotlib API 是用来在该层实现图形元素的类。Matplotlib 架构的中间层是 Artist 层,图形中所有能看到的元素都属于 Artist 对象,如标题 title、轴标签 axes、刻度 ticks、图形 figure 等,这些元素都是 Artist 对象的实例。Matplotlib 架构的最上层是 Scripting(脚本)层,系统提供了相关 Matplotlib API 函数供开发者使用,比较适合数据分析和可视化。

1.7 数据分析经典案例

【案例 1-1】沃尔玛经典营销案例:啤酒与尿布。

"啤酒与尿布"的故事产生于 20 世纪 90 年代的美国沃尔玛超市中,沃尔玛的超市管理人员分析销售数据时发现了一个令人难以理解的现象:在某些特定的情况下,"啤酒"与"尿布"两件看上去毫无关系的商品会经常出现在同一个购物篮中,这种独特的销售现象引起了管理人员的注意,经过后续调查发现,这种现象出现在年轻的父亲身上。

在美国有婴儿的家庭中,一般是母亲在家中照看婴儿,年轻的父亲前去超市购买尿布。父亲在购买尿布的同时,往往会顺便为自己购买啤酒,这样就会出现啤酒与尿布这两件看上去不相干的商品经常会出现在同一个购物篮的现象。如果这个年轻的父亲在卖场只能买到两件商品之一,则他很有可能会放弃购物而到另一家商店,直到可以一次同时买到啤酒与尿布为止。沃尔玛发现了这一独特的现象,开始在卖场尝试将啤酒与尿布摆放在相同的区域,让年轻的父亲可以同时找到这两件商品,并很快地完成购物;而沃尔玛超市也可以让这些客户一次购买两件商品,而不是一件,从而获得了很好的商品销售收入,这就是"啤酒与尿布"故事的由来。

当然"啤酒与尿布"的故事必须具有技术方面的支持。1993 年美国学者艾格拉沃(Agrawal)提出通过分析购物篮中的商品集合,从而找出商品之间关联关系的关联算法,并根据商品之间的关系,找出客户的购买行为。艾格拉沃从数学及计算机算法角度提出了商品关联关系的计算方法——Aprior 算法。沃尔玛从 20 世纪 90 年代尝试将 Aprior 算法引入 POS 机数据分析中,并获得了成功,于是产生了"啤酒与尿布"的故事。

【案例 1-2】数据分析帮助辛辛那提动植物园提高客户满意度。

辛辛那提动植物园成立于 1873 年,是世界上著名的动植物园之一,以其物种保护和保存以及高成活率繁殖饲养计划享有极高声誉。它占地面积 71 英亩,园内有 500 种动物和

3000 多种植物,是美国国内游客人数最多的动植物园之一,曾荣获 Zagat 十佳动物园,并被《父母》(Parent)杂志评为最受儿童喜欢的动物园,每年接待游客 130 多万人。

辛辛那提动植物园是一个非营利性组织,是俄亥俄州同时也是美国国内享受公共补贴最低的动植物园,除去政府补贴,2600 万美元年度预算中,自筹资金部分达到三分之二以上。为此,需要不断地寻求增加收入的方法,而要做到这一点,最好的办法是为工作人员和游客提供更好的服务,提高游览率,从而实现动植物园与客户和纳税人的多赢。

借助于该方案强大的收集和处理能力、互联能力、分析能力以及随之带来的洞察力,在部署后,企业获得了以下方面的受益:

(1)帮助动植物园了解每个客户浏览、使用和消费模式,根据时间和地理分布情况采取相应的措施改善游客体验,同时实现营业收入最大化。

(2)根据消费和游览行为对动植物园游客进行细分,针对每一类细分游客开展营销和促销活动,显著提高忠诚度和客户保有量。

(3)识别消费支出低的游客,针对他们发送具有战略性的直寄广告,同时通过具有创意性的营销和激励计划奖励忠诚客户。

(4)360 度全方位了解客户行为,优化营销决策,实施解决方案后头一年节省 40000 多美元营销成本,同时强化了可测量的结果。

(5)采用地理分析显示大量未实现预期结果的促销和折扣计划,重新部署资源,支持产出率更高的业务活动,动植物园每年节省 100000 多美元。

(6)通过强化营销提高整体游览率,2011 年至少新增 50000 人次游览。

(7)提供洞察结果强化运营管理。例如,即将关门前冰激凌销售出现高潮,动植物园决定延长冰激凌摊位营业时间,直到关门为止,这一措施夏季每天可增加 2000 美元收入。

(8)与上年相比,餐饮销售增加 30.7%,零售销售增加 5.9%。

(9)动植物园高层管理团队可以制定更好的决策,不需要 IT 介入或提供支持。

(10)将分析引入会议室,利用直观工具帮助业务人员掌握数据。

第 2 章　Python 数据分析开发环境的搭建

2.1　Python 开发环境的搭建

2.1.1　认识 Python 语言

Python 语言是一种面向对象的解释型计算机程序设计语言,由荷兰人 Guido van Rossum 于 1989 年发明,第一个公开发行版发行于 1991 年。

Python 具有丰富和强大的库。它常被昵称为胶水语言,能够把用其他语言制作的各种模块(尤其是 C/C++)很轻松地联结在一起。常见的一种应用情形是,使用 Python 快速生成程序的原型(有时甚至是程序的最终界面),然后对其中有特别要求的部分,用更合适的语言改写,比如 3D 游戏中的图形渲染模块,性能要求特别高,就可以用 C/C++重写,而后封装为 Python 可以调用的扩展类库。需要注意的是,在使用扩展类库时可能需要考虑平台问题,某些可能不提供跨平台的实现。

由于 Python 语言的简洁性、易读性以及可扩展性,国外用 Python 做科学计算的研究机构日益增多,很多大学已经采用 Python 来教授程序设计课程。众多开源的科学计算软件包都提供了 Python 的调用接口,如著名的计算机视觉库 OpenCV、三维可视化库 VTK、医学图像处理库 ITK。而应用 Python 专用的科学计算扩展库进行数据分析与计算更加方便,如 3 个经典的科学计算扩展库——NumPy、SciPy 和 Matplotlib,它们分别为 Python 提供了快速数组处理、数值运算和绘图功能。因此,Python 语言及其众多的扩展库所构成的开发环境十分适合工程技术人员、科研人员处理实验数据,制作图表,甚至开发科学计算应用程序。

2.1.2　Python 的下载、安装和环境配置

本书只介绍 Python 在 Window 操作系统下的安装和环境配置。

第一步,进入官网(https://www.python.org)下载,如图 2-1 所示。

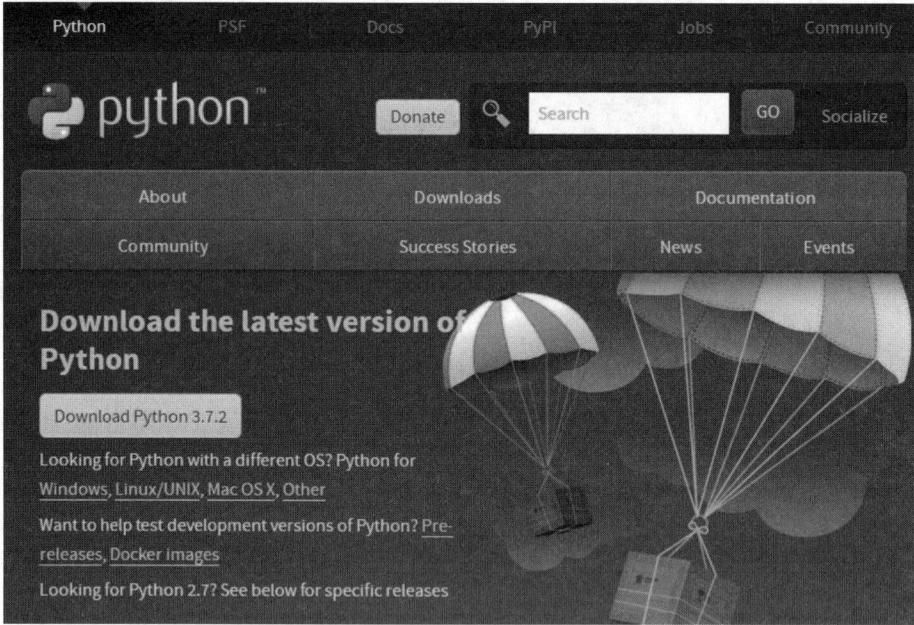

图 2-1　Python 官网下载

第二步，下载完成后直接进行安装，安装时不要选择"默认"，选择"自定义安装"（Customize installation），如图 2-2 所示。

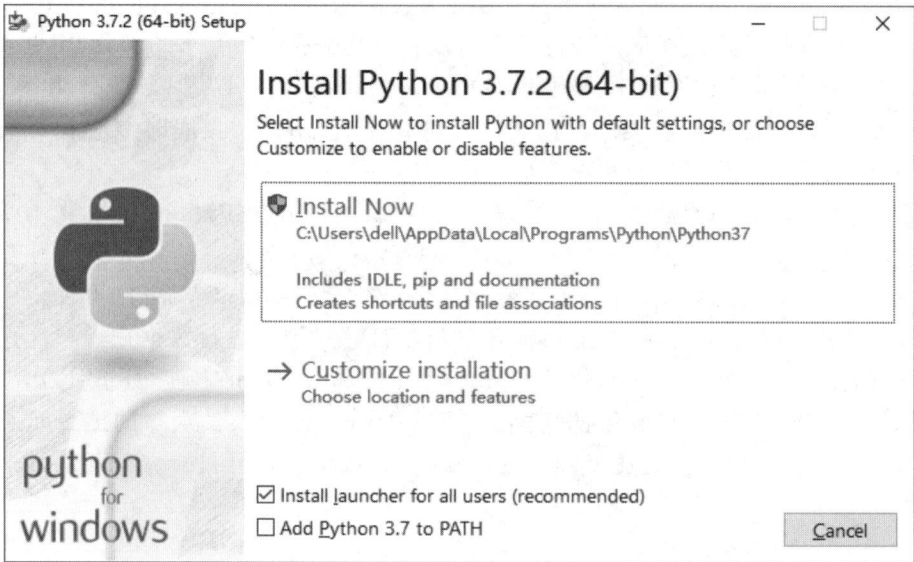

图 2-2　Python 3. 7. 2 Setup

第三步，将图 2-3 中的几个选项全部选定，单击"Next"按钮。

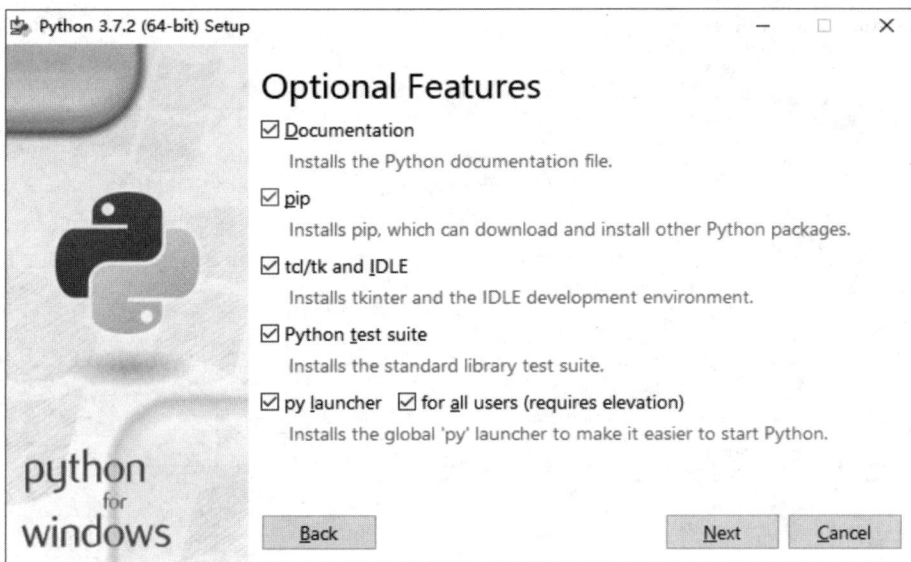

图 2-3　Optional Features

第四步,进入"Advanced Options"选项窗口,选择默认选项,可以通过"Browse"按钮选择软件安装位置,选择好目标位置后,点击"Install"按钮,如图 2-4 所示。

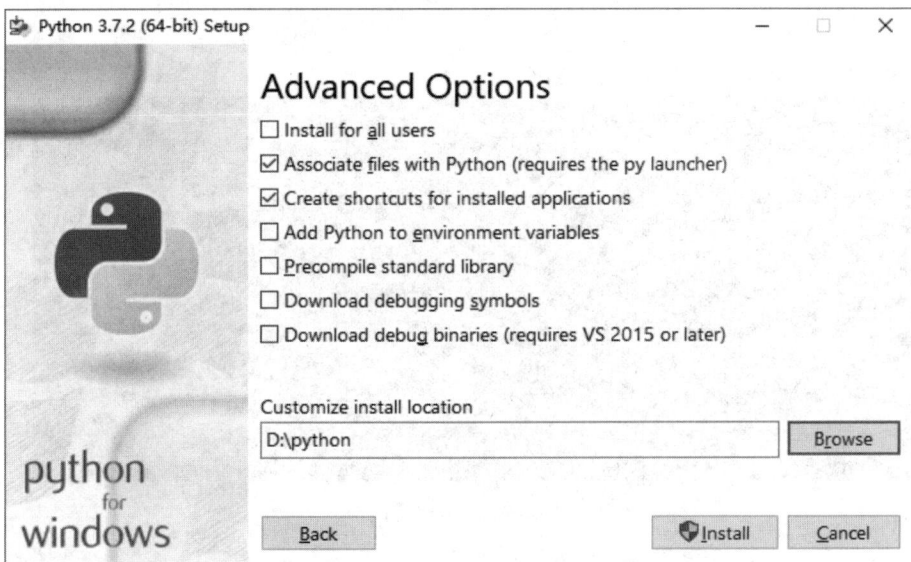

图 2-4　Advanced Options

第五步,安装成功后出现如图 2-5 所示的对话框。

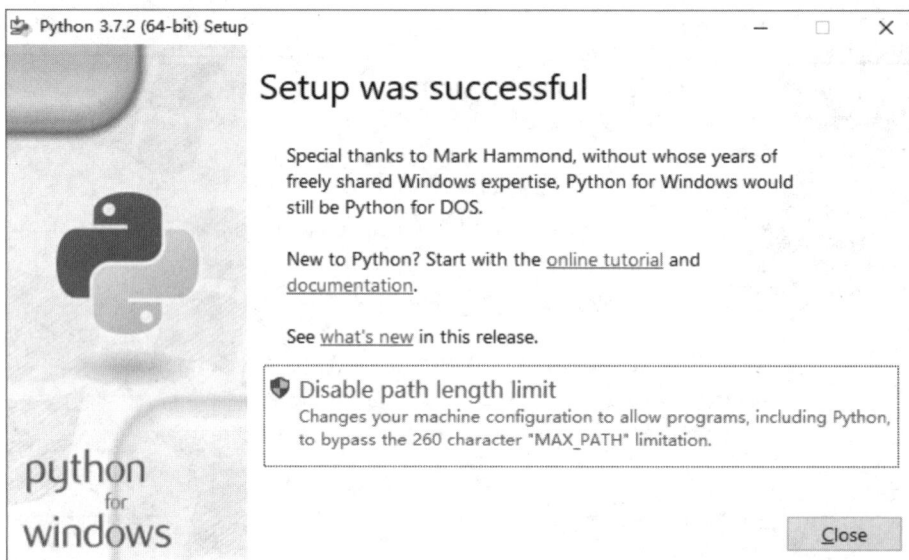

图 2-5　Setup was successful

第六步,打开 CMD 界面,输入"python",如果提示相应的版本号和一些指令,说明 Python 已经安装成功;如果显示的 Python 不是内部或外部命令,则说明还需要手动添加环境变量,如图 2-6 所示。

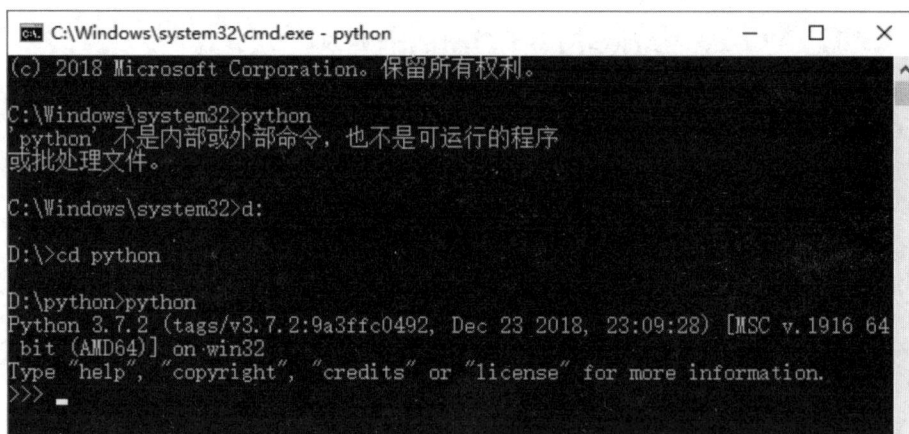

图 2-6　CMD 界面

手动添加系统环境变量的操作步骤如下:

第一步,右键单击开始菜单,单击"系统",在"系统"对话框中单击"高级系统设置",如图 2-7 所示。

图 2-7   "系统"对话框

第二步,在"系统属性"对话框中,单击"环境变量",如图 2-8 所示。

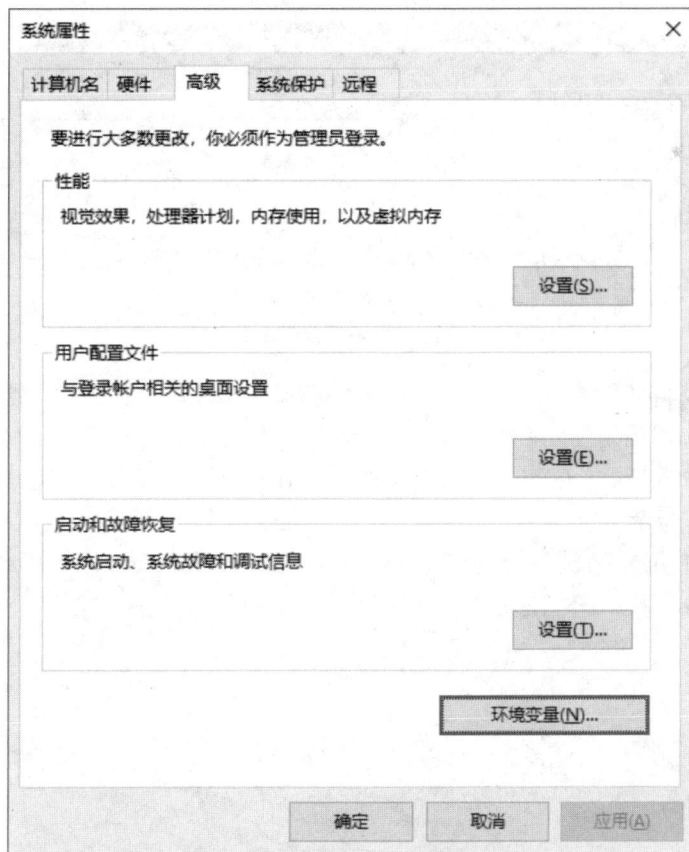

图 2-8   "系统属性"对话框

第三步,在"环境变量"对话框中找到"系统变量"中的"Path",单击"编辑"按钮,如图 2-9 所示。

图 2-9 "环境变量"对话框

第四步,在"编辑环境变量"对话框中单击"新建"按钮,将 Python 安装目录的路径加入进去,然后一直单击"确定"按钮。如图 2-10 所示。

环境变量配置好后,在 CMD 窗口直接输入 python 命令,就可以切换到 Python 的编译环境了,如图 2-11 所示。

到目前为止,Python 安装完成。Python 提供了两种执行方式:一种支持命令行模式,另一种除支持命令行模式外,还支持脚本的运行。如图 2-12 所示。

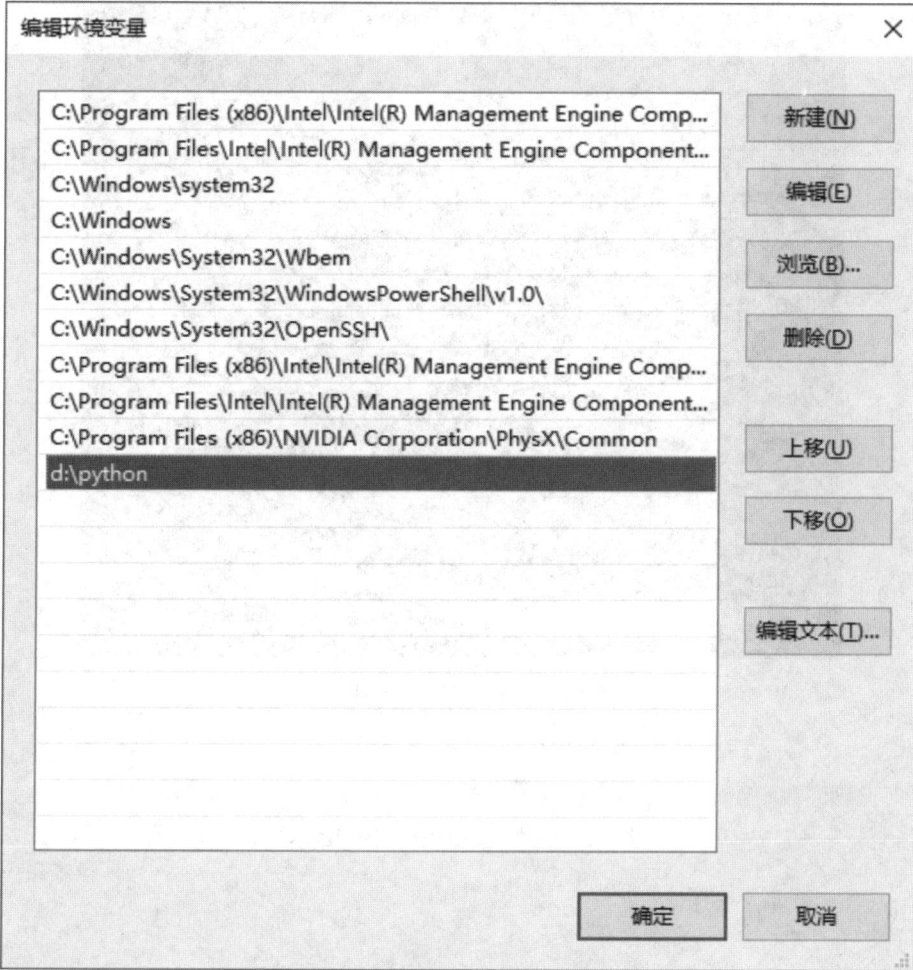

图 2-10 "编辑环境变量"对话框

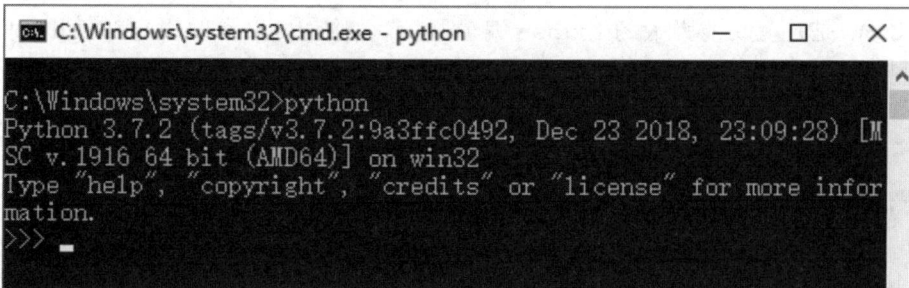

图 2-11 CMD 窗口

图 2-12　Python 运行

2. 2　PyCharm 的安装

2. 2. 1　认识 PyCharm

　　PyCharm 是一款功能强大的 Python 编辑器,有一整套可以帮助用户在使用 Python 语言开发时提高其效率的工具,比如,调试、语法高亮、Project 管理、代码跳转、智能提示、自动完成、单元测试、版本控制等。此外,该 IDE 提供了一些高级功能,以用于支持 Django 框架下的专业 Web 开发。PyCharm 支持 Google App Engine 和 IronPython,这些功能在先进代码分析程序的支持下,使 PyCharm 成为 Python 专业开发人员和刚起步人员使用的有力工具。

　　PyCharm 的版本有 professional 版和 community 版,professional 是专业版,community 是社区版,推荐安装社区版,社区版免费使用。

　　PyCharm 的主要功能包括:

　　(1)编码联想。PyCharm 提供了一个带编码补全、代码片段,支持代码折叠和分割窗口的智能、可配置的编辑器,可帮助用户更快更轻松地完成编码工作。

　　(2)项目代码导航和分析。PyCharm 可帮助用户即时从一个文件导航至另一个,从一个方法至其声明或者用法,甚至可以穿过类的层次,用户使用快捷键能快速导航到指定位置。使用 PyCharm 编码语法,错误高亮显示,智能检测以及一键式代码快速补全建议,使得编码更优化。

（3）Python 重构。PyCharm 具有 Python 重构功能,用户能在项目范围内轻松进行重命名,提取方法和超类,导入域、变量、常量,进行移动和前推、后退重构等。

（4）支持 Django。PyCharm 具有自带的 HTML、CSS 和 JavaScript 编辑器,用户可以更快速地通过 Django 框架进行 Web 开发。此外,它还能支持 CoffeeScript、Mako 和 Jinja2。

（5）图形页面调试器。用户可以用 PyCharm 自带的功能全面的调试器对 Python 或者 Django 应用程序以及测试单元进行调试,该调试器带断点、步进、多画面视图、窗口以及评估表达式功能。

（6）集成的单元测试。用户可以在一个文件夹运行一个测试文件、单个测试类、一个方法或者所有测试项目。

PyCharm 软件中使用的常用快捷键有:

（1）Ctrl＋Shift＋L:调整代码格式。

（2）Ctrl＋"/":行注释、块注释。

（3）Alt＋Enter:快速修正。

（4）Ctrl＋Shift＋F10:运行脚本。

（5）Ctrl＋D:复制当前行。

（6）Ctrl＋Y:删除当前行。

（7）Shift＋Enter:快速换行。

（8）Tab:缩进当前行(选中多行后可以批量缩进)。

（9）Shift＋Tab:取消缩进(选中多行后可以批量取消缩进)。

（10）Ctrl＋F:查找。

（11）Ctrl＋H:替换。

（12）Ctrl＋减号:折叠当前代码块。

（13）Ctrl＋Shift＋减号:折叠当前文件。

（14）Ctrl＋Q:在参数列表位置,显示可以输入的所有参数。

（15）Ctrl＋D:未选中时,复制当前行到下一行,选中时复制粘贴选中部分。

（16）Ctrl＋J:输入模板。

（17）Ctrl＋F8:设置/取消断点。

2.2.2　PyCharm 的安装

本书只介绍 PyCharm 在 Window 操作系统下的安装,步骤如下:

第一步,进入官网(http://www.jetbrains.com/pycharm/download)下载,如图 2-13 所示。

第二步,下载完成后双击下载的安装包开始安装,在弹出的 PyCharm 安装欢迎页面中,单击"Next"按钮,进入下一步,如图 2-14 所示。

第三步,在出现的"选择安装位置"窗口中,可以通过"Browse"按钮选择软件安装位置(通常采用默认位置)。选择好目标位置后,单击"Next"按钮,进入下一步,如图 2-15 所示。

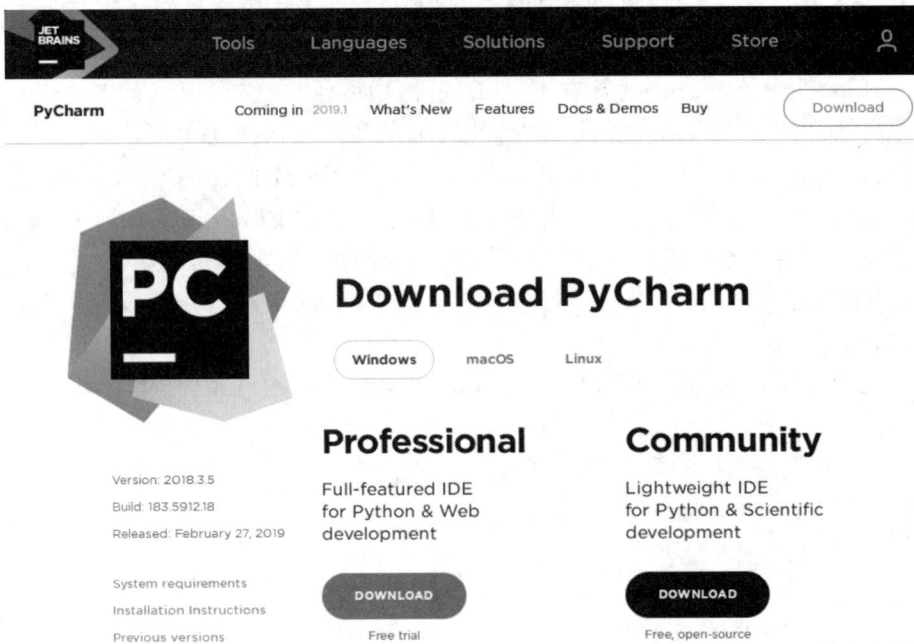

图 2-13　PyCharm 下载页面

图 2-14　PyCharm Community Edition Setup

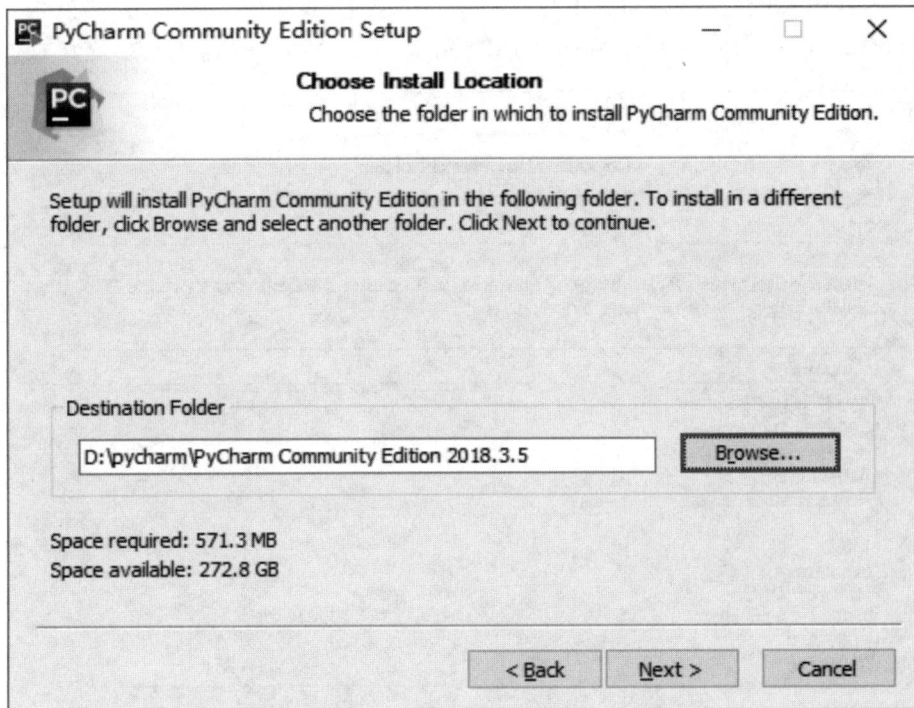

图 2-15　Choose Install Location

第四步,在出现的"安装选项"窗口中,勾选所有的复选框(也可以根据自己的需要勾选安装选项),然后点击"Next 按钮"进入下一步,如图 2-16 所示。

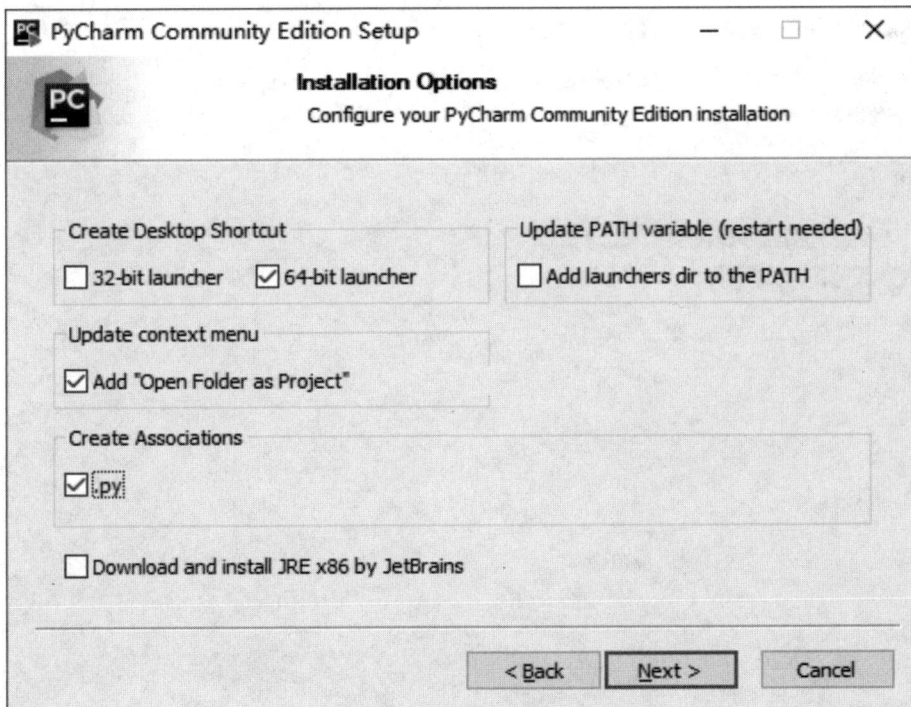

图 2-16　Installation Options

第五步,在出现的"选择启动菜单目录"窗口中,保留默认目录名称,直接点击"Install"
按钮,进入安装过程中,如图 2-17 和图 2-18 所示。

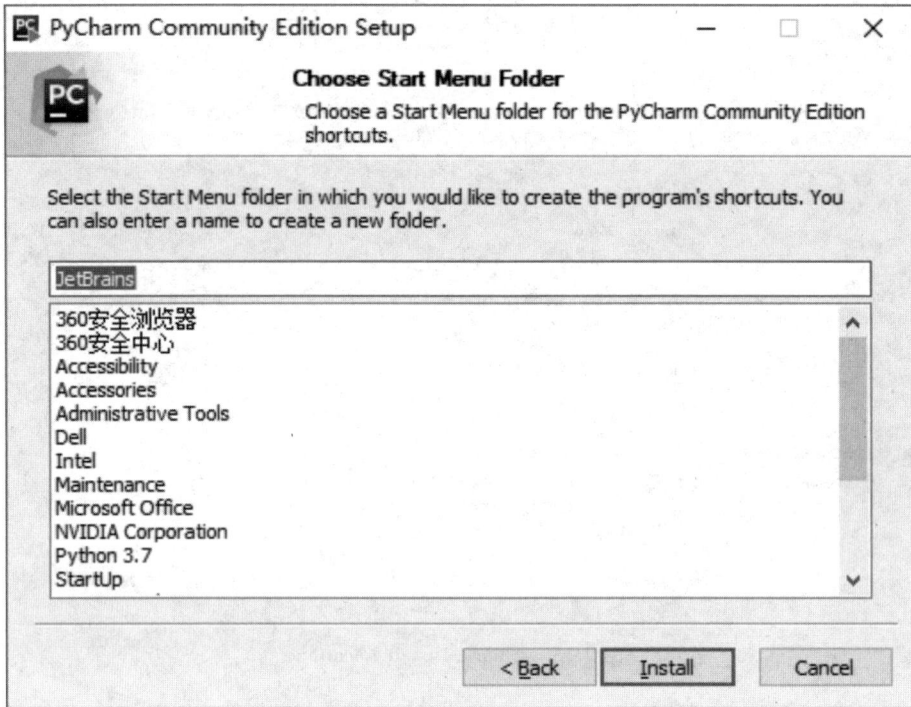

图 2-17　Choose Start Menu Folder

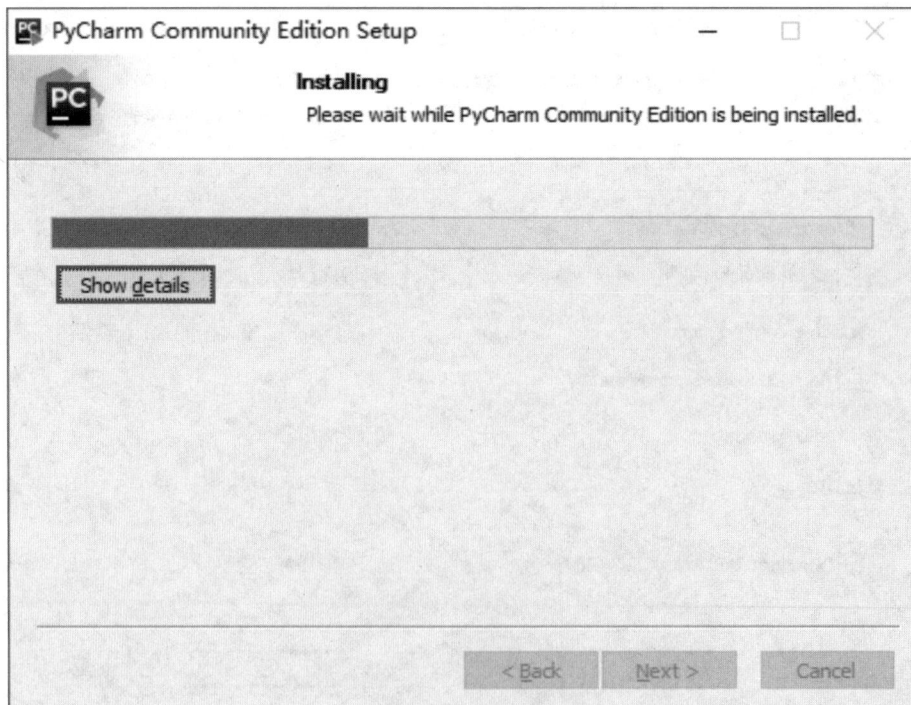

图 2-18　Installing

第六步,当软件安装完成之后,安装程序会弹出"完成安装"窗口。在该窗口中,可以选择"Run PyCharm Community Edition",单击"Finish"按钮完成安装,如图 2-19 所示。

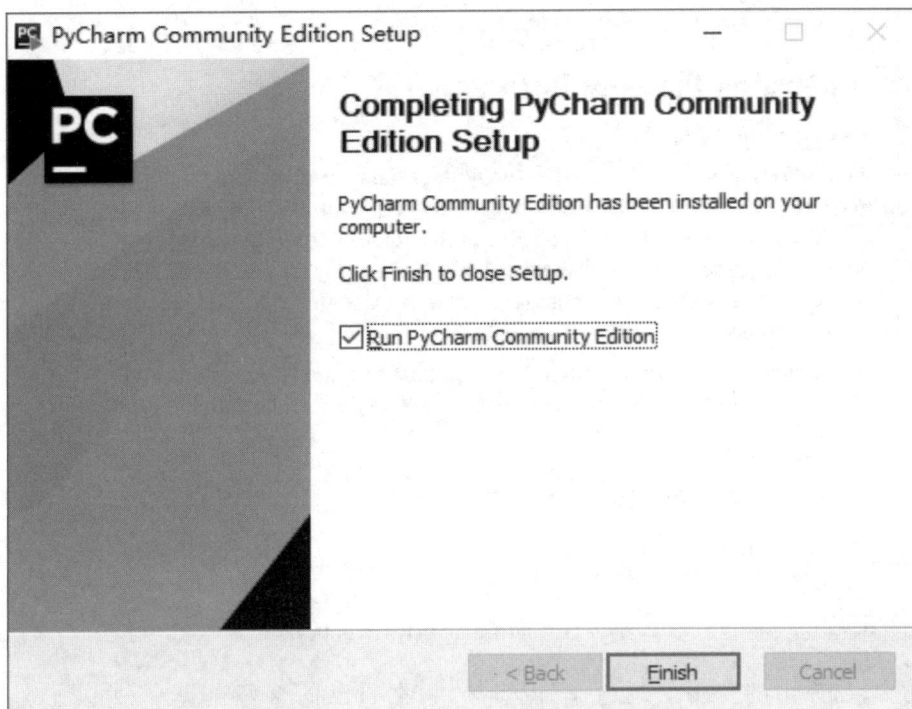

图 2-19　Completing PyCharm Community Edition Setup

第七步,在弹出的"导入 PyCharm 设置"窗口中,如果是首次安装 PyCharm,则选择"Do not import settings"(不导入之前的设置),然后单击"OK"按钮,进入下一步,如图 2-20 所示。

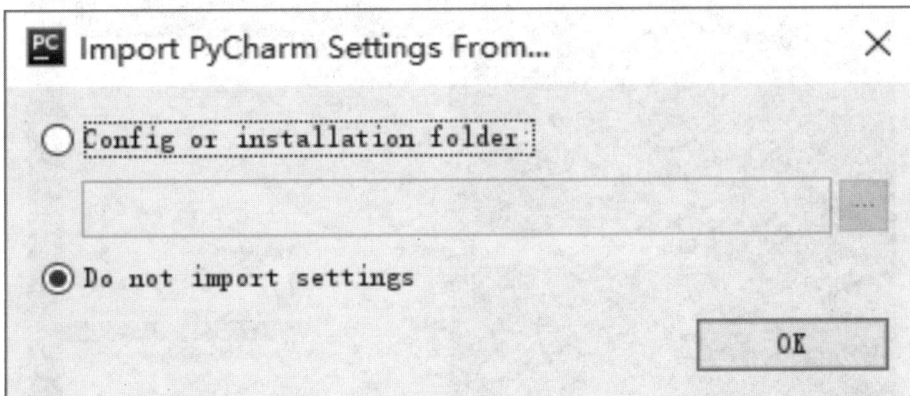

图 2-20　Import PyCharm Settings From

第八步,在弹出的"PyCharm 许可证确认"窗口中,选择"I confirm that I have read and accept the terms of this User Agreement",单击"Continue"按钮确认认证,进入下一步,如图 2-21 所示。

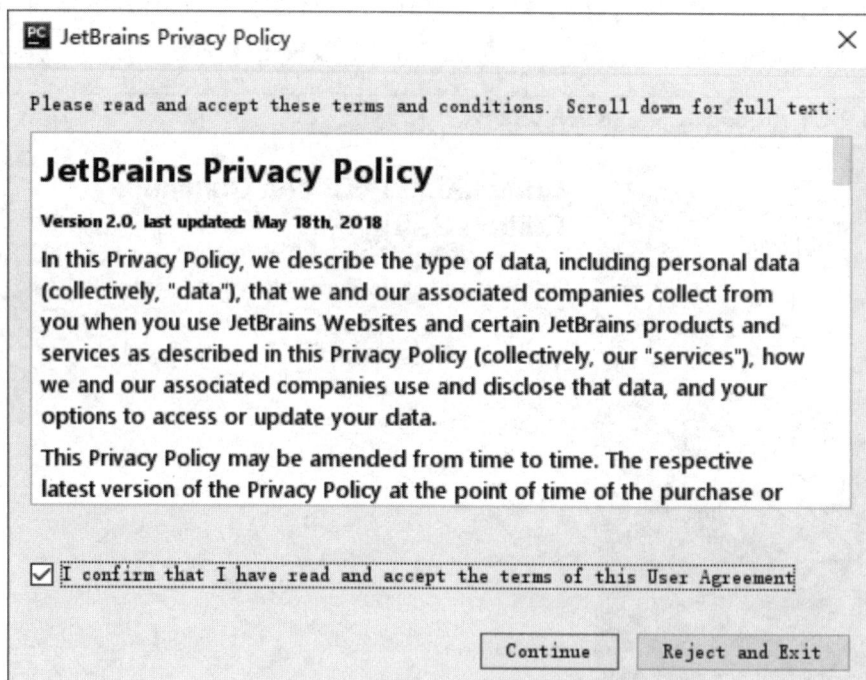

图 2-21　JetBrains Privacy Policy

　　第九步,在弹出的"UI 主题选择"窗口中,根据自己的喜好选择一种主题,然后单击"Next Featured plugins"按钮,进入下一步,如图 2-22 所示。

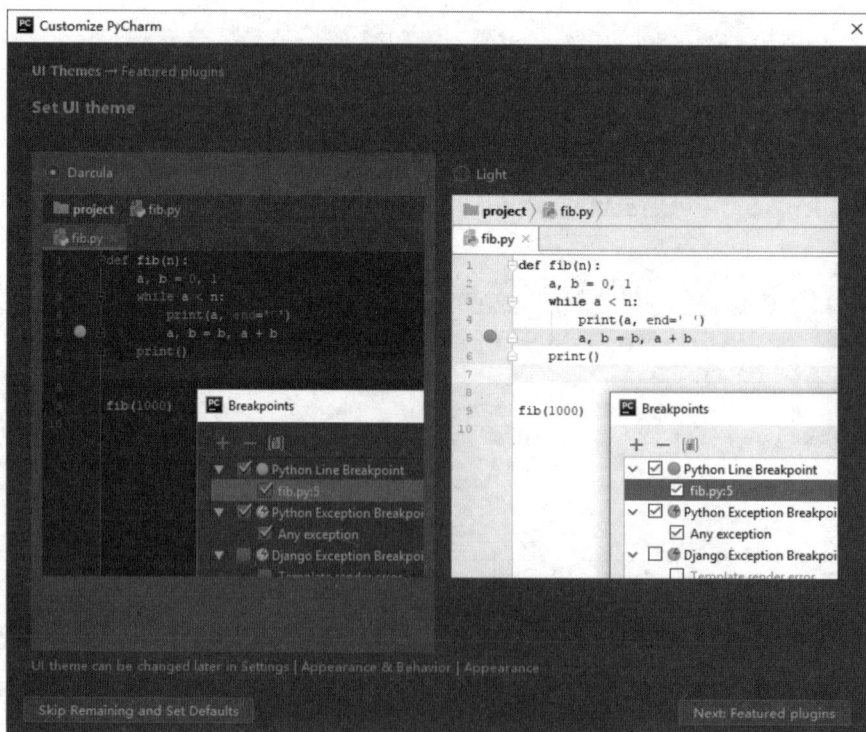

图 2-22　Customize PyCharm

第十步，在"定制 PyCharm"窗口中，可以根据需要安装所需的插件，插件安装完毕后，可以单击"Start using PyCharm"按钮进入 PyCharm 软件欢迎页面，如图 2-23 和图 2-24 所示。

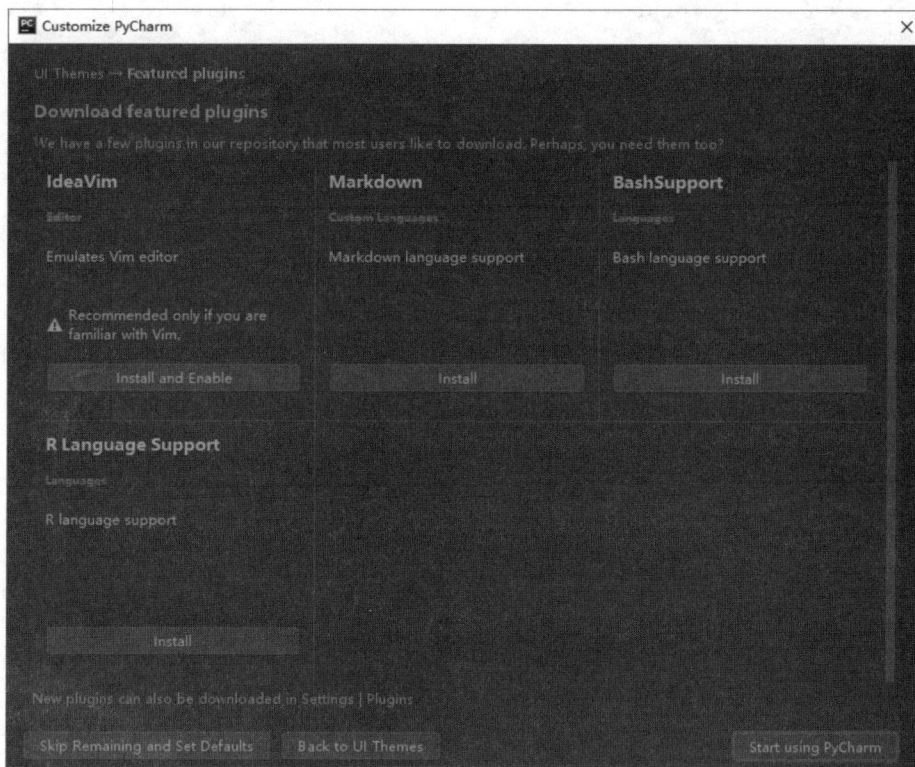

图 2-23　Customize PyCharm

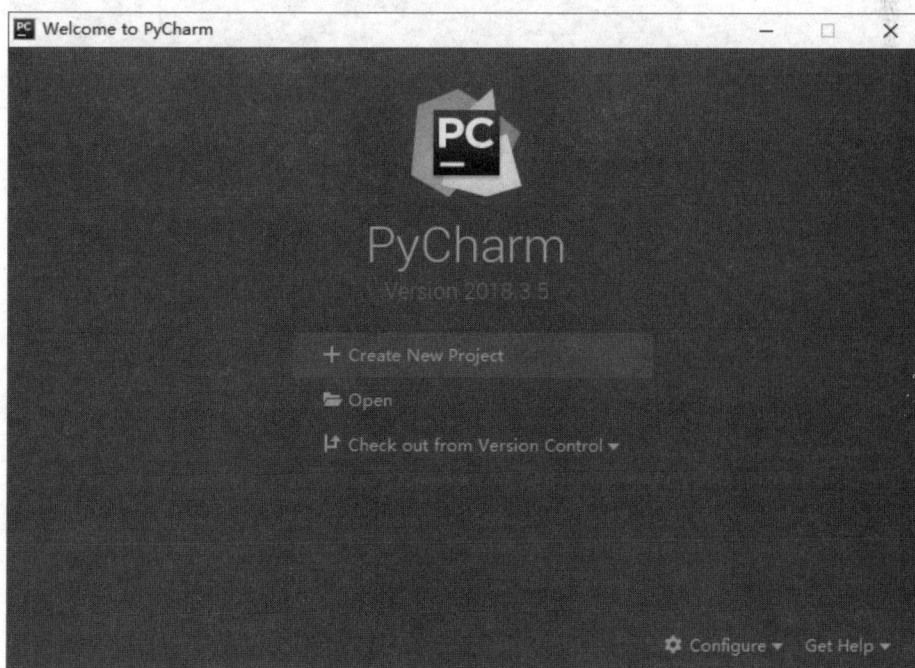

图 2-24　Welcome to PyCharm

第十一步,若第一次使用 PyCharm,单击"Create New Project"按钮新建一个项目,输入项目的路径和项目名,单击"Create"按钮,进入 PyCharm 主界面,如图 2-25 和图 2-26 所示。

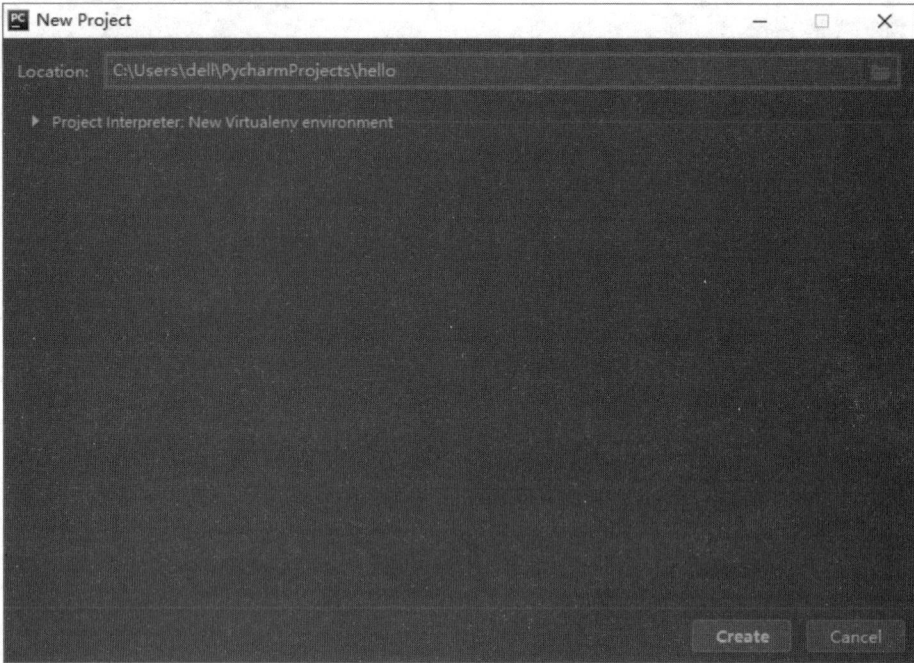

图 2-25　New Project

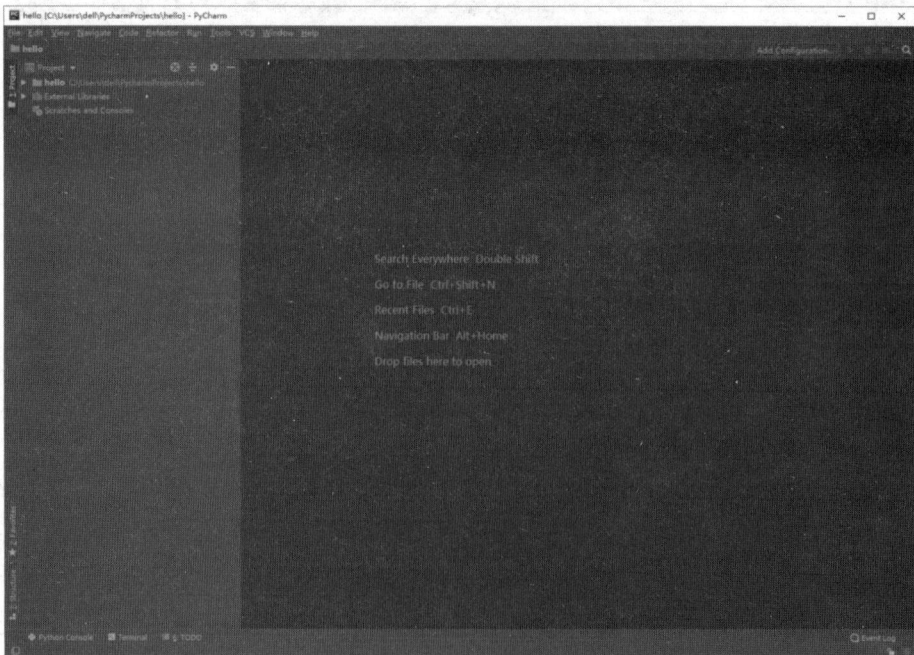

图 2-26　PyCharm 主窗口

2.2.3　PyCharm 基本设置

PyCharm 软件的基本设置有：

1. 设置菜单字体的大小

单击菜单"File|Settings…"，在 Settings 对话框左侧选择"Appearance & Behavior"下的"Appearance"，然后在右侧设置"Size"的值即可。

2. 设置 Console 和 Terminal 窗口字体的大小

单击菜单"File|Settings…"，在 Settings 对话框左侧选择"Editor"下"Color Scheme"下的"Console Font"，然后在右侧选中"Use console font instead of the default"，将"Font"和"Size"的值设为所需要的值即可。

3. 设置文件编码

单击菜单"File|Settings…"，在 Settings 对话框左侧选择"Editor"下的"File Encodings"，然后在右侧将"Global Encoding"和"Project Encoding"的值都设置为 UTF-8。

4. 修改背景颜色

单击菜单"File|Settings…"，在 Settings 对话框左侧选择"Editor"下"Color Scheme"下的"General"，然后在右侧选择"Text"下的"Default text"，设置"Background"的值为所要的颜色值即可。

5. 字体、字体颜色

单击菜单"File|Settings…"，在 Settings 对话框左侧选择"Editor"下的"Font"，然后在右侧设置"Font"和"Size"的值即可。

单击菜单"File|Settings…"，在 Settings 对话框左侧选择"Editor"下"Color Scheme"下的"Python"，然后在右侧的"Scheme"中选择所需要的主题即可更改字体颜色。

6. 关闭自动更新

单击菜单"File|Settings…"，在 Settings 对话框左侧选择"Appearance & Behavior"下"System Settings"下的"Updates"，然后右侧的"Automatically check updates for"不选中即可。

7. 脚本头设置

单击菜单"File|Settings…"，在 Settings 对话框左侧选择"Editor"下的"File and Code Templates"，然后在右侧选定"Python Script"，在右边的文本框中输入脚本值即可。

8. 显示行号

单击菜单"File|Settings…"，在 Settings 对话框左侧选择"Editor"下"General"下的"Appearance"，然后在右侧选中"Show line numbers"即可。

2.3　Anaconda 的下载、安装

2.3.1　认识 Anaconda

Anaconda 是一个用于科学计算的 Python 发行版,支持 Linux、Mac、Windows 系统,提供了包管理与环境管理的功能,可以很方便地解决多版本 Python 并存、切换以及各种第三方包安装问题。Anaconda 利用工具或命令 Conda 来进行 package 和 environment 的管理,并且已经包含了 Conda、Python 和相关的配套工具,如 NumPy、Pandas、Matplotlib 等。

Anaconda 具有如下特点:

(1)开源;

(2)安装过程简单;

(3)高性能使用 Python 和 R 语言;

(4)免费的社区支持。

2.3.2　Anaconda 的下载与安装

第一步,进入官网(https://www.anaconda.com/distribution)下载,如图 2-27 所示。

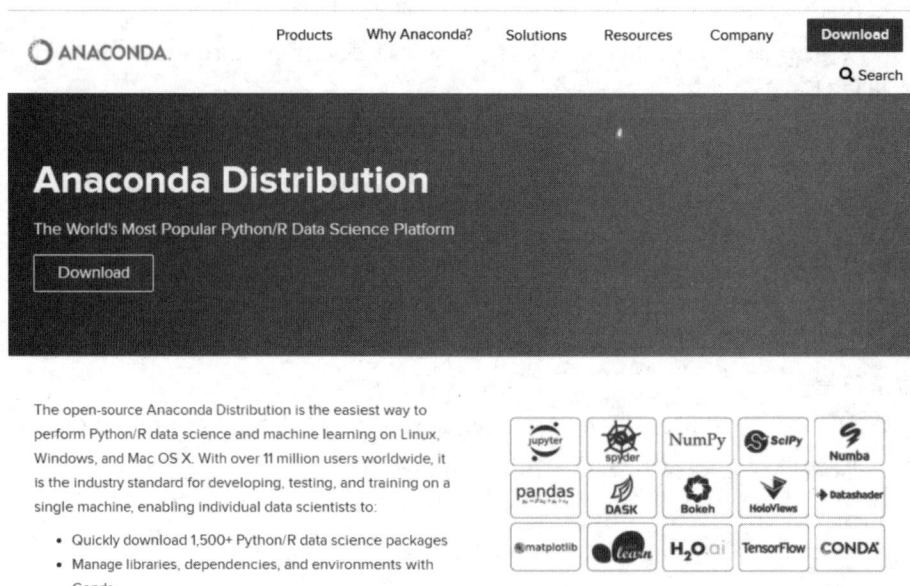

图 2-27　Anaconda 下载页面

第二步,下载完成后双击下载的安装包开始安装,在弹出的 Anaconda 安装欢迎页面中,点击"Next"按钮,进入下一步,如图 2-28 所示。

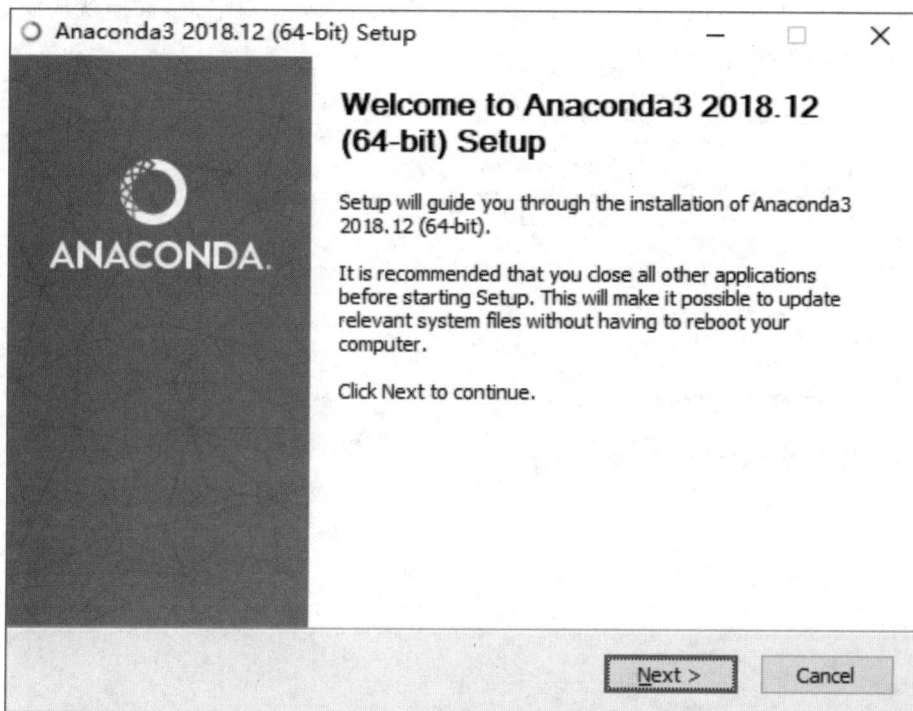

图 2-28　Anaconda3 Setup

第三步，进入"License Agreement"许可协议对话框，单击"I Agree"按钮，如图 2-29 所示。

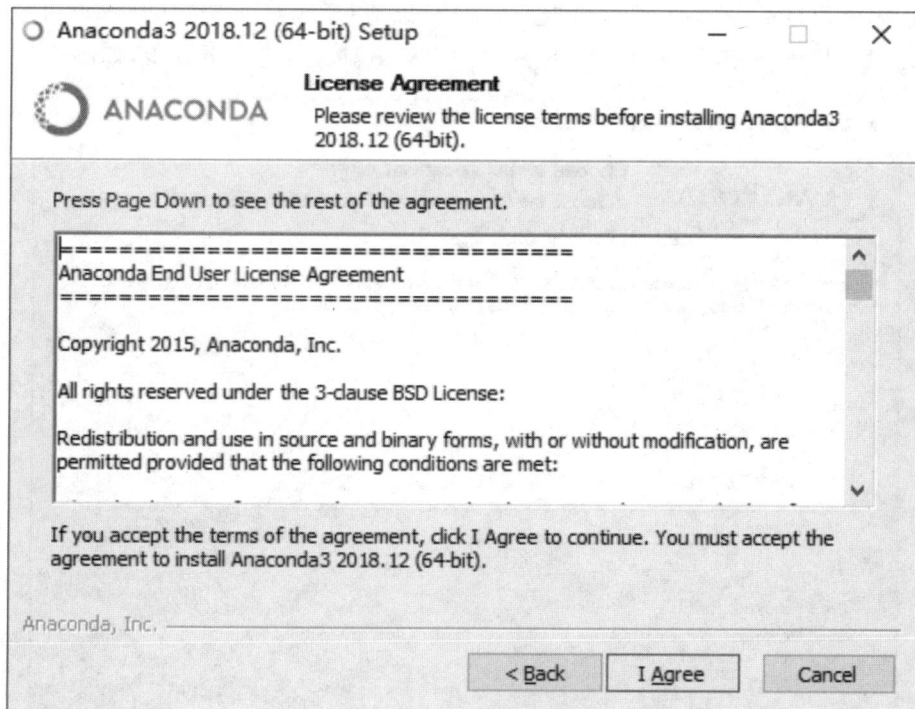

图 2-29　License Agreement

第四步，进入"Select Installation Type"选择安装用户类型对话框，选择默认设置即可，单击"Next"按钮，如图 2-30 所示。

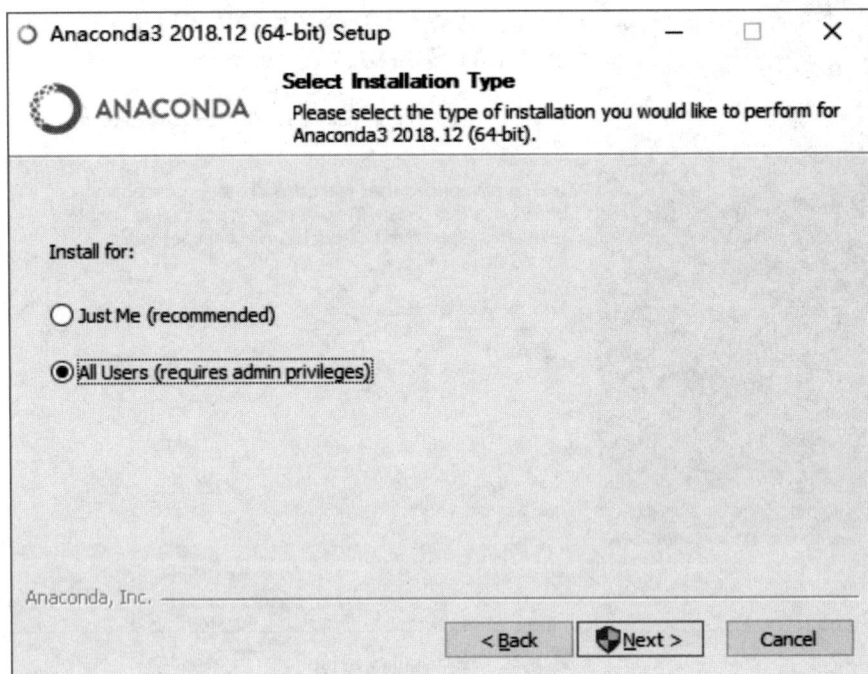

图 2-30　Select Installation Type

第五步，在出现的"选择安装位置"窗口中，可以通过"Browse"按钮选择软件安装位置（通常采用默认位置）。选择好目标位置后，点击"Next"按钮，进入下一步，如图 2-31 所示。

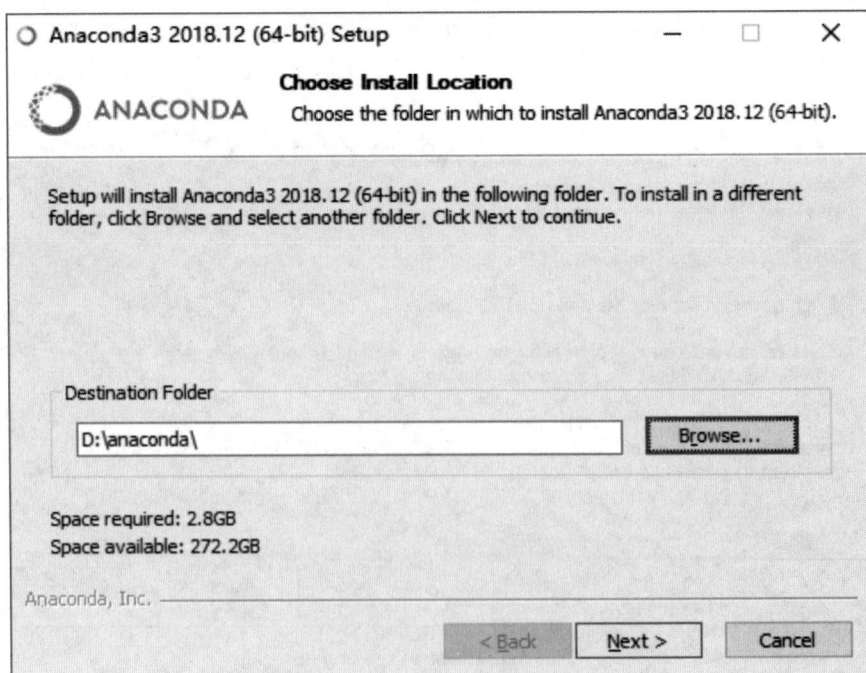

图 2-31　Choose Install Location

第六步，在出现的"安装选项"窗口中，选择"Register Anaconda as the system Python 3.7"（注册 Anaconda 为 Python 3.7 系统）选项，点击"Install"按钮，开始安装，如图 2-32 和图 2-33 所示。

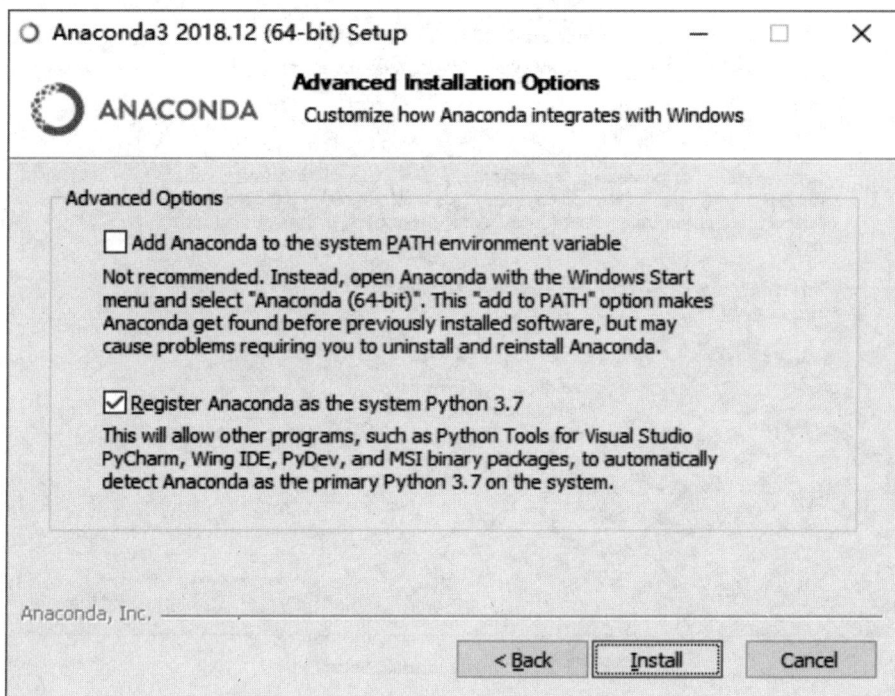

图 2-32　Advanced Installation Options

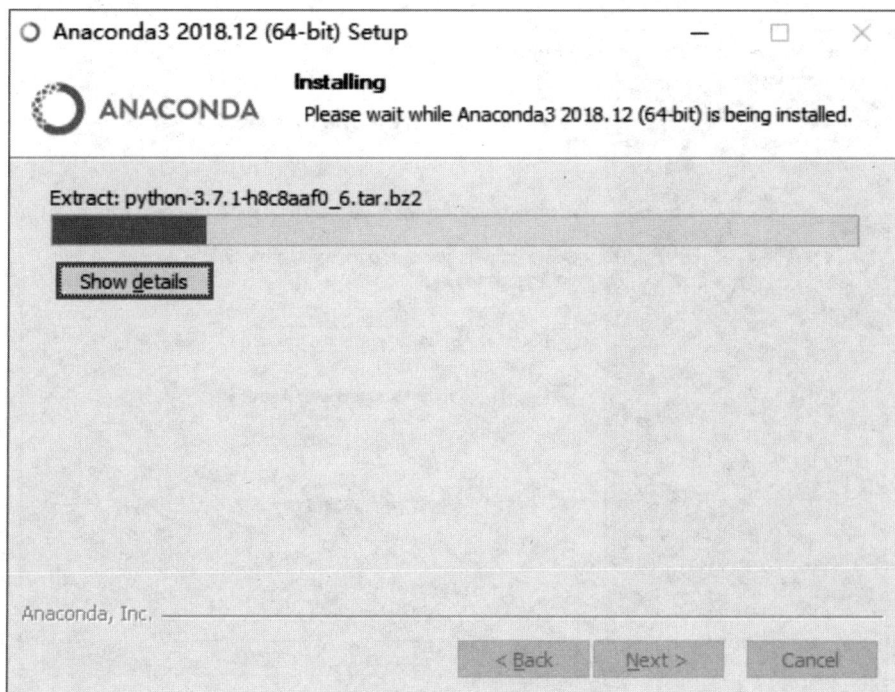

图 2-33　Installing

第七步,安装完成后,单击"Next"按钮,出现"Anaconda3 2018.12(64-bit)"对话框,单击"Skip"按钮,如图 2-34 所示。

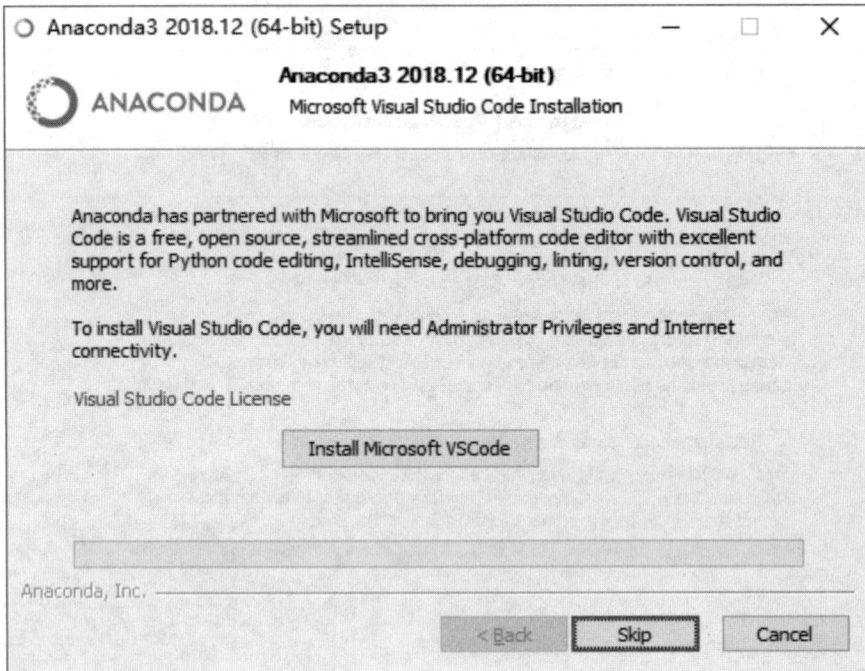

图 2-34　Anaconda3 Setup

第八步,出现"Thanks for installing Anaconda3!"对话框,单击"Finish"按钮,安装完成,如图 2-35 所示。

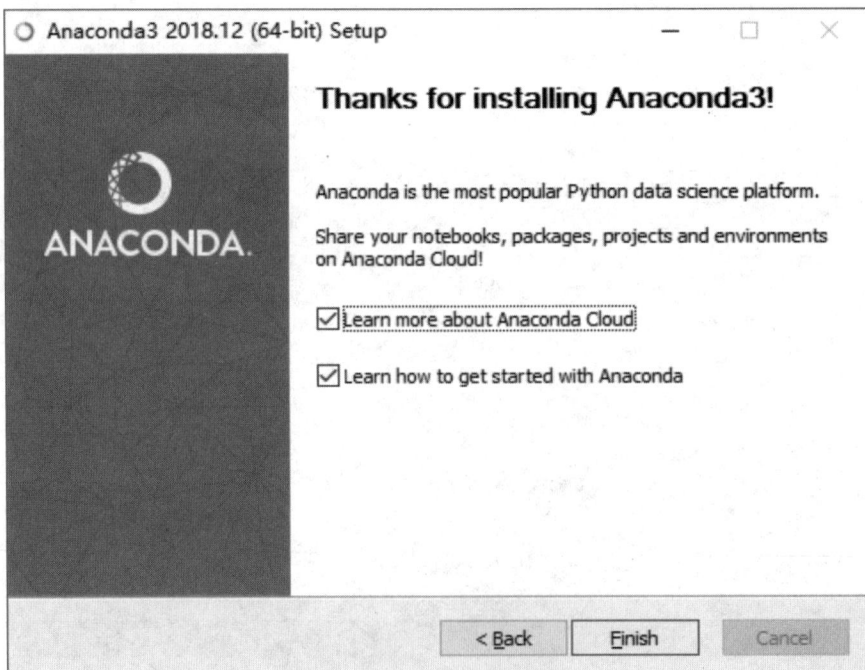

图 2-35　Thanks for installing Anaconda3

2.4　PyCharm 中导入 Anaconda

在 PyCharm 软件中导入 NumPy、Pandas、Matplotlib 这些库时会提示错误,此时,需要导入 Anaconda,因为 Anaconda 中包含了很多上面这样的库,使用 PyCharm 编写数据分析程序时需要用到像 NumPy、Pandas、Matplotlib 等库包时就不需要再次安装,直接导入就可运行,非常方便。

在 PyCharm 软件中导入 Anaconda 的步骤如下:

第一步,打开 PyCharm 软件,单击菜单"File|New Project…",弹出"Create Project"对话框,如图 2-36 所示,输入项目名,单击"Create"按钮即可建立一个新项目。

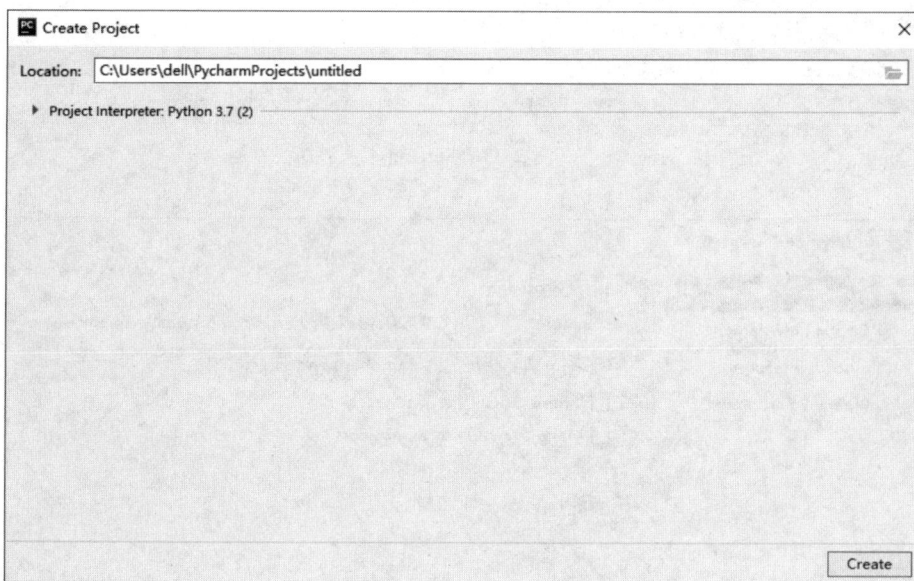

图 2-36　Create Project

第二步,在新项目主窗口中单击菜单"File|Settings…",弹出"Settings"对话框,单击左侧的"Project:untitled"下的"Project Interpreter"项,出现如图 2-37 所示的窗口。

第三步,在图 2-37 所示的窗口中,单击右上角的"⚙"按钮,弹出菜单,单击"Add…",弹出"Add Python Interpreter"对话框,如图 2-38 所示。

第四步,在图 2-38 所示的窗口中,单击左侧的"System Interpreter",在右侧选择 Anaconda 的安装路径(如 D:\anaconda\python.exe),单击"OK"按钮,如图 2-39 所示。

第五步,回到图 2-37 所示的窗口,在"Project Interpreter"选项中选择刚加载的"Python 3.7 D:\anaconda\python.exe"(图 2-40),出现如图 2-41 所示的窗口,单击"OK"按钮,导入完成。

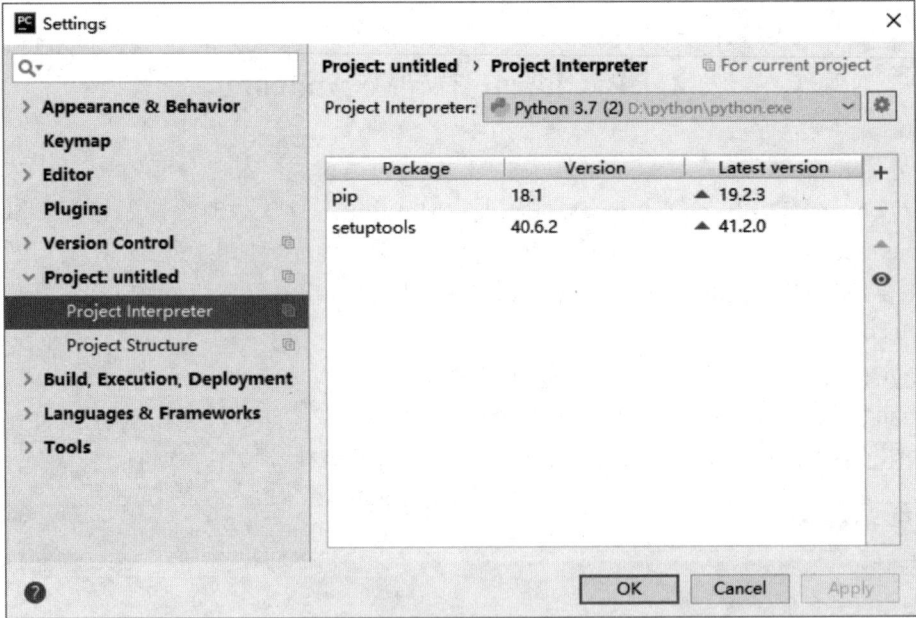

图 2-37　Settings

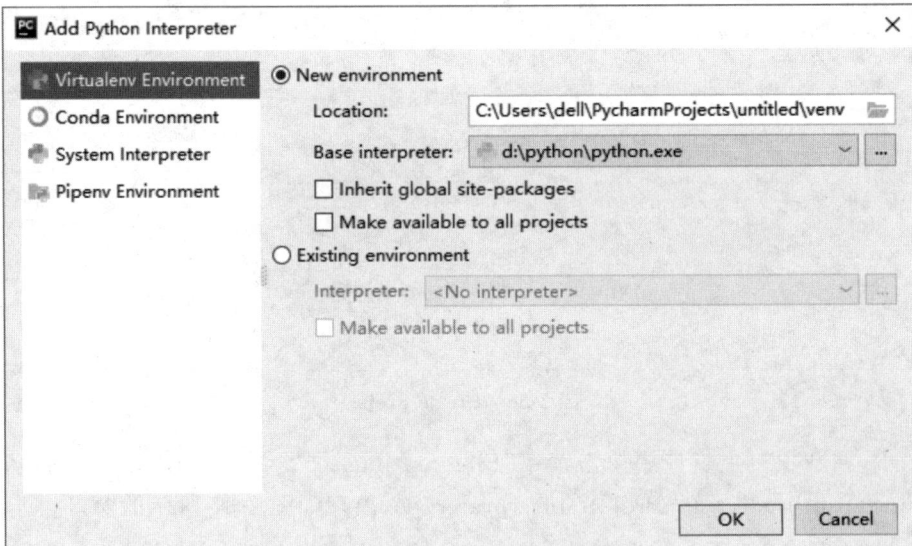

图 2-38　Add Python Interpreter

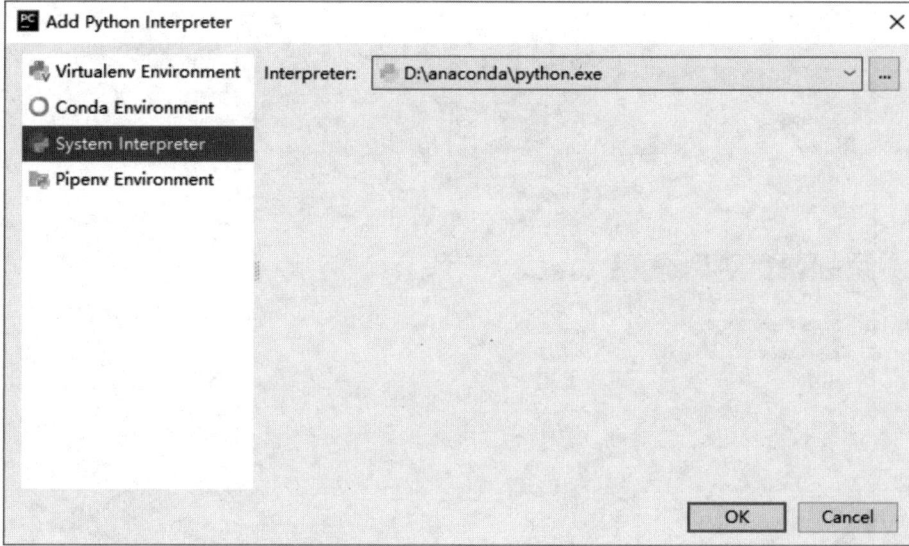

图 2-39　Add Python Interpreter

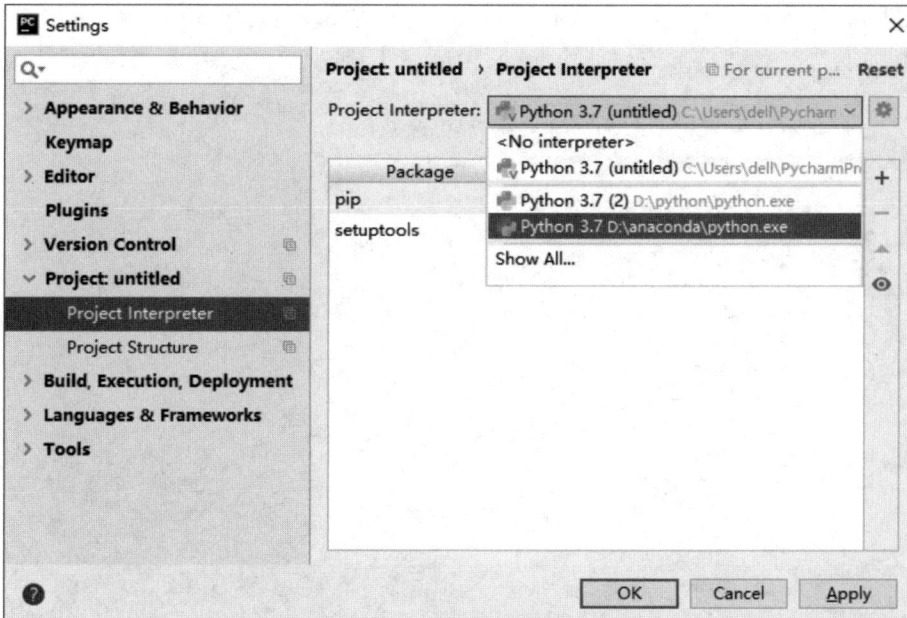

图 2-40　加载 Anaconda

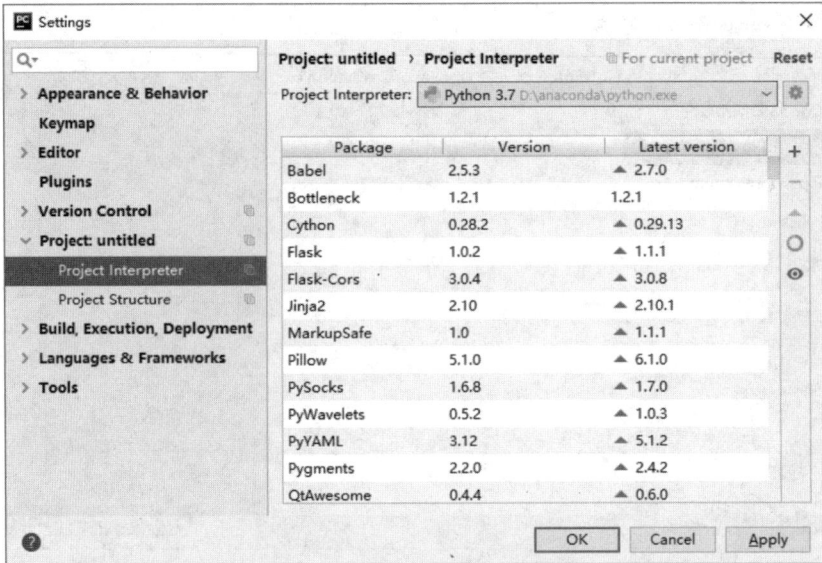

图 2-41　成功导入 Anaconda

第六步,回到如图 2-42 所示的项目主窗口,展开"External Libraries"|"＜Python 3.7＞"下的"anaconda",会看到很多对应的库文件,说明导入成功。

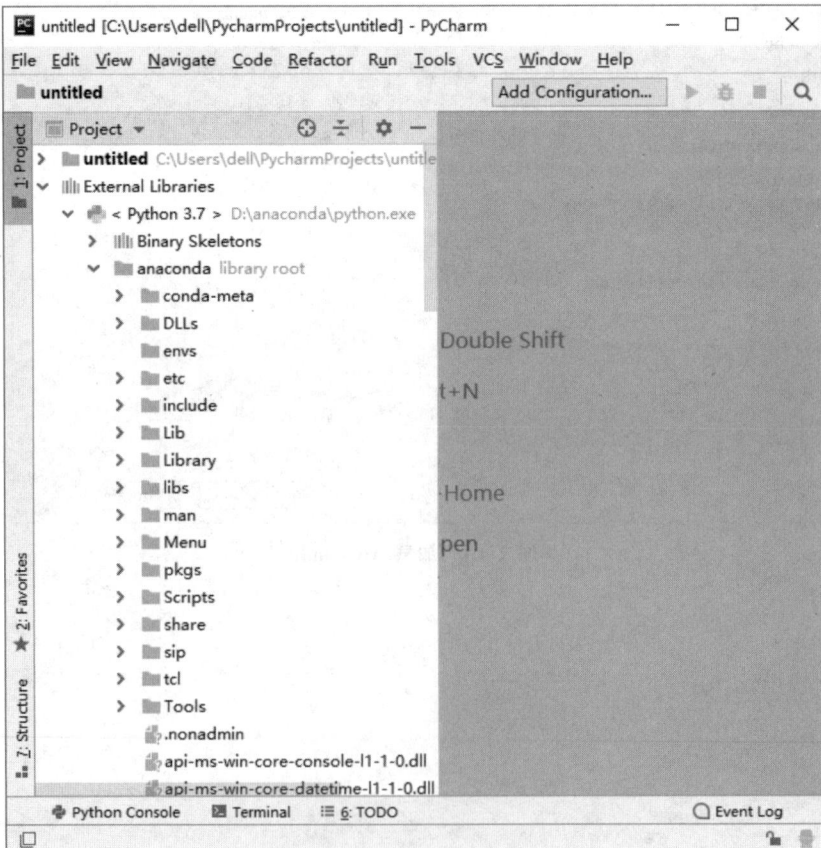

图 2-42　导入 Anaconda 成功的项目主窗口

接下来编写第一个数据分析程序 MyFirst.py 并成功运行，如图 2-43 所示，至此，Python 数据分析开发环境搭建完成。

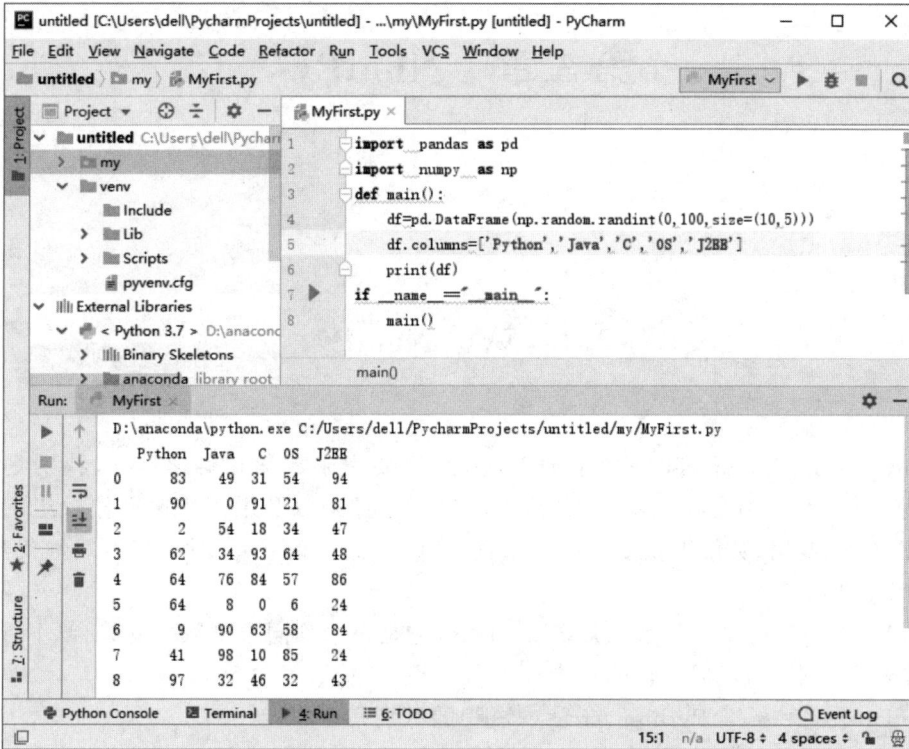

图 2-43　成功运行第一个数据分析程序

第 3 章　NumPy

3.1　认识 NumPy

NumPy 是 Python 语言的一个扩展程序库，主要用于数学和科学计算，特别是数组计算。它是一个提供多维数组对象、多种派生对象（如矩阵）以及用于快速操作数组的函数和 API，包括数学、逻辑、数组形状变换、排序、选择、I/O、离散傅立叶变换、基本线性代数、基本统计运算、随机模拟等。

NumPy 包的核心是 n 维数组对象 ndarray，它是一系列同类型数据的集合，下标从 0 开始进行集合中元素的索引。

NumPy 数组和标准 Python Array（数组）的区别是：

（1）NumPy 数组在创建时具有固定的大小，与 Python 的原生数组对象（可以动态增长）不同。更改 ndarray 的大小将创建一个新数组并删除原来的数组。

（2）NumPy 数组中的元素都需要具有相同的数据类型，因此在内存中的大小相同。Python 的原生数组里包含 NumPy 对象时，就允许不同大小元素的数组。

（3）NumPy 数组有助于对大量数据进行高级数学和其他类型的操作，这些操作的执行效率更高，比使用 Python 原生数组的代码更少。

（4）越来越多的基于 Python 的科学和数学软件包使用 NumPy 数组，虽然这些工具通常都支持 Python 的原生数组作为参数，但它们在处理之前还是会将输入的数组转换为 NumPy 数组，输出也通常为 NumPy 数组。

3.2　ndarray

整个 NumPy 库的基础是 ndarray 对象，它的特点是：

（1）ndarray 对象用于存放同类型元素的多维数组。

（2）ndarray 中的每个元素在内存中都有相同存储大小的区域。

（3）ndarray 内部结构：一个指向数据（内存或内存映射文件中的一块数据）的指针、数据类型或 dtype、一个表示数组形状（shape）的元组（即表示各维度大小的元组）和一个跨度元

组（stride），其中的整数指的是前进到当前维度下一个元素需要跨过的字节数。如图 3-1
所示。

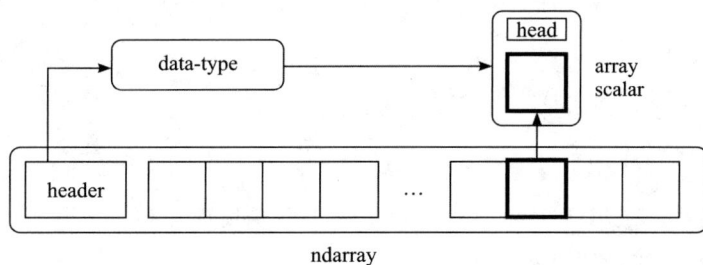

图 3-1　ndarray 内部结构

3.2.1　创建 NumPy 数组

NumPy 创建 ndarray 数组的构造方法是：

numpy.array(object,dtype＝None,copy＝True ,order＝None,subok＝False,ndmin＝0)

各参数的作用如表 3-1 所示。

表 3-1　ndarray 构造函数参数功能描述

编号	参数	描述
1	object	数组或嵌套的数列
2	dtype	数组元素的数据类型，可选
3	copy	对象是否需要复制，可选
4	order	创建数组的样式，C 为行方向，F 为列方向，A 为任意方向（默认）
5	subok	默认返回一个与基类类型一致的数组
6	ndmin	指定生成数组的最小维度

例如：

```
import numpy as np
a＝np.array([1,2,3])
print（a）
```

【案例 3-1】创建一个元素为 1 到 50 的 10 个随机整数的 ndarray 对象和一个范围在(0,1)
之间长度为 6 的等差数列 ndarray 对象。代码如下：

```
import numpy as np
def main()：
    #创建一维数组:10 个 1 到 50 之间的随机数
    a＝np.array(np.random.randint(1,51,size＝10)) #调用随机数类的生成随机整数方法 randint
    print(a)
    #创建一个范围在(0,1)之间长度为 6 的等差数列
    b＝np.linspace(0,1,6)
```

```
        print(b)
if __name__=="__main__":
    main()
```

程序运行结果如下：

```
[33   1   38   24   32   26   3   22   32   15]
[0.  0.2   0.4   0.6   0.8   1. ]
```

【案例 3-2】创建一个每一行都是从 0 到 4 的 5 行 5 列矩阵和一个 6 行 6 列边界全为 1，里面全为 0 的矩阵。代码如下：

```
import numpy as np
def main():
    #创建一个每一行都是从 0 到 4 的 5*5 矩阵
    a=[np.arange(0,5)]      #生成 0 到 4 的列表
    nd=np.array(a*5)        #生成 5 组 0 到 4 的数组
    nd.reshape(5,5)         #设置数组的形状为 5 行 5 列
    print(nd)
    #创建一个 6*6 的 ndarray 对象,且矩阵边界全为 1,里面全为 0
    b=np.zeros(shape=(6,6),dtype=np.int8)   #生成 6 行 6 列全为 0 的矩阵
    b[[0,5]]=1       #将第 0 行和第 5 行全设为 1
    b[:,[0,5]]=1     #将第 0 列和第 5 列全设为 1
    print(b)
if __name__=="__main__":
    main()
```

程序运行结果如下：

```
[[0 1 2 3 4]
 [0 1 2 3 4]
 [0 1 2 3 4]
 [0 1 2 3 4]
 [0 1 2 3 4]]
[[1 1 1 1 1 1]
 [1 0 0 0 0 1]
 [1 0 0 0 0 1]
 [1 0 0 0 0 1]
 [1 0 0 0 0 1]
 [1 1 1 1 1 1]]
```

3.2.2 NumPy 数组的属性

NumPy 数组的维数称为秩(rank)，一维数组的秩为 1，二维数组的秩为 2，以此类推。

在 NumPy 中,每一个线性的数组称为一个轴(axes),秩其实是描述轴的数量。比如说,二维数组相当于一个一维数组,而这个一维数组中每个元素又是一个一维数组。所以,这个一维数组就是 NumPy 中的轴,而轴的数量——秩,就是数组的维数。

　　NumPy 数组的常用属性有 dtype、size、shape、itemsize、ndim、nbytes、flags 等,它们的作用如下:

　　ndarray.dtype 属性表示 ndarray 对象的元素类型。

　　ndarray.size 属性表示数组元素的总个数。

　　ndarray.shape 属性表示数组的维度,返回一个元组,这个元组的长度就是维度的数目。比如,一个二维数组,其维度表示"行数"和"列数",也可用于调整数组大小。

　　ndarray.itemsize 属性表示以字节的形式返回数组中每一个元素的大小,以字节为单位。

　　ndarray.ndim 属性用于返回数组的维数,等于秩。

　　ndarray.nbytes 属性表示数组中所有元素占用的字节数。

　　ndarray.flags 属性返回 ndarray 对象的内存信息。

　　例如:

```python
import numpy as np
#创建二维数组
a1＝np.array([[11,12,13,14,15],[21,22,23,24,25],[31,32,33,34,35],[41,42,43,44,45]])
print(type(a1))              #结果为:class 'numpy.ndarray'
print(a1.dtype)             #结果为:int32
print(a1.size)              #结果为:20
print(a1.shape)             #结果为:(4,5)
print(a1.itemsize)          #结果为:4
print(a1.ndim)              #结果为:2
print(a1.nbytes)            #结果为:80
```

3.2.3　NumPy 数组的运算

　　NumPy 数组可以使用四则运算符＋、－、*、/、** 来完成运算操作,也可使用 add()、subtract()、multiply()、divide()函数实现数组的加、减、乘、除运算。NumPy 数组也支持关系运算符＞、＞＝、＜、＜＝、＝＝、!＝来完成关系运算,其结果是 True 或 False。

　　【案例 3-3】NumPy 数组的四则运算和关系运算。代码如下:

```python
import numpy as np
def main():
    a＝np.arange(25)
    a＝a.reshape((5,5))
    b＝np.array([10,32,2,1,11,6,1,2,3,4,20,1,1,1,4,5,6,8,10,9,1,2,3,1,2])
    b＝b.reshape((5,5))
    print('数组 a'.center(30,'—'),'\n',a)
```

```
print('数组 b'.center(30,'—'),'\n',b)
print('a+b'.center(30,'—'),'\n',a+b)        #等价于函数 np.add(a,b)
print('a—b'.center(30,'—'),'\n',a—b)        #等价于函数 np.subtract(a,b)
print('a*b'.center(30,'—'),'\n',a*b)        #等价于函数 np.multiply(a,b)
print('a/b'.center(30,'—'),'\n',a/b)        #等价于函数 np.divide(a,b)
print('a**2'.center(30,'—'),'\n',a**2)
print('a<b'.center(30,'—'),'\n',a<b)
print('a>=b'.center(30,'—'),'\n',a>=b)
print('a!=b'.center(30,'—'),'\n',a!=b)
print('a==b'.center(30,'—'),'\n',a==b)
if __name__=="__main__":
    main()
```

程序运行结果如下：

```
D:\anaconda\python.exe C:/Users/dell/PycharmProjects/My01/numpy/case2 使用数
组.py
--------------数组 a--------------
[[ 0  1  2  3  4]
 [ 5  6  7  8  9]
 [10 11 12 13 14]
 [15 16 17 18 19]
 [20 21 22 23 24]]
--------------数组 b--------------
[[10 32  2  1 11]
 [ 6  1  2  3  4]
 [20  1  1  1  4]
 [ 5  6  8 10  9]
 [ 1  2  3  1  2]]
--------------a+b--------------
[[10 33  4  4 15]
 [11  7  9 11 13]
 [30 12 13 14 18]
 [20 22 25 28 28]
 [21 23 25 24 26]]
--------------a-b--------------
[[-10 -31   0   2  -7]
 [ -1   5   5   5   5]
 [-10  10  11  12  10]
 [ 10  10   9   8  10]
 [ 19  19  19  22  22]]
```

40

```
--------------a*b--------------
[[  0    32    4      3     44]
 [ 30     6   14     24     36]
 [200    11   12     13     56]
 [ 75    96  136    180    171]
 [ 20    42   66     23     48]]
--------------a/b--------------
[[ 0.          0.03125     1.          3.          0.36363636]
 [ 0.83333333  6.          3.5         2.66666667  2.25       ]
 [ 0.5        11.         12.         13.          3.5        ]
 [ 3.          2.66666667  2.125       1.8         2.11111111]
 [20.         10.5         7.33333333 23.         12.         ]]
--------------a**2--------------
[[  0     1     4      9     16]
 [ 25    36    49     64     81]
 [100   121   144    169    196]
 [225   256   289    324    361]

 [400   441   484    529    576]]
--------------a<b--------------
[[True    True    False    False    True]
 [ True   False   False    False    False]
 [ True   False   False    False    False]
 [ False  False   False    False    False]
 [ False  False   False    False    False]]
--------------a>=b--------------
[[False   False   True    True    False]
 [ False  True    True    True    True]
 [ False  True    True    True    True]
 [ True   True    True    True    True]
 [ True   True    True    True    True]]
--------------a!=b--------------
[[ True    True    False    True    True]
 [ True    True    True     True    True]
 [ True    True    True     True    True]
 [ True    True    True     True    True]
 [ True    True    True     True    True]]
--------------a==b--------------
[[ False   False   True    False    False]
 [ False   False   False   False    False]
 [ False   False   False   False    False]
 [ False   False   False   False    False]
 [ False   False   False   False    False]]

Process finished with exit code 0
```

3.2.4　索引与切片

NumPy 数组可以通过索引下标访问某个元素,数组索引用[]加序号的形式引用单个数组元素,序号从左到右从 0 开始递增,从右到左则是从－1 开始递减,例如,一维数组 np.array([10,32,2,1,11,6,1,2,3,4,20])的索引如表 3-2 所示.

表 3-2　NumPy 数组下标索引

左到右索引	[0]	[1]	[2]	[3]	[4]	[5]	[6]	[7]	[8]	[9]	[10]
元素的值	10	32	2	1	11	6	1	2	3	4	20
右到左索引	[－11]	[－10]	[－9]	[－8]	[－7]	[－6]	[－5]	[－4]	[－3]	[－2]	[－1]

二维数组 np.array([[11,12,13,14],[21,22,23,24],[31,32,33,34]])的索引如下所示:

	[,0]	[,1]	[,2]	[,3]
[0,]	11	12	13	14
[1,]	21	22	23	24
[2,]	31	32	33	34

切片操作是指抽取数组的一部分元素生成新的数组,对 Python 列表进行切片操作得到的数组是原数组的副本,而对 NumPy 数组进行切片操作得到的数组是指向相同缓冲区的视图。使用切片是在[]内用“:”隔开数字的方式完成,如抽取一维数组 a 的第 2、3、4 个元素可用 a[1:4]表示;抽取一维数组 a 的第 2、4、6、8 个元素可用 a[1:8:2]表示;抽取一维数组 a 的第 0,2,4,6,8…个元素可用 a[::2]表示;a[::－2]表示从右边开始抽取,每隔两个元素进行抽取。二维数组的切片操作类似推理。

【案例 3-4】NumPy 数组的索引与切片。代码如下:

```
import numpy as np
def main():
    a＝np.array([10,32,2,1,11,6,1,2,3,4,20])    #创建一维数组
    print(a[1:5])          #结果为:[32  2  1 11]
    print(a[::3])          #结果为:[10  1  1  4]
    print(a[::－2])         #结果为:[20  3  1 11  2 10]
    #创建二维数组
    a1＝np.array([[11,12,13,14,15],[21,22,23,24,25],[31,32,33,34,35],[41,42,43,44,45]])
    print(a1)
    print(a1[2,4])         #值为 35
    print(a1[0,1:4])       #结果为:[12 13 14]
    print(a1[1:4,0])       #结果为:[21 31 41]
    print(a1[::2,::－2])    #结果为:[[15 13 11] [35 33 31]]
```

```
    print(a1[:,1])          #结果为:[12 22 32 42]

if __name__=="__main__":
    main()
```

3.2.5　NumPy 数组的迭代器对象

　　NumPy 迭代器对象 numpy.nditer 提供了一种灵活访问一个或多个数组元素的方式，迭代器最基本的任务是完成对数组元素的访问。nditer 中的 order 参数可控制迭代的顺序，order='F'时以列序优先,order='C'时以行序优先。

　　【案例 3-5】使用 NumPy 迭代器对象访问数组元素。代码如下：

```
import numpy as np
def main():
    a=np.array([[2,1,-2],[3,0,1],[1,1,-1]])
    print('原始数组'.center(30,'='),'\n',a)
    print('迭代输出结果'.center(30,'='),'\n')
    for x in np.nditer(a):
        print(x,end=',')
    print('\n','以行序优先(C)迭代输出结果'.center(40,'='),'\n')
    for x in np.nditer(a.T,order='C'):   #a.T 表示数组转置
        print(x,end=' ')
    print('\n','以行序优先(C 顺序)访问数组转置的 copy 数组'.center(40,'='),'\n')
    for x in np.nditer(a.T.copy(order='C')):
    #以行序优先(C 顺序)访问数组转置的 copy 数组,order='F'列序优先
        print(x,end='  ')
if __name__=="__main__":
    main()
```

　　程序运行结果如下：

```
D:\anaconda\python.exe C:/Users/dell/PycharmProjects/My01/numpy/case30Numpy 迭代
数组.py
=============原始数组=============
 [[ 2    1    -2 ]
 [ 3    0    1 ]
 [ 1    1    -1 ]]
===========迭代输出结果===========
2, 1, -2, 3, 0, 1, 1, 1, -1,
 ============以行序优先（C）迭代输出结果=============
2    3    1    1    0    1    -2    1    -1
```

=======以行序优先（C 顺序）访问数组转置的 copy 数组========
2　　3　　1　　1　　0　　1　　-2　　1　　　-1
Process finished with exit code 0

Numpy.nditer 对象还有另一个可选参数 op_flags，默认情况下，nditer 将视待迭代遍历的数组为只读对象（read-only）。为了在遍历数组的同时，实现对数组元素的修改，必须指定该参数为 read-write 或 write-only 模式。

【案例 3-6】使用 NumPy 迭代器对象修改数组元素的值。代码如下：

```
import numpy as np
def main():
    a=np.array([[2,1,-2],[3,0,1],[1,1,-1]])
    print('原始数组'.center(30,'='),'\n',a)
    print('修改后的数组'.center(30,'='),'\n')
    for x in np.nditer(a,op_flags=['readwrite']):
        x[...]=2*x    #将所有元素的值*2
    print(a)
if __name__=="__main__":
    main()
```

程序运行结果如下：

D:\anaconda\python.exe C:/Users/dell/PycharmProjects/My01/numpy/case31 修改数组中元素的值.py
============原始数组============
[[2   1   -2]
 [3   0   1]
 [1   1   -1]]
============修改后的数组============
[[4   2   -4]
 [6   0   2]
 [2   2   -2]]

Process finished with exit code 0

如果将 op_flags 的值设为 readonly，即 op_flags=['readonly']，程序运行时会出现"ValueError：assignment destination is read-only"错误。

3.3　NumPy 函数的使用

3.3.1　NumPy 数学函数

使用 Python 自带的运算符,可完成加减乘除、取余、取整、求幂等计算,导入 math 模块后,还可执行求绝对值、阶乘、求平方根等数学运算,但如果要完成更加复杂的一些数学运算,使用 NumPy 数学函数是简单方便的选择方式。NumPy 为我们提供了更多的数学函数,以帮助我们更好地完成一些数值计算。NumPy 常用的数学函数如表 3-3 所示。

表 3-3　NumPy 常用数学函数功能描述

函数	描述
sin()、cos()、tan()	三角正弦、余弦、正切
arcsin()、arccos()、arctan()	三角反正弦、反余弦、反正切
hypot()	直角三角形求斜边
degrees()	弧度转换为度
radians()	度转换为弧度
sinh()、cosh()、tanh()	双曲线正弦、余弦、正切
arcsinh()、arccosh()、arctanh()	反双曲线正弦、余弦、正切
around()	按指定精度返回四舍五入后的值
rint()	四舍五入求整
exp()、log()	指数函数、自然对数函数
floor()	向下取整,返回不大于输入参数的最大整数
ceil()	向上取整,返回不小于输入参数的最小整数
sqrt()、cbrt()	平方根、立方根
square()	平方
fabs()	绝对值
sign()	符号函数,正数返回 1,负数返回 −1,零返回 0

【案例 3-7】常用数学函数的使用,代码如下:

```
import numpy as np
def main():
    angle＝np.array([0,30,45,60,90])    #角度值的数组系列
    print('不同角度的正弦、余弦值'.center(50,'—'),'\n')
```

```
sin1＝np.sin(angle * np.pi/180)
cos1＝np.cos(np.radians(angle))
＃角度转弧度的方法:angle * np.pi/180,也可调用函数 np.radians(angle)
print(np.around(sin1,decimals＝2),np.around(cos1,decimals＝2))
＃四舍五入取小数点后两位数
arcsin1＝np.arcsin(sin1)  ＃结果为弧度
print('角度的值'.center(50,'一'),'\n')
print(np.degrees(arcsin1))＃结果为角度
if __name__＝＝"__main__":
    main()
```

程序运行结果如下:

```
D:\anaconda\python.exe C:/Users/dell/PycharmProjects/My01/numpy/case310Numpy 数
学函数的使用.py
------------------------不同角度的正弦、余弦值------------------------
[0.    0.5    0.71    0.87    1.  ] [1.    0.87    0.71    0.5    0.  ]
------------------------角度的值------------------------
[0.    30.    45.    60.    90.]
Process finished with exit code 0
```

3.3.2　NumPy 字符串函数

字符串是一个有序的字符集合,NumPy 字符串函数用于对 dtype 为 numpy.string 或 numpy.unicode 的数组执行向量化字符串操作,它们基于 Python 内置库中的标准字符串函数,这些函数在字符数组类(numpy.char)中定义。NumPy 常用的字符串函数如表 3-4 所示。

表 3-4　NumPy 常用字符串函数功能描述

函数	描述
add()	对两个数组的逐个字符串元素进行连接
multiply()	返回按元素多重连接后的字符串
center()	居中字符串
capitalize()	将字符串第一个字母转换为大写
title()	将字符串的每个单词的第一个字母转换为大写
lower()	数组元素转换为小写
upper()	数组元素转换为大写
split()	指定分隔符对字符串进行分割,并返回数组列表
splitlines()	返回元素中的行列表,以换行符分割
strip()	移除元素开头或者结尾处的特定字符

续表

函数	描述
join( )	通过指定分隔符来连接数组中的元素
replace( )	使用新字符串替换字符串中的所有子字符串
decode( )	数组元素依次调用 str.decode
encode( )	数组元素依次调用 str.encode

【案例 3-8】NumPy 字符串函数的使用。代码如下：

```python
import numpy as np
def main():
    print('连接两个字符串'.center(30,'='),'\n')
    print(np.char.add(['hello'],['xiamen']))
    print(np.char.add(['china','fujian'],['xiamen','jimei']))
    print('\n','执行多重连接'.center(30,'='),'\n')
    print(np.char.multiply('理工',4))
    print(np.char.center('厦门理工',20,fillchar='*'))  #字符串居中
    print(np.char.capitalize('xiamen ligong'))  #将第一个字母转换为大写
    print(np.char.title('i love china'))  #将每个单词的第一个字母转换为大写
    print(np.char.split('www.cctv.com',sep='.'))  #按指定分隔符对字符串进行分割并返回数组
    print(np.char.splitlines('i\n love china'))  #以换行符作为分隔符来分割字符串并返回数组
    print(np.char.splitlines('i\r love china'))
    print(np.char.strip('hmade in chinah','h'))  #移除字符串头尾的 h 字符
    print(np.char.strip(['xhello','okx','xhix'],'x'))  #移除系列中字符串头尾的 x 字符
    print(np.char.join([':','—'],['385','1234']))  #通过指定分隔符来连接数组中元素或字符串
    print(np.char.replace('厦门集美,美集了','集','极'))  #字符串替换


if __name__=="__main__":
    main()
```

程序运行结果如下：

```
D:\anaconda\python.exe  C:/Users/dell/PycharmProjects/My01/numpy/case32Numpy 字符串函
数.py
===========连接两个字符串===========
['helloxiamen']
['chinaxiamen' 'fujianjimei']
   ===========执行多重连接===========
理工理工理工理工
********厦门理工********
Xiamen ligong
```

I Love China

['www', 'cctv', 'com']

['i', ' love china']

['i', ' love china']

made in china

['hello' 'ok' 'hi']

['3:8:5' '1-2-3-4']

厦门极美，美极了

Process finished with exit code 0

3.3.3　NumPy 统计函数

NumPy 提供了很多统计函数，主要用于从一系列数据中查找最大值、最小值，求和、平均值、百分位数、中位数，分析标准差、方差等。NumPy 常用的统计函数如表 3-5 所示。

表 3-5　NumPy 常用统计函数功能描述

函数	描述
amin()	用于计算数组中元素沿指定轴的最小值
amax()	用于计算数组中元素沿指定轴的最大值
ptp()	计算数组中元素最大值与最小值的差（最大值－最小值）
percentile()	用于计算小于这个值的百分位数
median()	用于计算数组中元素的中位数（中值）
mean()	用于计算数组中元素的算术平均值
average()	根据另一个数组中给出的各自的权重计算数组中元素的加权平均值
std()	用于计算数组元素的标准差［标准差是一组数据平均值分散程度的一种度量，标准差是方差的算术平方根，即 $std = sqrt(mean((x - x.mean()) ** 2)$］
var()	用于计算数组中的方差［方差也称样本方差，是每个样本值与全体样本值的平均数之差的平方值的平均数，即 $mean((x - x.mean()) ** 2)$，标准差是方差的平方根］

【案例 3-9】给定 NumPy 数组数据（3 行 3 列），应用 NumPy 统计函数求出每行/列的最大值、最大值与最小值的差、百分位数、中位数、平均值等。程序代码如下：

```
import numpy as np
def main():
    a=np.array([[1,7,4],[2,5,8],[6,9,3]])
    print('原始数组'.center(30,'='),'\n',a)
    print('按行求最小值、按列求最大值、数组最大值'.center(30,'='),
    '\n',np.amin(a,axis=1),np.amax(a,axis=0),np.amax(a))
```

#按行求最小值,按列求最大值
print('按行、按列求最大值与最小值的差'.center(30,'='),'\n',np.ptp(a,axis=1),np.ptp(a,axis=0),np.ptp(a))　# 按行、按列求最大值与最小值的差
#numpy.percentile(a,q,axis) a 为数组,q 为要计算的百分位数(0~100),axis 为轴
print('按列求 50%的百分位数'.center(30,'—'),'\n',np.percentile(a,50,axis=0))
#求中间那个数
print('按列求 25%的百分位数'.center(30,'—'),'\n',np.percentile(a,25,axis=0))
# 即(中间数—最小数)/2
print('按列求 75%的百分位数'.center(30,'—'),'\n',np.percentile(a,75,axis=0))
# 即(最大数—中间数)/2
print('按行求 50%的百分位数'.center(30,'—'),'\n',np.percentile(a,50,axis=1))
#求中间那个数
print('不指定轴求 50%的百分位数'.center(30,'—'),'\n',np.percentile(a,50))
print('求中位数'.center(30,'—'),'\n',np.median(a))
print('按列求中位数'.center(30,'—'),'\n',np.median(a,axis=0))
print('按行求中位数'.center(30,'—'),'\n',np.median(a,axis=1))
print('求平均值,按行、列求平均值'.center(30,'='),'\n',
np.mean(a),np.mean(a,axis=1),np.mean(a,axis=0))
if __name__=="__main__":
    main()

程序运行结果如下:

D:\anaconda\python.exe C:/Users/dell/PycharmProjects/My01/numpy/case33Numpy 的统计函数.py
============原始数组============
[[1 7 4]
 [2 5 8]
 [6 9 3]]
=====按行求最小值、按列求最大值、数组最大值======
[1 2 3][6 9 8] 9
=======按行、按列求最大值与最小值的差=======
[6 6 6][5 4 5] 8
---------按列求 50%的百分位数----------
[2. 7. 4.]
---------按列求 25%的百分位数----------
[1.5 6. 3.5]
---------按列求 75%的百分位数----------
[4. 8. 6.]
---------按行求 50%的百分位数----------
[4. 5. 6.]

```
----------不指定轴求 50%的百分位数----------
 5.0
-------------求中位数-------------
 5.0
------------按列求中位数------------
 [ 2.    7.    4. ]
------------按行求中位数------------
 [ 4.    5.    6. ]
========求平均值，按行、列求平均值========
 5.0 [ 4.    5.    6. ] [ 3.    7.    5. ]


Process finished with exit code 0
```

【案例 3-10】给定 NumPy 数组数据,应用 NumPy 统计函数求出加权平均数、标准差和方差。程序代码如下:

```
import numpy as np
def main():
    a＝np.array([1,2,3,4])
    print('原始数组'.center(30,'='),'\n',a)
    print('不指定权重的加权平均数'.center(30,'='),'\n',np.average(a))
    #不指定权重时相当于 mean()函数
    wts＝np.array([1,3,4,2])
    print('按指定权重的加权平均数'.center(30,'='),'\n',np.average(a,axis＝0,weights＝
wts))    # 加权平均值＝(1＊1＋2＊3＋3＊4＋4＊2)/(1＋3＋4＋2)
    #标准差是一组数据平均值分散程度的一种度量 std＝sqrt(mean((x－x.mean())＊＊2))
    print('求标准差'.center(30,'－'),'\n',np.std(a))
    #方差是每个样本值与全体样本值平均数之差的平方值的平均数,var＝mean((x－x.mean())＊＊2)
    print('求方差'.center(30,'－'),'\n',np.var(a))
if __name__＝＝"__main__":
    main()
```

程序运行结果如下:

```
D:\anaconda\python.exe C:/Users/dell/PycharmProjects/My01/numpy/case330 加权平均
标准差方差.py
============原始数组============
 [ 1    2    3    4 ]
=========不指定权重的加权平均数=========
 2.5
=========按指定权重的加权平均数=========
 2.7
```

```
-------------求标准差-------------
1.118033988749895
-------------求方差-------------
1.25
Process finished with exit code 0
```

3.3.4　NumPy 排序函数

NumPy 的排序函数有 sort()、argsort()、lexsort()、searchsorted()、partition()、sort_complex()等,各函数功能如表 3-6 所示。

表 3-6　NumPy 常用排序函数功能描述

函数	描述
sort()	返回输入数组的排序数组
argsort()	对输入数组沿着指定轴进行排序,返回排序后数组的索引
lexsort()	对数组按多个字段进行排序,如果一个字段的值相同则按另一个字段排序。它是间接排序,不修改原数组,返回数组的索引
searchsorted()	查询排序
partition()	按指定元素对数组分区排序
sort_complex()	对复数进行排序,按照先实部后虚部的顺序进行排序

NumPy 排序函数 sort()与 argsort()的函数原型为:

numpy.sort(a,axis,kind,order)

numpy.argsort(a,axis,kind,order)

参数 a 表示要排序的数组;参数 axis 表示沿着它排序数组的轴,axis=0 按列排序,axis=1 按行排序;参数 kind 表示排序的种类,默认为' quicksort '(快速排序)。NumPy 提供了多种排序方法,如 quicksort 快速排序、mergesort 归并排序、heapsort 堆排序,三种排序算法的特性比较如表 3-7 所示。

表 3-7　三种排序算法的特性比较

种类	速度	最坏情况	工作空间	稳定性
' quicksort '(快速排序)	1	$O(n^2)$	0	否
' mergesort '(归并排序)	2	$O(n * \log(n))$	~n/2	是
' heapsort '(堆排序)	3	$O(n * \log(n))$	0	否

参数 order 表示如果数组包含字段,则可以设置按照此字段进行排序。

NumPy 排序函数 searchsorted()的函数原型为:

numpy.searchsorted(a,v,side,sorter)

参数 a 表示要排序的数组;参数 v 表示待查询索引的元素值;参数 side 表示查询索引时

的方向,side=' left '为从左到右,side=' right '为从右到左;参数 sorter 表示如果数组包含字段,则可以设置按照此字段进行排序。

【案例 3-11】对原始数组进行普通排序、按指定排序字段排序、多列排序和复数排序。程序代码如下:

```python
import numpy as np
def main():
    a=np.array([9,1,8,4,2,7,5,3,6])
    print('原始数组'.center(30,'='),'\n',a)
    print('排序后的数组'.center(30,'='),'\n',np.sort(a,axis=0))
    #指定排序字段
    dt=np.dtype([(' name ','S10'),('age',int)])
    b=np.array([('Rose',18),('Tom',21),('Jimu',17),('Janny',19)],dtype=dt)
    print('原始数组'.center(30,'='),'\n',b)
    print('按 name 排序'.center(30,'='),'\n',np.sort(b,order=' name '))
    #多列排序
    nm=('Rose','Tom','Jimu','Janny')
    dv=('china','japan','china','japan')
    px=np.lexsort((dv,nm))
    print('多列排序,结果值为索引'.center(30,'='),'\n',px)
    print('获取排序后的数据'.center(30,'='),'\n',[nm[i]+','+dv[i] for i in px])
    print('复数排序 1'.center(30,'='),'\n',np.sort_complex(a))
    print('复数排序 2'.center(30,'='),'\n',np.sort_complex([2+1.j,1+2.5j,6+0.3j,1+4j,3+0.5j]))
    #将数组 a 排升序,比 6 小的放在前面,比 6 大的放在后面
    print('分区排序'.center(30,'='),'\n',np.partition(a,6))
    #找到数组第 3 小的值(index=2)和第 4 大的值(index=-4)
    print('第 3 小的值'.center(30,'='),'\n',a[np.argpartition(a,2)[2]])
    print('第 4 大的值'.center(30,'='),'\n',a[np.argpartition(a,-4)[-4]])
if __name__=="__main__":
    main()
```

程序运行结果如下:

D:\anaconda\python.exe C:/Users/dell/PycharmProjects/My01/numpy/case34Numpy 排序函数.py

```
============原始数组============
 [9   1   8   4   2   7   5   3   6]
===========排序后的数组===========
 [1   2   3   4   5   6   7   8   9]
============原始数组============
 [(b'Rose', 18) (b'Tom', 21) (b'Jimu', 17) (b'Janny', 19)]
```

```
==========按 namc 排序===========
[(b'Janny', 19) (b'Jimu', 17) (b'Rose', 18) (b'Tom', 21)]
=========多列排序，结果值为索引=========
[3   2   0   1]
==========获取排序后的数据==========
['Janny,japan', 'Jimu,china', 'Rose,china', 'Tom,japan']
===========复数排序 1============
[1.+0.j  2.+0.j  3.+0.j  4.+0.j  5.+0.j  6.+0.j  7.+0.j  8.+0.j  9.+0.j]
===========复数排序 2============
[1.+2.5j   1.+4.j   2.+1.j   3.+0.5j   6.+0.3j]
============分区排序============
[5   2   3   4   1   6   7   8   9]
===========第 3 小的值============
3
===========第 4 大的值============
6


Process finished with exit code 0
```

3.3.5　NumPy 条件筛选函数

在 NumPy 中可以按单个或多个固定值进行筛选，也可按给定的条件进行筛选。NumPy 的条件筛选函数有 where()、extract()、argmax()、argmin()、nonzero()等，各函数的功能描述如表 3-8 所示。

表 3-8　NumPy 常用条件筛选函数功能描述

函数	描述
argmax()	沿给定轴返回最大元素的索引
argmin()	沿给定轴返回最小元素的索引
nonzero()	返回数组中非零元素的索引
where()	返回数组中满足条件元素的索引
extract()	返回满足条件的数组中的元素

【案例 3-12】在给定数组数据中，查找数组的最大值、最小值及它们的索引，筛选满足指定条件的数据。程序代码如下：

```
import numpy as np
def main()：
    a＝np.array([[30,20,40],[90,10,50],[80,30,60]])
    print('原始数组'.center(30,'='),'\n',a)
```

```
print('数组最大值索引:'.center(30,'='),'\n',np.argmax(a))
print('展开数组:'.center(30,'='),'\n',a.flatten())
print('按列求数组最大值索引:'.center(30,'='),'\n',np.argmax(a,axis=0))
print('按行求数组最大值索引:'.center(30,'='),'\n',np.argmax(a,axis=1))
minindex=np.argmin(a)
print('求数组的最小值:'.center(30,'='),'\n',a.flatten()[minindex])
b=np.array([[30,0,40],[0,11,50],[0,37,0]])
print('原始数组'.center(30,'='),'\n',b)
print('数组中非零元素的索引'.center(30,'='),'\n',np.nonzero(b))
t=np.where(b>10)
print('求满足条件的元素的索引'.center(30,'='),'\n',t)
print('求满足条件的元素'.center(30,'='),'\n',b[t])
#查找满足条件的元素
condition=np.mod(b,2)==0 #偶数
print('偶数元素'.center(30,'='),'\n',np.extract(condition,b))
if __name__=="__main__":
    main()
```

程序运行结果如下：

```
D:\anaconda\python.exe C:/Users/dell/PycharmProjects/My01/numpy/case35Numpy 条件
筛选.py
============原始数组============
 [[ 30    20    40 ]
  [ 90    10    50 ]
  [ 80    30    60 ]]
===========数组最大值索引：===========
 3
===========展开数组：=============
 [ 30   20   40   90   10   50   80   30   60 ]
=========按列求数组最大值索引：==========
 [ 1    2    2 ]
=========按行求数组最大值索引：==========
 [ 2    0    0 ]
==========求数组的最小值：===========
 10
============原始数组============
 [[ 30    0    40 ]
  [  0   11    50 ]
  [  0   37     0 ]]
=========数组中非零元素的索引==========
 (array([0, 0, 1, 1, 2], dtype=int64), array([0, 2, 1, 2, 1], dtype=int64))
```

```
=========求满足条件的元素的索引=========
(array([0, 0, 1, 1, 2], dtype=int64), array([0, 2, 1, 2, 1], dtype=int64))
==========求满足条件的元素==========
[ 30    40    11    50    37 ]
============偶数元素============
[ 30    0    40    0    50    0    0 ]

Process finished with exit code 0
```

3.4 NumPy 数据文件的读写

在包含大量数据的情况下进行数据分析,NumPy 需要读写磁盘上的文本数据或二进制数据。NumPy 为 ndarray 对象引入了扩展名为.npy 的文件,用于存储重建 ndarray 所需的数据、图形、dtype 和其他信息。NumPy 常见的数据读写函数有 load()、save()、loadtxt()、savetxt()、savez()等。load()和 save()函数读写文件数组数据以未压缩的原始二进制格式保存在扩展名为.npy 的文件中。loadtxt()和 savetxt() 函数用于读写文本文件(如.txt)。savez()函数用于将多个数组写入文件中,默认情况下,数组以未压缩的原始二进制格式保存在扩展名为 .npz 的文件中。

3.4.1 二进制文件的读写

NumPy 的 load()函数用于从二进制文件中读取数据,save()函数用于将数据写入二进制文件中。load()函数的原型为:

numpy.load(file, mmap_mode = None, allow_pickle = True, fix_imports = True, encoding=' ASCII ')

函数参数的作用如下:

(1)file:要读取的文件。

(2)mmap_mode:内存映射模式,值为{None,'r+','r','w+','c'},默认值为 None。

(3)allow_pickle:可选项,布尔值,默认值为 True。allow_pickle=True 表示允许使用 Python pickles 保存对象数组。Python 中的 pickle 用于在保存到磁盘文件或从磁盘文件读取之前对对象进行系列化和反系列化。allow_pickle=False 表示不允许使用 pickle,加载对象数组失败。

(4)fix_imports:可选项,布尔值,默认值为 True。fix_imports=True 表示 Python2 中读取 Python3 保存的数据。

(5)encoding:编码,值可以是' latin1 ','ascii ','bytes ',默认值是' ascii '。

save()函数的原型为:

numpy.save(file,arr,allow_pickle=True,fix_imports=True)

函数参数的作用如下：

参数 file 表示要读取或写入的二进制文件，扩展名为.npy，如果文件没有指定扩展名，系统会自动加上.npy；参数 arr 表示读取或写入的数据数组；参数 allow_pickle 为可选项，布尔值，allow_pickle＝True 表示允许使用 Python pickles 保存对象数组；参数 fix_imports 为可选项，布尔值，fix_imports＝True 表示 Python2 中读取 Python3 保存的数据。

【案例 3-13】将 1,2,3,…,8,9 这些数据写入 tempnpy.npy 文件中，然后从该文件中读出数据并显示。程序代码如下：

```
# encoding：utf-8
import numpy as np
import os
def main():
    os.getcwd()  #获取当前工作路径
    # 写入 npy 文件
    np.save('tempnpy',np.array([[1,2,3],[4,5,6],[7,8,9]]))
    #读取 tempnpy.npy 文件的内容
    data＝np.load('tempnpy.npy')
    print(data)
    #以只读模式读取 tempnpy.npy 文件的内容
    X＝np.load('tempnpy.npy',mmap_mode='r')
    print(X[1,:])
if __name__＝＝"__main__":
    main()
```

程序运行结果如下：

```
D:\anaconda\python.exe C:/Users/dell/PycharmProjects/My01/编写教材案例源代码
/3Numpy/AL3-13Numpy 读写二进制文件.py
[[ 1    2    3 ]
 [ 4    5    6 ]
 [ 7    8    9 ]]
 [ 4    5    6 ]
Process finished with exit code 0
```

【案例 3-14】将多个数组文件写入 tempnpz.npz 文件中，然后从该文件中读出数据并显示各个数组。程序代码如下：

```
# encoding：utf-8
import numpy as np
import os
def main():
    os.getcwd()  #获取当前工作路径
    arr1＝np.array([[1,2,3],[4,5,6],[7,8,9]])
```

arr2＝np.array(['china',' xiamen'])

＃将多个数组写入 npz 文件

np.savez(' tempnpz.npz',a＝arr1,b＝arr2)

＃读取 tempnpz.npz 文件的内容

data＝np.load(' tempnpz.npz')

print(' arr1 数组'.center(30,'—'),'\n',data[' a'])

print(' arr2 数组'.center(30,'—'),'\n',data[' b'])

if __name__＝＝"__main__":

main()

程序运行结果如下：

```
D:\anaconda\python.exe  C:/Users/dell/PycharmProjects/My01/编写教材案例源代码
/3Numpy/AL3-14 将多个数组写入 npz 文件中.py
------------arr1 数组------------
 [[ 1    2    3 ]
  [ 4    5    6 ]
  [ 7    8    9 ]]
------------arr2 数组------------
 ['china' 'xiamen']

Process finished with exit code 0
```

3.4.2　文本文件的读写

NumPy 用于读写文本文件的函数是 loadtxt() 和 savetxt()。loadtxt() 函数的原型为：
numpy.loadtxt(fname,dtype＝＜class ' float '＞,comments＝'＃',delimiter＝None,
converters＝None,skiprows＝0,usecols＝None,unpack＝False,ndmin＝0,encoding＝
' bytes')

函数参数的作用如下：

(1)fname:要读取的文件。

(2)dtype:结果数组的数据类型,可选项,默认值为 float。

(3)comments:用于指示注释开头的字符或字符列表,即跳过文件中指定注释字符串开头的行,可选项。

(4)delimiter:指定读取文件中数据的分隔符,可选项,默认值为 None。

(5)converters:对读取的数据进行预处理,可选项,默认值为 None。

(6)skiprows:跳过的行数,可选项,默认值为 0。

(7)usecols:指定读取的列,可选项,其中 0 为第 1 列。usecols＝(1,4,5)表示读取第 2、5、6 列数据。默认值为 None,表示读取所有列数据。

(8)unpack:是否解包,可选项,布尔值,默认值为 False。unpack＝True 表示会对返回的数组进行转置。

（9）ndmin：返回的数组的最小维度，默认值为 0。

（10）encoding：编码，值可以是' latin1 '、' ascii '、' bytes '，默认值是' ascii '。

savetxt()函数的原型为：

numpy.savetxt(fname,X,fmt='%.18e',delimiter=' ',newline=' n',header=' ',footer=' ',comments='# ',encoding=None)

函数参数的作用如下：

（1）fname：要写入的文件。

（2）X：要保存到文本文件中的数据。

（3）fmt：格式字符系列，可选项。

（4）delimiter：分隔列的字符串或字符，可选项。

（5）newline：分隔行的字符串或字符（即换行符），可选项。

（6）header：在文件开头写入的字符串，可选项。

（7）footer：在文件结尾写入的字符串，可选项。

（8）comments：将页眉和页脚字符串前附加字符串，以将其标记为注释，可选项。

（9）encoding：编码，值可以是' latin1 '、' ascii '、' bytes '，默认值是' ascii '。

【案例 3-15】使用 loadtxt()函数加载文本数据。程序代码如下：

```
# encoding：utf-8
import numpy as np
import os
from io import StringIO
def main():
    os.getcwd()
    c=StringIO(u"0 1\n2 3")
    w1=np.loadtxt(c) #通过文本加载数据
    print('通过文本加载数据'.center(30,'—'),'\n',w1)
    d=StringIO(u"M 20 68\nF 36 59")
    w2=np.loadtxt(d,dtype={' names':(' gender',' age',' weight'),' formats':(' str',' i4',' f4')})
    print('文本加载时指定类型'.center(30,'—'),'\n',w2)
    e=StringIO(u"1,0,2\n3,0,6")
    x,y=np.loadtxt(e,delimiter=',',usecols=(0,2),unpack=True)
    #指定分隔符、读取指定的列
    print('第 1 列'.center(30,'—'),'\n',x)
    print('第 3 列'.center(30,'—'),'\n',y)
if __name__=="__main__":
    main()
```

程序运行结果如下：

D:\anaconda\python.exe C:/Users/dell/PycharmProjects/My01/编写教材案例源代码/
3Numpy/AL3-15Numpy 读写文本文件.py
  -----------通过文本加载数据-----------
  [[0. 1.]
  [2. 3.]]
  -----------文本加载时指定类型-----------
  [(' ', 20, 68.) (' ', 36, 59.)]
  -------------第 1 列-------------
  [1. 3.]
  -------------第 3 列-------------
  [2. 6.]

Process finished with exit code 0

【案例 3-16】使用 NumPy 函数进行数据文件的读写操作。程序代码如下：

```
# encoding：utf-8
import numpy as np
def main()：
    a＝np.random.randint(1,100,size＝(10,5))
    np.save(' numpyIOFile.npy',a) # npy 文件是 NumPy 专用的二进制格式数据文件
    b＝np.load(' numpyIOFile.npy') # npy 文件打开是乱码，通过调用 load 函数可正常显示
    print(' npy 格式文件'.center(30,'='),'\n',b)
    np.savetxt(' numpyIOTxt.txt',a,fmt='%d',delimiter=',') # 保存为整数，以逗号分隔
    c＝np.loadtxt(' numpyIOTxt.txt',delimiter=',') # 装载时也要指定为逗号分隔
    print(' txt 格式文件'.center(30,'='),'\n',c)
    # 将多个数组保存到以 npz 为扩展名的文件中
    a1＝np.arange(0,1.0,0.1)
    a2＝np.sin(a1)
    # a2 使用了关键字参数 sin_array
    np.savez("numpyIOnpz.npz",a,a1,sin_array＝a2)
    d＝np.load("numpyIOnpz.npz")
    print(' npz 格式文件'.center(30,'='),'\n',d)
    print(d.files) # 查看各个数组名称
    print('数组 a '.center(30,'='),'\n',d[' arr_0 '])      # 输出数组 a
    print('数组 a1 '.center(30,'='),'\n',d[' arr_1 '])      # 输出数组 a1
    print('数组 a2 '.center(30,'='),'\n',d[' sin_array '])  # 输出数组 a2
if __name__＝＝"__main__"：
    main()
```

59

程序运行结果如下：

D:\anaconda\python.exe C:/Users/dell/PycharmProjects/My01/编写教材案例源代码
/3Numpy/AL3-16case36NumpyIO 函数.py

```
===========npy 格式文件===========
[[ 88    19    40    80    54 ]
 [ 48     8    79    36    81 ]
 [ 34    75    54    38    42 ]
 [ 55    88    42    10    95 ]
 [ 11    18    51    10     2 ]
 [ 21     9    53    28    72 ]
 [ 37    72    60    86    73 ]
 [ 58    95    81     6    54 ]
 [ 77    82    63    41    58 ]
 [ 49    11     1    78    21 ]]
===========txt 格式文件===========
[[ 88.   19.   40.   80.   54. ]
 [ 48.    8.   79.   36.   81. ]
 [ 34.   75.   54.   38.   42. ]
 [ 55.   88.   42.   10.   95. ]
 [ 11.   18.   51.   10.    2. ]
 [ 21.    9.   53.   28.   72. ]
 [ 37.   72.   60.   86.   73. ]
 [ 58.   95.   81.    6.   54. ]
 [ 77.   82.   63.   41.   58. ]
 [ 49.   11.    1.   78.   21. ]]
===========npz 格式文件===========
<numpy.lib.npyio.NpzFile object at 0x00000262774FB198>
['sin_array', 'arr_0', 'arr_1']
============数组 a=============
[[ 88    19    40    80    54 ]
 [ 48     8    79    36    81 ]
 [ 34    75    54    38    42 ]
 [ 55    88    42    10    95 ]
 [ 11    18    51    10     2 ]
 [ 21     9    53    28    72 ]
 [ 37    72    60    86    73 ]
 [ 58    95    81     6    54 ]
 [ 77    82    63    41    58 ]
 [ 49    11     1    78    21 ]]
============数组 a1=============
[0.   0.1   0.2   0.3   0.4   0.5   0.6   0.7   0.8   0.9 ]
```

```
=============数组 a2=============
[0.          0.09983342  0.19866933  0.29552021  0.38941834  0.47942554
 0.56464247  0.64421769  0.71735609  0.78332691]
```

Process finished with exit code 0

3.5 NumPy 数据分析案例

有一个名为"股票数据分析.csv"的股票数据文件,内有"日期、开盘价、最高价、最低价、收盘价、涨跌额、涨跌幅、成交量、成交金额"等数据(如图 3-2 所示),请使用 NumPy 编程统计成交量加权平均价格、收盘均价、股票收益率等信息。

编程思路解析:要实现上述数据分析,首先要读取"股票数据分析.csv"文件数据,可使用 NumPy 中的 loadtxt( )函数读取收盘价和成交量;其次,读出的数据不能直接使用 NumPy 数据分析统计函数计算,因为读出的数据是字符对象类型,需要转换成 float 类型;之后就可使用 NumPy 数据分析统计函数计算出结果。

```
0,日期,开盘价,最高价,最低价,收盘价,涨跌额,涨跌幅(%),成交量(股),成交金额(元)
1,20140331,2043.05,2048.13,2024.19,2033.31,-8.41,-0.41,94356536.00,71573688750.00
2,20140328,2046.85,2060.13,2035.24,2041.71,-4.88,-0.24,121681965.00,94221958284.00
3,20140327,2060.81,2073.98,2042.71,2046.59,-17.08,-0.83,119149374.00,94996460806.00
4,20140326,2070.57,2074.57,2057.65,2063.67,-3.64,-0.18,102611116.00,80463446277.00
5,20140325,2063.32,2079.55,2057.49,2067.31,1.03,0.05,131822232.00,100173660038.00
6,20140324,2050.83,2074.06,2043.33,2066.28,18.66,0.91,147700085.00,110244496617.00
7,20140321,1987.68,2052.47,1986.07,2047.62,54.14,2.72,144477656.00,109438064673.00
8,20140320,2017.22,2030.85,1993.00,1993.48,-28.26,-1.40,110333048.00,88630977588.00
9,20140319,2019.98,2022.18,2002.44,2021.73,-3.46,-0.17,95180797.00,79473241174.00
10,20140318,2026.22,2034.92,2020.41,2025.20,1.52,0.08,96777193.00,83580456683.00
11,20140317,2009.88,2024.37,1999.25,2023.67,19.33,0.96,86250374.00,72017781997.00
12,20140314,2008.83,2017.91,1990.98,2004.34,-14.77,-0.73,87775111.00,69925888157.00
13,20140313,2000.70,2029.12,1996.53,2019.11,21.42,1.07,100978116.00,77979057254.00
14,20140312,1996.24,2011.06,1974.38,1997.69,-3.47,-0.17,101361719.00,79293072715.00
15,20140311,1994.42,2008.07,1985.60,2001.16,2.09,0.10,92705265.00,76870326506.00
16,20140310,2042.35,2042.63,1995.55,1999.07,-58.84,-2.86,115696666.00,95032992605.00
17,20140307,2058.38,2079.49,2050.47,2057.91,-1.67,-0.08,103709540.00,89332133920.00
18,20140306,2050.03,2065.79,2030.95,2059.58,6.49,0.32,109290133.00,92561446561.00
```

图 3-2 股票数据分析.csv 文件

程序代码如下:

```
# encoding:utf-8
import numpy as np
# 统计收盘价的相关信息:成交量加权平均价格、时间加权平均价格、平均价、最高价、
# 最低价、股票收益率
```

```python
def tongji( ):
    spj,cjl=np.loadtxt(open("股票数据分析.csv",encoding=' utf-8 '),dtype=np.str,
    delimiter=",",usecols=(5,8),unpack=True,skiprows=1) #sp 收盘价,cj 成交量
    #数据类型转换 object-float
    sp1=[]
    for i in range(0,spj.size):
        try:
            sp1.append(float(spj[i]))
        except:
            continue
    sp=np.array(sp1)
    cj1=[]
    for i in range(0,cjl.size):
        try:
            cj1.append(float(cjl[i]))
        except:
            continue
    cj=np.array(cj1)
    print("收盘价".center(30,"="),'\n',sp)
    print("成交量".center(30,"="),'\n',cj)
    #数据处理
    cj_mean=np.average(sp,weights=cj) #成交量加权平均价格
    print("成交量加权平均价格".center(30,"="),'\n',cj_mean)
    t=np.arange(len(sp))
    time_mean=np.average(sp,weights=t) #时间加权平均价格
    print("时间加权平均价格".center(30,"="),'\n',time_mean)
    ave=np.mean(sp) #收盘价的平均价格
    print("收盘价的平均价格".center(30,"="),'\n',ave)
    sp_max=np.max(sp) #最高收盘价
    sp_min=np.min(sp) #最低收盘价
    print("最高收盘价、最低收盘价".center(30,"="),'\n',sp_max,sp_min)
    sp_ptp=np.ptp(sp) #收盘价的极差
    sp_mid=np.median(sp) #收盘价的中位数
    sp_var=np.var(sp) #收盘价的方差
    gpsyl=np.diff(sp)/sp[:-1] #股票收益率
    dssyl=np.diff(np.log(sp)) #收盘价的对数收益率
    print("股票收益率、对数收益率".center(30,"="),'\n',gpsyl)
    print("股票对数收益率".center(30,"="),'\n',dssyl)
    zsyl=np.where(gpsyl>0)
```

```
        print("收益率为正的交易日".center(30,"="),'\n',zsyl)
def main():
        tongji()
if __name__=="__main__":
        main()
```

程序运行结果如下：

D:\anaconda\python.exe C:/Users/dell/PycharmProjects/My01/编写教材案例源代码/3Numpy/Numpy 分析股票
价格/AL3-17Numpy 数据分析案例.py
============收盘价=============
[2033.31   2041.71   2046.59 ... 2725.84   2721.01   2716.51]
============成交量=============
[9.43565360e+07   1.21681965e+08   1.19149374e+08 ... 1.13485736e+08
 1.16771899e+08   1.49501388e+08]
=========成交量加权平均价格==========
3281.412419274049
==========时间加权平均价格==========
3068.7308217087084
==========收盘价的平均价格==========
3030.6804180327867
=========最高收盘价、最低收盘价==========
5166.35 1991.25
=========股票收益率、对数收益率==========
[0.00413119   0.00239015   0.00834559 ... 0.05511214 -0.00177193
 -0.0016538]
==========股票对数收益率===========
[0.00412268   0.0023873   0.00831096 ... 0.05364705 -0.0017735
 -0.00165517]
=========收益率为正的交易日==========
(array([0,   1,   2, ..., 2433, 2434, 2436], dtype=int64),)

Process finished with exit code 0

第 4 章　Pandas 基础

4.1　认识 Pandas

Pandas 是 Python 的一个数据分析包,最初由 AQR Capital Management 于 2008 年 4 月开发,并于 2009 年底开源出来,目前由专注于 Python 数据包开发的 PyData 开发团队继续开发和维护,属于 PyData 项目的一部分。Pandas 最初被作为金融数据分析工具而开发出来,因此,Pandas 为时间序列分析提供了很好的支持。Pandas 的名称来自于面板数据(panel data)和 Python 数据分析(data analysis)。panel data 是经济学中关于多维数据集的一个术语,在 Pandas 中也提供了 Panel 的数据类型。

Pandas 是基于 NumPy 的一种工具,该工具是为了解决数据分析任务而创建的。Pandas 提供了高级数据结构和函数,这些数据结构和函数的设计使得利用结构化、表格化数据的工作更快速、简单。Pandas 纳入了大量库和一些标准的数据模型,提供了高效操作大型数据集所需的工具。它的出现使 Python 成为强大、高效的数据分析环境。

Pandas 具有下列特点:

(1)运算速度快。NumPy 和 Pandas 都是采用 C 语言编写,Pandas 又基于 NumPy,是 NumPy 的升级版本。

(2)消耗资源少。它采用的是矩阵运算,比 Python 自带的字典或者列表快很多。

(3)可以进行各种数据运算和转换,处理数据时,比数据库、Excel 等做数据处理在性能和处理速度上有较大的优势。

(4)它提供了大量的函数,编写程序简单。

4.2　Pandas 数据结构

Pandas 的数据结构有三种:系列(Series)、数据帧(DataFrame)、面板(Panel)。这些数据结构构建在 NumPy 数组之上,较高维数据结构一般是其较低维数据结构的容器。例如,DataFrame 是 Series 的容器,Panel 是 DataFrame 的容器。它们对应的维数和描述如表 4-1 所示。

表 4-1　Pandas 数据结构

数据结构	维数	描述
系列	1	一般用 1D 标记均匀数组,大小不变
数据帧	2	一般用 2D 标记,大小可变的表结构与潜在的异质类型的列
面板	3	一般用 3D 标记,大小可变数组

4.2.1　系列

系列(Series)是能够保存任何类型的数据(如整数、字符串、浮点数、Python 对象等)的一维标记数组。轴标签统称为索引,系列是具有均匀数据的一维数组结构。例如,以下系列是整数 20,33,45…的集合。

20	33	45	8	16	27	59	43	21	80

它的特点是:

(1)元素都是数据;

(2)尺寸大小不可改变;

(3)数据的值可变。

Pandas 系列可以使用以下构造函数创建:

pandas.Series(data,index,dtype,copy)

各参数的作用如表 4-2 所示。

表 4-2　Series 构造函数参数功能

编号	参数	描述
1	data	数据采取各种形式,如 ndarray、list、constants
2	index	索引值必须是唯一的和散列的,与数据的长度相同
3	dtype	dtype 用于数据类型。如果没有,将推断数据类型
4	copy	复制数据,默认为 False

可以使用数组、字典、标量值或常数来创建一个系列。

系列的常用属性和方法如表 4-3 所示。

表 4-3　Series 的常用属性和方法

属性/方法名	数据类型/ 返回值数据类型	说明
s.values	ndarray	返回 s 的值
s.name	str	返回 s 的 name(可更改)
s.index	Index	返回 s 的索引(可更改)

续表

属性/方法名	数据类型/ 返回值数据类型	说明
s.index.name	str	返回 s 的索引的 name 属性(可更改)
s.index.is_unique	bool	判断 s 的索引值是否唯一
s.dtype	np.dtype	返回 s 的数据类型
s.ftype	str	返回 s 是稀疏的还是稠密的
s.shape	tuple	返回 s 的形状
s.nbytes	int	返回 s 的字节数
s.ndim	int	返回 s 的维数
s.size	int	返回 s 的元素数量
s.strides	tuple	返回 s 中数据的步幅,即指针移动一次的字节数(单元素字节数)
s.get()	int	返回 s 中对应索引的值,若索引不存在则返回 None 或指定值
s.T	Series	返回 s 的转置
s.loc[i]		[i] 基于单个标签访问 [i1,i2,i3] 基于多个标签访问 [i1:i2] 返回 i1 与 i2 之间的元素(包括边界)
s.iloc[n]		[n] 基于单个位置访问 [n1,n2,n3] 基于多个位置访问 [n1:n2] 类似 list
s.add()	Series	加法运算
s.sub()	Series	减法运算
s.mul()	Series	乘法运算
s.div()	Series	除法运算
s.truediv()	Series	浮点除法运算
s.floordiv()	Series	整数除法运算
s.mod()	Series	取模(余)运算
s.pow()	Series	幂运算

【案例 4-1】由系列的构造函数生成一个系列[10,20,30,40,50,60],索引值为' one '、' two '、' three '、' four '、' five '、' six ',输出该系列,并输出系列的值、索引、大小、维度,判断系列是否为空,输出系列的前两个元素和后 3 个元素。代码如下:

```
import pandas as pd
def main():
```

```
# 生成系列
s＝pd.Series([10,20,30,40,50,60],index＝{' one ',' two ',' three ',' four ',"five","six"})
# 输出该系列
print(s)
print("―――" * 30)
print("系列的值:",s.values,"\n 系列的索引:",s.index)#输出系列的值、索引
print("―――" * 30)
print("系列的大小、维度、判断是否为空:",s.size,s.ndim,s.empty)
#输出系列的大小、维度,判断是否为空
print("―――" * 30)
print("系列的前两个元素:\n",s.head(2))
print("系列的后三个元素:\n",s.tail(3))
if__name__＝＝"__main__":
    main()
```

程序运行结果如下:

```
D:\anaconda\python.exe C:/Users/dell/PycharmProjects/My01/Series0/Series01.py
two        10
six        20
one        30
four       40
five       50
three      60
dtype: int64
------------------------------------------------------------------------
系列的值: [ 10    20    30    40    50    60 ]
系列的索引:  Index(['two', 'six', 'one', 'four', 'five', 'three'], dtype='object')
------------------------------------------------------------------------
系列的大小、维度、判断是否为空: 6 1 False
------------------------------------------------------------------------
系列的前两个元素:
 two        10
 six        20
 dtype: int64
系列的后三个元素:
 four       40
 five       50
 three      60
 dtype: int64

Process finished with exit code 0
```

【**案例 4-2**】随机生成 50 个整数,按一行显示 10 个整数输出,统计大于等于 60 的数的个数。代码如下:

方法一:通过遍历数组查找满足条件的元素个数。

```
import pandas as pd
import numpy as np
def main():
    s=pd.Series([np.random.randint(100) for i in np.arange(50)])
    for i in range(0,50):
        print("%-2d" % s[i],end="  ")
        if(i +1) % 10==0:
            print("\n")
    count=0
    for i in np.arange(50):
        if s[i]>=60:
            count+=1
    print("大于等于 60 的数的个数:%d"%count)
if__name__=="__main__":
    main()
```

程序运行结果如下:

D:\anaconda\python.exe C:/Users/dell/PycharmProjects/My01/Series0/Series020.py

```
38  80  93  88  19  30  20  36  61  12
41  48  83  4   2   90  40  24  71  15
24  87  12  5   3   35  72  11  95  21
6   47  80  15  44  66  92  0   70  59
82  32  53  86  25  21  31  17  64  79
```

大于等于 60 的数的个数:18

Process finished with exit code 0

方法二:调用系列 Series 的相关函数查找满足条件的元素个数。

```
import pandas as pd
import numpy as np
def main():
    s=pd.Series([np.random.randint(100) for i in range(50)])
    for i in range(0,50):
        print("%-2d" % s[i],end="  ")
        if (i +1) % 10==0:
            print("\n")
    count=len(s[s>=60])
```

```
        print("大于等于 60 的数的个数:%d"%count)
if__name__=="__main__":
    main()
```

程序运行结果如下:

```
D:\anaconda\python.exe C:/Users/dell/PycharmProjects/My01/Series0/Series4-2-0.py
67   7  21  38  62  67  31  58  81   6
47  68  61  91  72  49  35  49  77  72
55  66  37   1  18  77  60  77  39  67
30  20  80  91  86  19  94  85  18  60
16  59  40  12  79   3  92  45  40  45

大于等于 60 的数的个数：23

Process finished with exit code 0
```

【案例 4-3】根据系列 s 中的数据['李梅','张明','赵刚','张三丰','张无忌','刘老根','张好','李峰','张斌','张强'],统计"张"姓人员的个数。代码如下:

```
import pandas as pd
def main():
    s=pd.Series(['李梅','张明','赵刚','张三丰','张无忌','刘老根','张好','李峰','张斌','张强'])
    print("原始数据:\n",s,"\n","−−−" * 20,"\n 张姓人员:")
    count=0
    for i in range(0,s.size):
        if '张' in s[i]:
            count+=1
            print("%s"%s[i],end=" ")
    print("\n 张姓人员的个数:%d"%count)
if__name__=="__main__":
    main()
```

程序运行结果如下:

```
D:\anaconda\python.exe C:/Users/dell/PycharmProjects/My01/Series0/Series03.py
原始数据:
0     李梅
1     张明
2     赵刚
3     张三丰
4     张无忌
5     刘老根
6     张好
7     李峰
```

8　　张斌

9　　张强

dtype: object

——

张姓人员:

张明　　张三丰　　张无忌　　张好　　张斌　　张强

张姓人员的个数: 6

Process finished with exit code 0

统计"张"姓人员的个数的代码同样可以使用 count＝len(s[s.str.contains('张')])。

【**案例 4-4**】由字典数据生成系列,找出超过 20 岁男生的姓名。代码如下:

```
import pandas as pd
def main():
    data=[{'姓名':('李梅','张明','赵刚','张三丰','赵敏','刘老根','张好','李峰','张斌','张强')},
          {'性别':('女','男','男','男','女','男','男','男','男','男')},
          {'年龄':(16,18,19,18,17,19,20,21,22,23)}]
    s=pd.Series(data)
    print("原始数据:\n",s,"\n","———"*20,"\n","超过 20 岁男生的姓名:")
    for i in range(0,10):
        if s[1]['性别'][i]=="男" and s[2]['年龄'][i]>20:
            print(s[0]['姓名'][i],end="  ")


if__name__=="__main__":
        main()
```

程序运行结果如下:

D:\anaconda\python.exe C:/Users/dell/PycharmProjects/My01/Series0/Series04.py

原始数据:

0　　{'姓名': ('李梅', '张明', '赵刚', '张三丰', '赵敏', '刘老根', ...

1　　{'性别': ('女', '男', '男', '男', '女', '男', '男', '男'...

2　　{'年龄': (16, 18, 19, 18, 17, 19, 20, 21, 22, 23)}

dtype: object

——

超过 20 岁男生的姓名:

李峰　　张斌　　张强

Process finished with exit code 0

4.2.2　数据帧

数据帧(DataFrame)是一个具有异构数据的二维数组,它的数据以行和列的表格方式排列,如表 4-4 所示。

表 4-4　高考成绩

姓名	年龄	性别	分数
张飞	19	男	510
李红	20	女	480
刘欢	18	女	490
赵毅	20	男	475

表 4-4 表示具有总分的高考成绩数据,表中的每行代表一个考生,每列表示一个属性,属性的类型如表 4-5 所示。

表 4-5　属性类型

列	类型
姓名	字符串
年龄	整数
性别	字符串
分数	浮点型

DataFrame 的功能特点是:
(1)潜在的列是不同的数据类型(即异构数据);
(2)大小可以改变,数据也可以改变;
(3)有行标签轴和列标签轴;
(4)可以对行和列执行算术运算。
Pandas 数据帧可以使用以下构造函数创建:
pandas.DataFrame(data,index,columns,dtype,copy)
各参数的作用如表 4-6 所示。

表 4-6　DataFrame 构造函数参数功能描述

编号	参数	描述
1	data	数据,可以是 ndarray、list、constants 等形式
2	index	行索引标签
3	columns	列索引标签
4	dtype	dtype 表示数据类型,如果没有指定,将推断数据类型
5	copy	复制数据,默认为 False

构造 DataFrame 的数据可以是 ndarray、list、Series、数据字典等,也可以是 DataFrame 数据,还可以从 Excel 文件、CSV 文件中读出数据生成 DataFrame。案例如下:

71

【**案例 4-5**】由表 4-4 中的数据构造一个 DataFrame。代码如下：

```
import pandas as pd
def main():
    data={'姓名':pd.Series(['张飞','李红','刘欢','赵毅']),
          '年龄':pd.Series([19,20,18,20]),
          '性别':pd.Series(['男','女','女','男']),
          '分数':pd.Series([510,480,490,475])}
    df=pd.DataFrame(data)     # 由字典数据生成数据帧
    print("原始数据:\n",df)
if__name__=="__main__":
    main()
```

程序运行结果如下：

```
D:\anaconda\python.exe C:/Users/dell/PycharmProjects/My01/教学设计 2--创建
DataFrame/Case1.py
原始数据:

    姓名   年龄   性别   分数
0   张飞   19   男    510
1   李红   20   女    480
2   刘欢   18   女    490
3   赵毅   20   男    475
Process finished with exit code 0
```

【**案例 4-6**】随机生成 Python、Java、C、OS、J2EE 五门课程成绩，每门课程的成绩为 0～100 之间的随机整数。代码如下：

```
import pandas as pd
import numpy as np
def main():
    df=pd.DataFrame() #生成空的 DataFrame
    #通过生成 Series 加入 DataFrame 中
    for i in range(5):
        df[i]=pd.Series([np.random.randint(100) for i in range(10)])
    df.columns=['Python','Java','C','OS','J2EE']#修改列标签索引值
    print(df)
if__name__=="__main__":
    main()
```

程序运行结果如下：

```
D:\anaconda\python.exe C:/Users/dell/PycharmProjects/My01/教学设计 2--创建
DataFrame/case2.py
     Python Java  C    OS   J2EE
0      87    74   98   47    72
1      16    18   16   17     2
2      28    83   82   60     9
3      37    32   51    7     7
4      13    60   27   78    40
5      19    61   18   48    59
6       3    57   17   11    89
7      22     9   37    3    93
8      48    74   62   98    18
9      82     8   67   85    69
Process finished with exit code 0
```

也可通过下面的代码实现上述功能:

```python
import pandas as pd
import numpy as np
def main():
    df=pd.DataFrame(np.random.randint(0,100,size=(10,5)))
    df.columns=['Python','Java','C','OS','J2EE']  #修改列标签索引值
    print(df)
if__name__=="__main__":
    main()
```

【案例 4-7】读取 Excel 文件 score.xls 中的 Sheet1 数据(如图 4-1 所示),生成一个 DataFrame。代码如下:

```python
import pandas as pd
def main():
    table=pd.read_excel("score.xls","Sheet1")
    df=pd.DataFrame(table)
    print(df)
if__name__=="__main__":
    main()
```

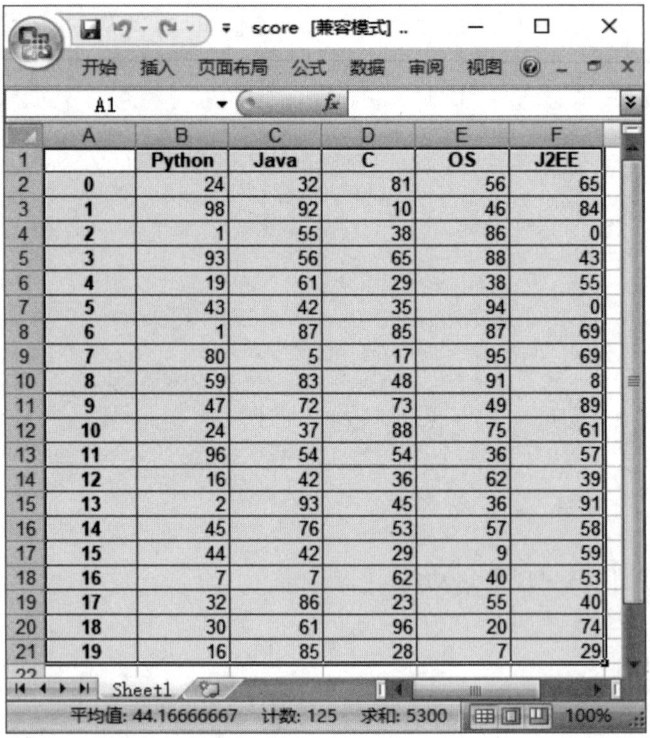

	Python	Java	C	OS	J2EE
0	24	32	81	56	65
1	98	92	10	46	84
2	1	55	38	86	0
3	93	56	65	88	43
4	19	61	29	38	55
5	43	42	35	94	0
6	1	87	85	87	69
7	80	5	17	95	69
8	59	83	48	91	8
9	47	72	73	49	89
10	24	37	88	75	61
11	96	54	54	36	57
12	16	42	36	62	39
13	2	93	45	36	91
14	45	76	53	57	58
15	44	42	29	9	59
16	7	7	62	40	53
17	32	86	23	55	40
18	30	61	96	20	74
19	16	85	28	7	29

图 4-1　score.xls 文件数据图

程序运行结果如下：

D:\anaconda\python.exe C:/Users/dell/PycharmProjects/My01/教学设计 2--创建DataFrame/case3.py

```
    Python  Java  C   OS  J2EE
0       24    32  81  56    65
1       98    92  10  46    84
2        1    55  38  86     0
3       93    56  65  88    43
4       19    61  29  38    55
5       43    42  35  94     0
6        1    87  85  87    69
7       80     5  17  95    69
8       59    83  48  91     8
9       47    72  73  49    89
10      24    37  88  75    61
11      96    54  54  36    57
12      16    42  36  62    39
13       2    93  45  36    91
14      45    76  53  57    58
15      44    42  29   9    59
```

16	7	7	62	40	53
17	32	86	23	55	40
18	30	61	96	20	74
19	16	85	28	7	29

Process finished with exit code 0

4.2.3　面板

面板（Panel）是具有异构数据的三维数据结构，它可以是 DataFrame 的容器。它和 DataFrame 一样，异构数据，大小可以改变，数据也可以改变。

Pandas 面板可以使用以下构造函数创建：

pandas.Panel(data,items,major_axis,minor_axis,dtype,copy)

构造函数的参数功能描述如表 4-7 所示。

表 4-7　Panel 构造函数参数功能描述

编号	参数	描述
1	data	数据，可以是 ndarray、DataFrames 字典形式的数据
2	items	索引或类似数组轴＝0
3	major_axis	索引或类似数组轴＝1
4	minor_axis	索引或类似数组轴＝2
5	dtype	dtype 表示数据类型，如果没有指定，将推断数据类型
6	copy	复制数据，默认为 False

Panel 是三维的数据，可以理解为由若干个相同结构的 DataFrame 组成，构造 Panel 时需要制定 DataFrame 的索引 items、DataFrame 中的 major_axis 和 minor_axis 轴的索引。案例如下：

【案例 4-8】以 3D ndarray 数组创建 Panel，输出指定 items、major_axis、minor_axis 和某个元素。代码如下：

```
import numpy as np
import pandas as pd
def main():
    df=np.random.rand(2,3,4)
    p=pd.Panel(df,items=["项目 1","项目 2"],major_axis=["主轴 1","主轴 2","主轴 3"],
minor_axis=["次轴 1","次轴 2","次轴 3","次轴 4"])
    print(p)    #输出面板
    print("选择项目",p["项目 2"])
    print("选择主轴",p.major_xs("主轴 3"))
```

```
    print("选择次轴",p.minor_xs("次轴 1"))
    print("选择某个元素",p["项目 1","主轴 2","次轴 4"])
if__name__=="__main__":
    main()
```

程序运行结果如下：

```
D:\anaconda\python.exe C:/Users/dell/PycharmProjects/My01/Panel/case1.py
<class 'pandas.core.panel.Panel'>
Dimensions: 2 (items) x 3 (major_axis) x 4 (minor_axis)
Items axis: 项目 1 to 项目 2
Major_axis axis: 主轴 1 to 主轴 3
Minor_axis axis: 次轴 1 to 次轴 4
```

选择项目	次轴 1	次轴 2	次轴 3	次轴 4
主轴 1	0.125936	0.365938	0.270166	0.283237
主轴 2	0.113652	0.565101	0.593094	0.647845
主轴 3	0.836232	0.339150	0.648691	0.501256

选择主轴	项目 1	项目 2
次轴 1	0.632418	0.836232
次轴 2	0.047629	0.339150
次轴 3	0.733463	0.648691
次轴 4	0.759093	0.501256

选择次轴	项目 1	项目 2
主轴 1	0.381951	0.125936
主轴 2	0.192450	0.113652
主轴 3	0.632418	0.836232

选择某个元素 0.913203766479658

```
Process finished with exit code 0
```

【案例 4-9】以 DataFrame 数据对象的数据字典创建 Panel,输出某个 item 数据。代码如下：

```
import numpy as np
import pandas as pd
def main():
    data={'表 1':pd.DataFrame(np.random.randint(1,10,size=(4,3))),
        '表 2':pd.DataFrame(np.random.randint(1,10,size=(4,2)))}
    p=pd.Panel(data)
    print(p,p['表 1'])    #输出面板和'表 1'的数据
if__name__=="__main__":
    main()
```

程序运行结果如下：

```
D:\anaconda\python.exe C:/Users/dell/PycharmProjects/My01/Panel/case2.py
<class 'pandas.core.panel.Panel'>
Dimensions: 2 (items) x 4 (major_axis) x 3 (minor_axis)
Items axis: 表 1 to 表 2
Major_axis axis: 0 to 3
Minor_axis axis: 0 to 2
     0   1   2
0    7   5   8
1    4   4   7
2    6   5   4
3    3   1   2

Process finished with exit code 0
```

4.3　Pandas 索引操作

索引是数据表中每行数据的标识，通过索引可以轻松访问指定数据。Pandas 中的索引是数组结构，可以像数组一样访问各个元素。与数组不同的是 Pandas 索引列表中的元素不允许修改，可以在不同的 Series 和 DataFrame 对象中共享索引，而不用担心索引的改变。Series 和 DataFrame 对象中索引操作方法相同，下面的案例以 DataFrame 对象为例使用索引。

4.3.1　索引和选取

Pandas 索引中 Series 索引的工作方式类似于 NumPy 数组的索引，不过 Series 的索引值不只是整数。DataFrame 进行索引是获取一个或者多个列或者行，获取行时，可通过切片或布尔型数组，利用布尔型 DataFrame 进行索引，在行上标签索引，引入索引字段 ix，通过 NumPy 的标记法及轴标签从 DataFrame 中选取行和列的子集。

【案例 4-10】对 DataFrame 进行索引和数据选择。代码如下：
```
import pandas as pd
def main():
    data={'姓名':pd.Series(['张飞','李红','刘欢','赵毅']),
          '年龄':pd.Series([19,20,18,20]),
          '性别':pd.Series(['男','女','女','男']),
          '分数':pd.Series([510,480,490,475])}
    df=pd.DataFrame(data)    # 由字典数据生成数据帧
```

```
    print("原始数据:\n",df)
    df.index=['A','B','C','D']#设置行索引
    df.columns=['name','age','sex','score']#设置列索引
    print("设置索引后的数据:\n",df)
    print("选取第 0 列和第 2 列的数据:\n",df[['name','sex']])
    print("选取前两行的数据:\n",df[:2])
    print("选取第 B 行到 D 行的数据:\n",df['B':'D'])
    print("选取年龄小于 20 岁的行的数据:\n",df[df['age']<20])
    print("选取为女生的数据:\n",df.loc[df['sex']=='女'])
if__name__=="__main__":
    main()
```

程序运行结果如下:

D:\anaconda\python.exe C:/Users/dell/PycharmProjects/My01/pandas索引/pandas索引和选取.py

原始数据:

	姓名	年龄	性别	分数
0	张飞	19	男	510
1	李红	20	女	480
2	刘欢	18	女	490
3	赵毅	20	男	475

设置索引后的数据:

	name	age	sex	score
A	张飞	19	男	510
B	李红	20	女	480
C	刘欢	18	女	490
D	赵毅	20	男	475

选取第 0 列和第 2 列的数据:

	name	sex
A	张飞	男
B	李红	女
C	刘欢	女
D	赵毅	男

选取前两行的数据:

	name	age	sex	score
A	张飞	19	男	510
B	李红	20	女	480

选取第 B 行到 D 行的数据:

	name	age	sex	score
B	李红	20	女	480
C	刘欢	18	女	490
D	赵毅	20	男	475

选取年龄小于 20 岁的行的数据：

```
    name   age   sex   score
A   张飞   19    男    510
C   刘欢   18    女    490
```

选取为女生的数据：

```
    name   age   sex   score
B   李红   20    女    480
C   刘欢   18    女    490
```

Process finished with exit code 0

选取 DataFrame 中的数据可从列、行区域和单元格三方面考虑,选取列的数据可用 DataFrame 名加列索引名的形式进行,如 df['name'];选取行的数据可用 df.loc[]、df.iloc[]、df.ix[]方法(df 为 DataFrame 名),如 df.loc[df['sex']=='女'];选取单元格的数据可用 df.at[]、df.iat[]方法(df 为 DataFrame 名),如 df.at['C','name']。

4.3.2　重新索引和更换索引

在 Pandas 中不允许修改索引中的元素,但可以通过重新索引的方式为 Series 或 DataFrame 对象指定新的索引。最简单的方法是用 Index 方法将可调用对象索引化,然后赋值给 Series 或 DataFrame 对象的索引。

重新索引会更改 DataFrame 的行标签和列标签,意味着符合数据以匹配特定轴上的一组给定的标签,通过索引实现重新排序现有数据以匹配一组新的标签,在没有标签数据的标签位置插入缺失值(NaN)标记。

Pandas 提供了 reindex 方法对 Series 和 DataFrame 对象进行重新索引,即利用新索引将 Series 和 DataFrame 对象的数据进行重排,并创建一个新的对象。重排时不仅会按照新索引对数据进行排序,还将比对新老索引,对数据进行过滤和填充 NaN 操作。

而在 DataFrame 中,reindex 方法不仅可以修改行索引,还可以对列进行修改。行索引的修改与 Series 中的操作相同,可以对顺序进行重排,也可以对数据进行过滤和填充;对列进行修改时需要向 reindex 方法的参数中通过"columns="指定新的列。reindex 方法使用起来简单,但需要注意重新索引用于创建新的对象,并不会对原对象进行修改。

【**案例 4-11**】重新索引和更换索引。代码如下：

```python
import numpy as np
import pandas as pd
def main():
    df=pd.DataFrame(np.random.randint(60,100,size=(4,4)),
                    index=['A','B','C','D'],
                    columns=['c','c++','java','python'])   # 由字典数据生成数据帧
```

```
print("原始数据：\n",df)
rindex=['C','B','D','A','E']
ccolumns=['python','c++','java','c']  #设置列索引
df2=df.reindex(index=rindex,columns=ccolumns)  #重新索引行和列,E 行的值为 NaN
print("重新索引后的对象：\n",df2)
df3=df.reindex(index=rindex,columns=ccolumns,method='ffill')  #向前填充值
print("向前填充索引后的对象：\n",df3)  #E 行的值由 D 行填充
if__name__=="__main__":
    main()
```

程序运行结果如下：

```
D:\anaconda\python.exe C:/Users/dell/PycharmProjects/My01/pandas 索引/pandas 重新索引.py
原始数据：
        c        c++      java      python
A   70        90       63        71
B   72        80       74        81
C   80        82       98        88
D   71        77       87        68
重新索引后的对象：
        python   c++      java      c
C   88.0     82.0     98.0      80.0
B   81.0     80.0     74.0      72.0
D   68.0     77.0     87.0      71.0
A   71.0     90.0     63.0      70.0
E   NaN      NaN      NaN       NaN
向前填充索引后的对象：
        python   c++      java      c
C   88       82       98        80
B   81       80       74        72
D   68       77       87        71
A   71       90       63        70
E   68       77       87        71


Process finished with exit code 0
```

4.4　Pandas 算术运算与数据对齐

Pandas 提供丰富的数学运算和操作功能，可以进行加、减、乘、除等算术运算，也可在 Series 和 Series 对象之间、DataFrame 和 Series 对象之间、DataFrame 和 DataFrame 对象之间进行运算。Pandas 能将两个数据结构的索引对齐，参与运算的两个数据结构，其索引顺

序可能不一致,而且有的索引项可能只存在一个数据结构中。

4.4.1 Series 的算术运算

Series 的算术运算会自动进行数据对齐操作,在不重叠的索引处会使用 NaN 值进行填充,Series 进行算术运算的时候,不需要保证 Series 的大小一致。下面以加法为例说明系列的算术运算,如:

s1=pd.Series([60,70,90],index=['python','c++','c']) #生成系列 s1
s2=pd.Series([85,65,72],index=['python','c','os']) # 生成系列 s2
print(s1+s2) #也可写成 print(s1. add(s2))
程序运行的结果为:

```
c          155.0
c++        NaN
os         NaN
python     145.0
dtype: float64
```

4.4.2 DataFrame 的算术运算

DataFrame 和 DataFrame 对象进行算术运算时,数据对齐操作需要行和列的索引都重叠的时候才会进行算术运算,否则会使用 NaN 值进行填充。下面以乘法为例说明DataFrame 的算术运算,如:

d1=pd.DataFrame(np.arange(1,10).reshape(3,3),index=['a','b','c'],columns=['one','two','three'])

d2=pd.DataFrame(np.arange(1,10).reshape(3,3),index=['a','b','d'],columns=['one','two','four'])

print(d1. mul(d2)) #等价于 print(d1 * d2)
程序运行的结果为:

	four	one	three	two
a	NaN	1.0	NaN	4.0
b	NaN	16.0	NaN	25.0
c	NaN	NaN	NaN	NaN
d	NaN	NaN	NaN	NaN

4.4.3 DataFrame 与 Series 的混合算术运算

DataFrame 与 Series 的混合算术运算首先要对 DataFrame 的行或列进行广播,再与

Series 进行算术运算。如：

s＝d1.ix[0]　#行广播，取 d1 的第一行为 Series

print(d1－s)

上面代码先对 DataFrame 的行进行广播，取 d1 的第一行构成 Series 对象 s，然后将 d1 的各行与 s 进行减法算术运算，程序运行的结果为：

	one	two	three
a	0	0	0
b	3	3	3
c	6	6	6

如果先对 DataFrame 的列进行广播，取 d2 的第一列构成 Series 对象 ss，然后将 d2 的各列与 ss 进行除法算术运算。代码如下：

ss＝d2['one']

print(d2.div(ss,axis＝0))

程序运行的结果为：

	one	two	four
a	1.0	2.000000	3.000000
b	1.0	1.250000	1.500000
d	1.0	1.142857	1.285714

第 5 章　Pandas 数据读写

Pandas 可以从多种存储介质（如文件和数据库）读取数据，也可以将不同的数据写入不同格式的文件中。Pandas 提供了多种 I/O API 函数用于读写数据文件，这些函数把大多数常用格式的数据作为 DataFrame 对象进行读写操作，高效且方便。

5.1　I/O API 函数

Pandas 是数据分析的专业库，主要实现数据计算和数据处理，在进行数据处理时往往需要从外部文件读写数据。因此，Pandas 提供了多种 I/O API 函数用于读写数据文件，这些函数主要分为读取函数和写入函数两大类，读取函数的作用是从剪贴板、CSV 文件、Excel 文件、JSON 格式文件、文本文件、数据库文件、HTML 文件中读取数据，转换成 DataFrame 对象。写入函数正好相反，将 DataFrame 对象数据写入外部文件中。Pandas 常用的读取函数和写入函数如表 5-1 所示。

表 5-1　Pandas 的读写函数

读取函数	写入函数
read_clipboard	to_clipboard
read_csv	to_csv
read_excel	to_excel
read_sql	to_sql
read_pickle	to_pickle
read_json	to_json
read_msgpack	to_msgpack
read_stata	to_stata
read_gbq	to_gbq
read_hdf	to_hdf
read_html	to_html
read_parquet	to_parquet
read_feather	to_feather

5. 2　Pandas 读写 CSV 文件中的数据

　　CSV 是 Comma-Separated Values 的首字母,即逗号分隔值(也称为字符分隔值),其文件以纯文本形式存储表格数据(数字和文本)。纯文本意味着该文件是一个字符序列,不含必须像二进制数字那样被解读的数据。CSV 文件由任意数目的记录组成,记录间以某种换行符分隔,每条记录由字段组成,字段间的分隔符是其他字符或字符串,最常见的是逗号或制表符。通常,所有记录都有完全相同的字段序列,通常都是纯文本文件。Pandas 读写 CSV 文件中数据的函数有 read_csv( ) 和 to_csv( )。

　　Pandas 读取 CSV 文件函数 read_csv()的原型为:

　　pandas.read_csv(filepath_or_buffer,sep=',',header='infer',names=None,usecols=None,engine=None,skiprows=None,skipfooter=0,…)

　　函数参数的作用如下:

　　(1)filepath_or_buffer:可以是 URL 或本地文件,可用 URL 类型包括 http、ftp、s3 和文件。

　　(2)sep:指定分隔符。如果不指定参数,则会尝试使用逗号分隔。分隔符长度超过 1 个字符且不是'\s+'的分隔符将被解释为正则表达式,并且还将强制使用 Python 解释器。

　　(3)header:指定行数用来作为列名,数据开始行数。如果文件中没有列名,则默认为 0,否则设置为 None。如果明确设定 header=0 就会替换掉原来存在的列名。header 参数可以是一个 list,如[0,1,3],这个 list 表示将文件中的这些行作为列标题(意味着每一列有多个标题),介于中间的行将被忽略掉。注意:如果 skip_blank_lines=True 那么 header 参数忽略注释行和空行,所以 header=0 表示第一行数据而不是文件的第一行。

　　(4)names:用于结果的列名列表,如果数据文件中没有列标题行,就需要执行 header=None。默认列表中不能出现重复,除非设定参数 mangle_dupe_cols=True。

　　(5)usecols:返回一个数据子集,该列表中的值必须可以对应到文件中的位置(数字可以对应到指定的列)或者是字符串为文件中的列名,如:usecols=[1,2,3]或者 usecols=['one','two','three']。使用这个参数可以加快加载速度并降低内存消耗。

　　(6)engine:使用的解释器。可以选择 C 或者是 Python。C 解释器快,但是 Python 解释器功能更加完备。

　　(7)skiprows:需要忽略的行数(从文件开始处算起),或需要跳过的行号列表(从 0 开始)。

　　(8)skipfooter:文件尾部要忽略的行数(C 解释器不支持)。

　　DataFrame 数据写入 CSV 文件函数 to_csv( )的原型为:

　　DataFrame.to_csv(path_or_buf=None,sep=',',na_rep='',columns=None,header=True,index=True,mode='w',encoding=None,…)

　　函数参数的作用如下:

　　(1)path_or_buf=None:文件路径或对象,默认为 None。

（2）sep：输出文件的字段分隔符，默认为"，"。

（3）na_rep：替换空值 。

（4）columns：可选列写入。

（5）header：写出列名，字符串或布尔列表，默认为 True。如果给定字符串列表，则假定为列名的别名。

（6）index：写入行名称（索引），布尔值，默认为 True。

（7）mode：模式，值为' str'，字符串。Python 写模式，默认为"w"。

（8）encoding：编码，字符串，可选，表示在输出文件中使用的编码的字符串，Python 2 上默认为"ASCII"，Python 3 上默认为"UTF-8"。

【案例 5-1】将 DataFrame 数据写入当前路径的 ch5_01.csv 文件中，然后读出该文件的数据并输出。代码如下：

```
# encoding：utf-8
import numpy as np
import pandas as pd
import os


def main()：
    df＝pd.DataFrame(np.random.randint(60,90,
                    size＝(10,4)),
                    columns＝['Python','Java','C','C++'])
    os.getcwd()  #获取当前工作路径
    # 写入 csv 文件，以 # 为分隔符，只写入 Python、Java、C++ 三列数据，不保存行索引
    df.to_csv('ch5_01.csv',
            sep='#',
            float_format='%.2f',
            columns＝['Python','Java','C++'],
            index＝0
    )
    #以 # 为分隔符读出 csv 文件的数据，第 1 行为列名
    data＝pd.read_csv('ch5_01.csv',sep='#',header＝0)
    print(data)


if__name__＝＝"__main__"：
    main()
```

程序运行后输出结果如下：

D:\anaconda\python.exe C:/Users/dell/PycharmProjects/My01/pandas 数据读写/pandas 读写 csv 文件.py

	Python	Java	C++
0	67	79	87
1	69	67	64
2	62	89	65
3	75	63	75
4	77	85	70
5	75	78	88
6	66	81	60
7	62	67	83
8	66	76	89
9	61	69	60

Process finished with exit code 0

ch5_01.csv 文件的内容如下：

```
Python#Java#C++
67#79#87
69#67#64
62#89#65
75#63#75
77#85#70
75#78#88
66#81#60
62#67#83
66#76#89
61#69#60
```

5.3　Pandas 读写 Excel 文件中的数据

Excel 文件为电子表格文件，分为 Excel2003（.xls）和 Excel2007（.xlsx）两种类型的文件。Pandas 读写 Excel 文件中数据的函数有 read_excel() 和 to_excel()。

Pandas 读取 Excel 文件函数 read_excel() 的原型为：

pandas.read_excel(filepath,sheet_name=0,header=0,names=None,index_col=None,usecols=None,squeeze=False,dtype=None,skiprows=None,skipfooter=0)

函数参数的作用如下：

（1）filepath：字符串，文件的路径对象。

（2）sheet_name：None、string、int、字符串列表或整数列表，默认为 0。字符串用于工作表名称,整数用于零索引工作表位置,字符串列表或整数列表用于请求多个工作表,为 None 时获取所有工作表。各值对应的操作如表 5-2 所示。

表 5-2　sheet_name 的值对应操作

值	对应操作
sheet_name＝0	第 1 张工作表作为 DataFrame
sheet_name＝1	第 2 张工作表作为 DataFrame
sheet_name＝"Sheet1"	名为 Sheet1 的工作表作为 DataFrame
sheet_name＝[0,1,'Sheet5']	第 1、2 张工作表和名为 Sheet5 的工作表作为 DataFrame 的字典

（3）header:指定作为列名的行,默认为 0,即取第一行的值为列名。数据为列名行以下的数据,若数据不含列名,则设定 header＝None。

（4）names:默认为 None,要使用的列名列表,如不包含标题行,则设定 header＝None。

（5）index_col:指定列为索引列,默认为 None。

（6）usecols:int 或 list,默认为 None。如果 usecols 为 None,则为所有列;如果 usecols 为 int,则表示要解析的最后一列;如果 usecols 为 int 列表,则表示要解析的列号列表;如果 usecols 为字符串,则表示以逗号分隔的 Excel 列字母和列范围列表(例如"A:E"或"A,C,E:F")。

（7）squeeze:布尔值,默认为 False,如果解析的数据只包含一列,则返回一个 Series。

（8）dtype:列的类型名称或字典,默认为 None。为数据或列的数据类型。例如{'a':np.float64,'b':np.int32}使用对象存储在 Excel 中的数据而不解释 dtype。如果指定了转换器,则它们将应用于 dtype 转换的 INSTEAD。

（9）skiprows:省略指定行数的数据,从第 1 行开始。

（10）skipfooter:省略指定行数的数据,从尾部数的行开始。

DataFrame 数据写入 Excel 文件函数 to_excel()函数原型为:

DataFrame.to_excel(self,excel_writer,sheet_name='Sheet1',columns＝None,header＝True,index＝True,index_label＝None,startrow＝0,startcol＝0,merge_cells＝True,…)

函数参数的作用如下:

（1）excel_writer:文件路径。

（2）sheet_name:写入 Excel 文件的工作表名。

（3）columns:选择输出的列。

（4）header:写出列名,字符串或布尔列表,默认为 True,如果给定字符串列表,则假定为列名的别名。

（5）index:布尔值,默认为 True,写入行名称(索引)。

（6）index_label:字符串或序列,如果需要,默认索引列的无列标签。如果没有给定,并且 header 和 index 为 True,则使用索引名称。如果数据帧使用多索引,则应给出序列。

（7）startrow:开始行。

（8）startcol:开始列。

（9）merge_cells:合并单元格,布尔值,默认为 True,将多索引和分层行作为合并单元格写入。

【**案例 5-2**】有一个名为 python0.xlsx 的 Excel 文件,现需要读取 sheet1 工作表中的数据(忽略前 5 行和后 12 行,只需要第 2、3、5、6 列数据),然后写入到新文件 newExcel.xlsx 的 Sheet1 工作表中,如图 5-1、图 5-2 所示。

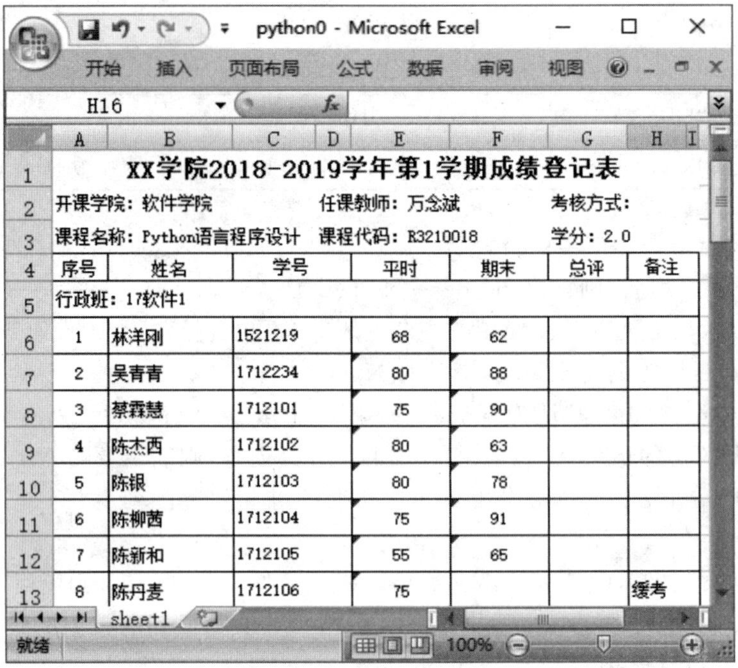

图 5-1　python0.xlsx

图 5-2　newExcel.xlsx

代码如下：

```
# encoding：utf-8
import pandas as pd
import os
def main()：
    os.getcwd() # 获取当前工作路径
    # 读取 python0.xlsx 文件工作表 sheet1 的数据
    table0＝pd.read_excel("python0.xlsx",
                          "sheet1",skiprows＝4,
                          usecols＝(1,2,4,5),
                          skipfooter＝12)
    table0.columns＝['姓名','学号','平时','期末']
    table＝table0.fillna(0)    # 缺失值处理,将 NaN 改为 0
    # 数据写入到 newExcel.xlsx 文件工作表 Sheet1 中
    table.to_excel('newExcel.xlsx','Sheet1')
if __name__＝＝"__main__"：
    main()
```

5.4　Pandas 读写 HTML 文件中的数据

　　HTML 格式文件为网页文件,Pandas 提供 I/O API 函数 read_html()和 to_html()用于读写 HTML 格式的文件。这两个函数能较简单地将 DataFrame 数据转换为 HTML 表格,不需要编写 HTML 代码,而会将 DataFrame 的内部结构自动转换为嵌入在表格中的<TH>、<TR>、<TD>标签。例如,下列案例自动将 DataFrame 数据转换为 HTML 表格。

　　【案例 5-3】读取案例 5-2 中的 python0.xlsx 文件 sheet1 工作表中的数据(忽略前 5 行和后 12 行,只需要第 2、3、5、6 列数据),然后写入网页文件 newHtml.html。代码如下：

```
# encoding：utf-8
import pandas as pd
import os
def main()：
    os.getcwd() # 获取当前工作路径
    # 读取 python0.xlsx 文件工作表 sheet1 的数据
    table0＝pd.read_excel("python0.xlsx",
                          "sheet1",skiprows＝4,
                          usecols＝(1,2,4,5),
                          skipfooter＝32)
    table0.columns＝['姓名','学号','平时','期末']
```

```
        table＝table0. fillna(0)    ＃ 缺失值处理,将 NaN 改为 0
        ＃ 数据写入 newHtml.html 网页文件中
        table.to_html('newHtml.html')
if __name__＝＝"__main__":
    main()
```

程序运行后,得到 newHtml.html 文件,代码为:

```
＜table border＝"1" class＝"dataframe"＞
    ＜thead＞
        ＜tr style＝"text－align:right;"＞
            ＜th＞＜/th＞
            ＜th＞姓名＜/th＞
            ＜th＞学号＜/th＞
            ＜th＞平时＜/th＞
            ＜th＞期末＜/th＞
        ＜/tr＞
    ＜/thead＞
    ＜tbody＞
        ＜tr＞
            ＜th＞0＜/th＞
            ＜td＞林洋刚＜/td＞
            ＜td＞1521192219＜/td＞
            ＜td＞68＜/td＞
            ＜td＞62.0＜/td＞
        ＜/tr＞
        …
        ＜tr＞
            ＜th＞27＜/th＞
            ＜td＞刘杰＜/td＞
            ＜td＞1712123127＜/td＞
            ＜td＞70＜/td＞
            ＜td＞76.0＜/td＞
        ＜/tr＞
    ＜/tbody＞
＜/table＞
```

如果要使 newHtml.html 文件具有完整的网页文件框架,程序代码修改为:

```
＃encoding:utf-8
import pandas as pd
import os
def main():
```

```
os.getcwd()  #获取当前工作路径
#读取 python0.xlsx 文件工作表 sheet1 的数据
table0=pd.read_excel("python0.xlsx",
                     "sheet1",skiprows=4,
                     usecols=(1,2,4,5),
                     skipfooter=32)
table0.columns=['姓名','学号','平时','期末']
table=table0.fillna(0)   # 缺失值处理,将 NaN 改为 0
# 数据写入 newHtml.html 网页文件中
s=['<html>']
s.append('<head><title>由 DataFrame 数据生成的网页</title></head>')
s.append('<body>')
s.append(table.to_html())
s.append('</body></html>')
html=''.join(s)
html_file=open('newHtml.html','w')
html_file.write(html)
html_file.close()
if __name__=="__main__":
    main()
```

newHtml.html 文件具有完整的框架,如:

```
<html>
    <head>
        <title>由 DataFrame 数据生成的网页</title>
    </head>
    <body>
    <table border="1" class="dataframe">
    <thead>
      <tr style="text-align:right;">
        <th></th>
        <th>姓名</th>
        <th>学号</th>
        <th>平时</th>
        <th>期末</th>
      </tr>
    </thead>
    <tbody>
      <tr>
        <th>0</th>
```

```
            <td>林洋刚</td>
            <td>1521192219</td>
            <td>68</td>
            <td>62.0</td>
        </tr>
            ...
        <tr>
            <th>27</th>
            <td>刘杰</td>
            <td>1712123127</td>
            <td>70</td>
            <td>76.0</td>
        </tr>
    </tbody>
    </table>
  </body>
</html>
```

Pandas 可使用 read_html()方法爬取网页表格数据, read_html()函数原型为：

pandas.read_html(io, header=None, index_col=None, skiprows=None, attrs=None, parse_dates=False, encoding=None, …)

常用的参数作用如下：

(1)io：可以是 URL、HTML 文本、本地文件等。

(2)header：标题行。

(3)skiprows：跳过的行。

(4)attrs：属性，比如 attrs={'id':'table'}。

(5)parse_dates：解析日期。

此函数返回的结果是 DataFrame 组成的 list。

【案例 5-4】读取网页文件 newHtml2. html 中的数据到 DataFrame 并输出。代码如下：

```
# encoding：utf-8
import pandas as pd
import os
def main():
    os.getcwd() #获取当前工作路径
    #读取 newHtml2. html 文件
    df=pd.read_html('newHtml2. html', encoding='gbk')
    print(df)
if __name__=="__main__":
    main()
```

5.5　Pandas 读写 JSON 数据

JSON(JavaScript Object Notation)是一种轻量级的数据交换格式,易于人阅读和编写,同时也易于机器解析和生成。任何支持的类型都可以通过 JSON 来表示,如字符串、数字、对象、数组等。对象和数组是比较特殊且常用的两种类型,对象在 JS 中是使用花括号 {} 括起来的内容,数据结构为 {key1:value1,key2:value2,…} 的键值对结构。在面向对象的语言中,key 为对象的属性,value 为对应的值。键名可以使用整数和字符串来表示,值的类型可以是任意类型。数组在 JavaScript(JS)中是用方括号 [] 括起来的内容,数据结构为类似 ["java","javascript","vb",…] 的索引结构。在 JS 中,数组是一种比较特殊的数据类型,它可以像对象那样使用键值对,但还是以索引使用得多。同样,值的类型可以是任意类型。

Pandas 提供 I/O API 函数中的 read_json() 和 to_json() 函数用于读写 JSON 格式的数据。

Pandas 读取 JSON 文件的 read_json() 函数的原型为:

pandas.read_json(path_or_buf=None,orient=None,typ=' frame ',dtype=True,convert_axes=True,convert_dates=True,encoding=None,…)

函数参数的作用如下:

(1)path_or_buf:JSON 字符串 URL 或文件,URL 类型包括 HTTP、FTP、s3 和文件。

(2)orient:方向,指示预期的 JSON 字符串格式,值可以是:

"split":类似于 {index->[index],columns->[columns],data->[values]} 的 dict。

"records":类似于 [{column->value},…,{column->value}] 的 list。

"index":类似于 {index->{column->value}} 的 dict。

"columns":类似于 {column->{index->value}} 的 dict。

"values":仅数组值,此值和默认值取决于 typ 参数的值。

当 typ='系列',允许 orient 的值是 {' split ',' records ',' index '},默认值为' index '。orient 的值是' index '时序列索引必须唯一。

当 typ=' frame '时,允许 orient 的值为 {' split ',' records ',' index ',' columns ',' values '},默认值为"列"。orient 的值为' index '和' columns '时,数据帧索引必须唯一;orient 的值为' index ',' columns '和' records '时,数据帧列必须唯一。

(3)typ:类型,要恢复的对象类型(系列或帧),默认为"帧"。

(4)dtype:布尔型或 dict 型,默认为 True。

(5)convert_axes:转换轴,布尔值,默认为 True,将轴转换为正确的数据类型。

(6)convert_dates:转换日期,布尔值,默认为 True。

(7)encoding:编码,默认为' utf-8 '。

DataFrame 数据写入 JSON 文件函数 to_json() 的原型为:

DataFrame.to_json(self,path_or_buf=None,orient=None,date_format=None,double_precision=10,force_ascii=True,date_unit=' ms ',…)

函数参数的作用如下：

（1）path_or_buf：JSON 字符串 URL 或文件，URL 类型包括 HTTP、FTP、s3 和文件。

（2）orient：方向，指示预期的 JSON 字符串格式，值可以是：

"Series"：默认值为"index"，允许值为{' split ',' records ',' index ',' table '}；

"DataFrame"：默认值为"columns"，允许值为{' split ',' records ',' index ',' columns ',' values ',' table '}。

JSON 字符串的格式为：

"split"：类似于{' index '—>[index],' columns '—>[columns],' data '—>[values]}的 dict；

"records"：类似于[{column—>value},…,{column—>value}]的 list；

"index"：类似于{index—>{column—>value}}的 dict；

"columns"：类似于{column—>{index—>value}}的 dict；

"values"：仅数组值；

"table"：类似于{' schema ':{schema},' data ':{data}}的 dict。

（3）date_format：日期格式，日期转换的类型为{None,' epoch ',' iso '}，"epoch"＝epoch 毫秒，"iso"＝iso8601。默认值取决于方向，当 orient＝' table '，默认值为' iso '；当 orient 为其他值时，默认值为"epoch"。

（4）double_precision：双精度，int，编码浮点值时要使用的小数位数默认为 10。

（5）force_ascii：强制编码字符串为 ASCII，默认为 True。

（6）date_unit：日期单位，默认为 ms(毫秒)。

【案例 5-5】将 DataFrame 数据存入 newJson.json 文件中，读出该文件数据并显示。代码如下：

```python
# encoding：utf-8
import pandas as pd
import os
def main()：
    os.getcwd() #获取当前工作路径
    data＝{'姓名':pd.Series(['张飞','李红','刘欢','赵毅']),
          '年龄':pd.Series([19,20,18,20]),
          '性别':pd.Series(['男','女','女','男']),
          '分数':pd.Series([510,480,490,475])}
    df＝pd.DataFrame(data)    # 由字典数据生成数据帧
    #数据以 JSON 格式写入 newJson.json 文件中
    df.to_json(' newJson.json ',orient=' records ')
    #读取 newJson.json 文件
    df1＝pd.read_json(' newJson.json ',encoding=' gbk ')
    print(df1)
if __name__＝＝"__main__"：
    main()
```

程序运行结果如下：

```
D:\anaconda\python.exe C:/Users/dell/PycharmProjects/My01/pandas 数据读写/pandas 读写
json 文件.py
      分数     姓名     年龄     性别
0     510     张飞     19     男
1     480     李红     20     女
2     490     刘欢     18     女
3     475     赵毅     20     男
Process finished with exit code 0
```

newJson.json 文件内容为（汉字使用 utf-8 编码）：

[{"\u59d3\u540d":"\u5f20\u98de","\u5e74\u9f84":19,"\u6027\u522b":"\u7537","\u5206\u6570":510},{"\u59d3\u540d":"\u674e\u7ea2","\u5e74\u9f84":20,"\u6027\u522b":"\u5973","\u5206\u6570":480},{"\u59d3\u540d":"\u5218\u6b22","\u5e74\u9f84":18,"\u6027\u522b":"\u5973","\u5206\u6570":490},{"\u59d3\u540d":"\u8d75\u6bc5","\u5e74\u9f84":20,"\u6027\u522b":"\u7537","\u5206\u6570":475}]

5.6　Pandas 读写数据库文件的数据

在很多应用中，所使用的数据大都保存在数据库文件中，而数据库分关系型数据库和非关系型数据库。关系型数据库使用 SQL 语句存储处理数据，如 PostgreSQL、MySQL、Oracle 等。非关系型数据库 NoSQL 不使用 SQL 语句存储处理数据，如 MongoDB、BerkeleyDB 等。Pandas 提供 I/O API 函数既可读写 SQL 类关系型数据库数据，又可读写 NoSQL 类非关系型数据库数据。

从 SQL 数据库加载数据，将其转换为 DataFrame 对象，Pandas 提供相应函数简化这个过程。Pandas.io.sql 模块提供独立于数据库的 sqlalchemy 接口，它简化了连接模式，统一使用 create_engine()函数连接各种数据库。如连接 MySQL 数据库使用如下代码：

from sqlalchemy import create_engine

engine＝create_engine('mysql＋mysqldb://scott:tiger@localhost/tempdb')

连接 Oracle 数据库使用如下代码：

from sqlalchemy import create_engine

engine＝create_engine('oracle://scott:tiger@127.0.0.1:1521/sidname')

下面以 MySQL 关系数据库为例，使用 Python 的 Pandas 库，实现 MySQL 关系数据库的读写。Pandas 中内置了 read_sql()和 to_sql()函数实现从数据库中读取和保存数据。

5.6.1　数据准备

先运行 MySQL，新建一个名为 tempdb 的数据库，在该数据库中新建一个名为 user 的表,表的内容如图 5-3 所示。

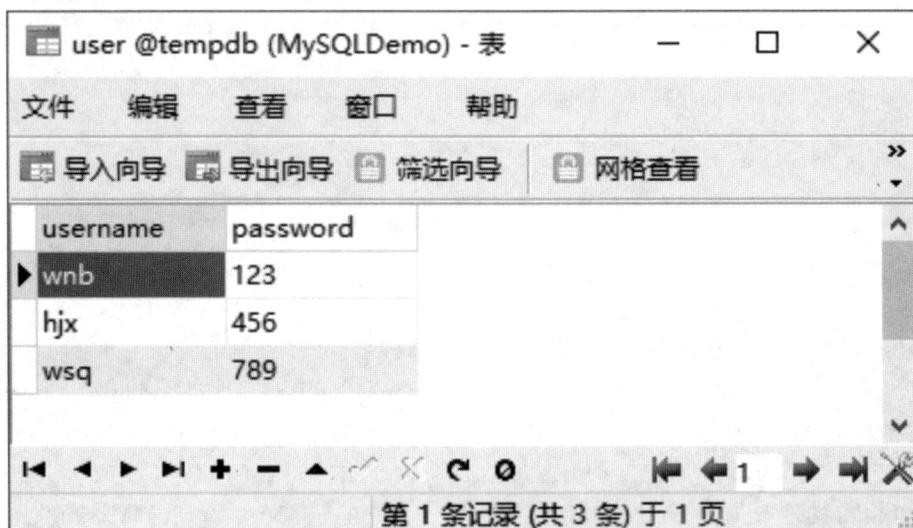

图 5-3　user 表数据

5.6.2　安装 MySQL 驱动

要在本地链接 MySQL,需要安装一个 MySQL 的客户端驱动,下载地址:https://dev.mysql.com/downloads/connector/python/8.0.html。

根据自己的操作系统和位数,选择对应的版本下载即可。

5.6.3　安装 MySQL 的 Python 包

如果可以 pip 联网安装,那么可以直接使用以下语句进行安装:

pip install mysql-connector-python

如果安装失败,则可以从 https://www.lfd.uci.edu/~gohlke/pythonlibs/下载.whl 文件进行安装,安装命令如下所示:

pip install 下载的安装文件

5.6.4　使用 read_sql( )读取数据

read_sql()函数从 MySQL 数据库中读取数据,函数原型为:

pandas.read_sql(sql,con,index_col=None,coerce_float=True,params=None,…)

常用的参数作用如下:

(1)sql:SQL 语句;

(2)con:数据库连接字符串,包含数据库的用户名、密码等;

(3)index_col:索引列;

（4）coerce_float：强制转换为浮点值；

（5）params：参数列表。

【案例 5-6】从 MySQL 数据库系统的 tempdb 数据库的 user 表中读出数据到 DataFrame 对象。代码如下：

```
# encoding: utf-8
import pandas as pd
import mysql.connector
def main():
    # 创建 MySQL 数据库连接
    connection = mysql.connector.connect(
        user='root',
        password='123',
        host='127.0.0.1',
        database='tempdb',
        port=3306
    )
    # 读取数据库中的数据
    data = pd.read_sql("select * from user", con=connection)
    # 关闭连接
    connection.close()
    print(data)


if __name__ == "__main__":
    main()
```

程序运行结果如下：

```
   Username   password
0  wnb        123
1  hjx        456
2  wsq        789
```

要把 DataFrame 对象中的数据保存到数据库中，Pandas 使用 to_sql() 函数保存数据。Pandas 的最新版本只支持保存到 sqlite 数据库。因此，要保存数据到 MySQL，还需要多安装一个 Python 包——SQLAlchemy，直接使用 pip 命令进行安装：pip install SQLAlchemy 或者到 https://www.lfd.uci.edu/~gohlke/pythonlibs/#sqlalchemy 下载 .whl 文件，使用以下命令进行安装：

pip install 下载的安装文件

接下来使用 to_sql() 函数写入数据到数据库中，to_sql() 函数原型为：

DataFrame.to_sql(self, name, con, schema=None, if_exists='fail', index=True, index_label=None,…)

常用的参数作用如下：

(1)name：要保存的表名。

(2)con：数据库连接字符串，包含数据库的用户名、密码等。

(3)schema：指定方案，字符串，可选。

(4)if_exists：如果表已经存在，如何进行操作，值可为{' fail ',' replace ',' append '}，默认为' fail '(失败)。如果值为' fail '，引发 ValueError；如果值为' replace '(替换)，在插入新值之前删除表；如果值为' append '(追加)，向现有表插入新值。

(5)index：将数据帧索引写入列，使用索引标签作为表中的列名索引，布尔值，默认为 True。

(6)index_label：索引列的列标签。

【**案例 5-7**】将 DataFrame 对象数据写入 MySQL 数据库系统的 tempdb 数据库的 user 表中。代码如下：

```
# encoding：utf-8
import pandas as pd
from sqlalchemy import create_engine
def main():
    #创建 MySQL 数据库连接
    connection=create_engine(' mysql+mysqlconnector://root:123@127.0.0.1:3306/tempdb ')
    data=pd.DataFrame({' username ':[' tom ',' jany ',' rose '],' password ':[' 111 ',' abc ',' admin ']})
    data.to_sql("data",con=connection,if_exists=' append ')
    #关闭连接
    connection.close()
if __name__=="__main__":
    main()
```

程序运行结果如图 5-3 所示。

第 6 章　Pandas 数据处理

从数据库或文件等数据源获得数据后,需要将数据转换为 DataFrame 对象,Pandas 可以对 DataFrame 对象中的数据进行处理。数据处理包括缺失值处理、数据合并与级联、数据排序与分组、字符串和文本数据处理、数据统计与汇总等。

6.1　缺失值处理

数据丢失或缺失在现实生活中是常出现的问题,造成数据缺失的原因很多,有些信息暂时是无法获取的,有些信息被遗漏,或因数据采集设备故障、存储介质故障、传输媒体故障等人为因素造成,等等。在机器学习和数据挖掘等领域数据缺失导致数据质量差,在模型预测的准确性方面面临严重的问题,因此缺失值处理在数据分析中非常重要。

数据缺失机制有完全随机缺失(missing completely at random,MCAR)、随机缺失(missing at random,MAR)和非随机缺失(missing not at random,MNAR)。完全随机缺失指的是数据的缺失是完全随机的,不依赖于任何不完全变量或完全变量,不影响样本的无偏性,如家庭地址缺失。随机缺失指的是数据的缺失不是完全随机的,即该类数据的缺失依赖于其他完全变量,如财务数据缺失情况与企业的大小有关。非随机缺失指的是数据的缺失与不完全变量自身的取值有关,如高收入人群不愿意提供家庭收入等。

缺失值处理的方式有:

(1)判断缺失值:Pandas 使用浮点值 NaN(Not a Number)表示浮点数和非浮点数组中的缺失值,Python 内置 None 值也会被当作是缺失值。

(2)过滤缺失值:在出现缺失值的元素不显示、跳过或删除。

(3)填充缺失值:用一些特殊值来填充缺失值。

6.1.1　判断缺失值

Pandas 采用 isnull()和 notnull()函数来判断缺失值。isnull()函数的作用是判断值是否为空,若是,结果为 True,否则为 False,生成的是所有数据的 True/False 矩阵。对于庞大的数据 DataFrame,很难一眼看出来哪个数据缺失,一共有多少个缺失数据,缺失数据的位置,因此可使用 DataFrame.isnull().any()判断哪些列存在缺失值,DataFrame[DataFrame.isnull().values==True]显示存在缺失值的行列,清楚地确定缺失值的位置。

notnull()函数的作用与 isnull()相反。

【**案例 6-1**】 判断缺失值。代码如下：

```
# encoding：utf-8
import pandas as pd
import numpy as np
def main()：
    # Series 的缺失值判断
    s＝pd.Series(['a','b',np.nan,'c',None])
    print('系列 s'.center(20,'—'),'\n',s)
    print('判断 s 的缺失值'.center(20,'—'),'\n',s.isnull())
    print('s 存在缺失值的列'.center(20,'—'),'\n',s[s.isnull()])
    # DataFrame 的缺失值判断
    data＝pd.DataFrame([[1,np.nan,2],[3,4,None]])
    print('数据帧 data'.center(20,'—'),'\n',data)
    print('data 的缺失值判断'.center(20,'—'),'\n',data.isnull())
    print('data 存在缺失值的列'.center(20,'—'),'\n',data.isnull().any())
    print('data 的缺失值和索引'.center(20,'—'),'\n',data[data.isnull()])
    print('显示存在缺失值的行列'.center(20,'—'),'\n',data[data.isnull().values＝＝True])
    print('判断 data 的第 2 列的缺失值'.center(20,'—'),'\n',data[1].isnull())
if __name__＝＝"__main__"：
    main()
```

程序运行结果如下：

D:\anaconda\python.exe C:/Users/dell/PycharmProjects/My01/教学设计 4--Pandas 缺失值处理/判断缺失值.py

```
————————系列 s—————————
    0        a
    1        b
    2        NaN
    3        c
    4        None
dtype: object
—————判断 s 的缺失值——————
    0        False
    1        False
    2        True
    3        False
    4        True
dtype: bool
```

```
-------s 存在缺失值的列------
 2     NaN
 4     None
dtype: object
------数据帧 data-------
      0    1    2
0  1   NaN   2.0
1  3   4.0   NaN
-----data 的缺失值判断-----
         0      1      2
0    False   True  False
1    False  False   True
----data 存在缺失值的列-----
 0      False
 1      Truc
 2      True
dtype: bool
----data 的缺失值和索引-----
      0    1    2
0  NaN  NaN  NaN
1  NaN  NaN  NaN
------显示存在缺失值的行列-----
      0    1    2
0  1   NaN   2.0
1  3   4.0   NaN
---判断 data 的第 2 列的缺失值---
 0      True
 1      False
Namc: 1, dtypc: bool


Process finished with exit code 0
```

需要注意的是,在使用 Series 和 DataFrame 的时候,如果其中有值为 None,Series 会输出 None,而 DataFrame 会输出 NaN。DataFrame 使用 isnull 方法在输出空值的时候全为 NaN,因为 DataFrame 对于 False 对应的位置,输出值会用 NaN 代替,而 Series 对于 False 对应的位置是没有输出值的。

6.1.2   过滤缺失值

数据处理过程中发现缺失值后,有时觉得缺失值在数据处理中没有作用就会采取在出现缺失值的元素不显示、跳过或删除的处理方式。Pandas 使用 dropna( )函数来过滤缺失

值,dropna()函数的作用是删除缺失数据,函数原型为:

DataFrame.dropna(self,axis=0,how='any',thresh=None,subset=None,inplace=False)

常见参数的作用是:

(1)axis:确定是否删除包含缺失值的行或列。当 axis 的值为 0 或"index"时表示删除包含缺失值的行。当 axis 的值为 1 或"columns"表示删除包含缺失值的列,默认为 0。

(2)how:确定是否从数据帧中删除行或列的方式,值为'any'或all',默认为'any'。当 how="any"时,表示如果存在任何 NA 值,则删除该行或列,当 how="all"时表示如果所有值都是 NA,则删除该行或列。

(3)thresh:保留 n 个非 NA 值的行或列,其他行列删除,值为 int,可选。

(4)subset:指定要在哪些列中删除缺失值,类似数组,可选。

(5)inplace:bool,默认为 False,如果为 True,则在原地执行操作并返回"None"。

【案例 6-2】 过滤缺失值。代码如下:

```
# encoding: utf-8
import pandas as pd
import numpy as np
def main():
    # Series 的缺失值过滤
    s=pd.Series(['a','b',np.nan,'c',None])
    print('系列 s'.center(20,'—'),'\n',s)
    print('获取 s 的非缺失值数据'.center(20,'—'),'\n',s[s.notnull()])
    print('过滤 s 的缺失数据'.center(20,'—'),'\n',s.dropna())
    # DataFrame 的缺失值过滤
    data=pd.DataFrame([[1,np.nan,2],[9,None,np.nan],[3,4,None],[5,6,7]])
    print('数据帧 data'.center(20,'—'),'\n',data)
    print('删除 data 中含有缺失值的行'.center(20,'—'),'\n',data.dropna())
    print('删除 data 中含有缺失值的列'.center(20,'—'),'\n',data.dropna(axis=1))
if __name__=="__main__":
    main()
```

程序运行结果如下:

```
D:\anaconda\python.exe C:/Users/dell/PycharmProjects/My01/教学设计 4—Pandas 缺失值
处理/过滤缺失值.py
--------系列 s---------
 0        a
 1        b
 2        NaN
 3        c
 4        None
dtype: object
```

```
-----获取 s 的非缺失值数据-----
0    a
1    b
3    c
dtype: object
------过滤 s 的缺失数据------
0    a
1    b
3    c
dtype: object
------数据帧 data--------
     0    1    2
0    1  NaN  2.0
1    9  NaN  NaN
2    3  4.0  NaN
3    5  6.0  7.0
---删除 data 中含有缺失值的行---
     0    1    2
3    5  6.0  7.0
---删除 data 中含有缺失值的列---
     0
0    1
1    9
2    3
3    5


Process finished with exit code 0
```

6.1.3　填充缺失值

数据处理过程中发现缺失值后,缺失值在数据处理中有作用,不能采用删除缺失值的方法,这时可以用一些特殊值来填充缺失值。Pandas 使用 fillna()函数来填充缺失值。fillna()函数的作用是填充缺失数据,函数原型为:

DataFrame.fillna(value = None, method = None, axis = None, inplace = False, limit = None,…)

常见参数作用如下:

(1)value:值可以是 scalar、dict、Series 或 DataFrame,用于填充缺失值的值。

(2)method:值可以是{'backfill','bfill','pad','ffill',None},默认值为 None。

(3)axis:值可以是{0 or 'index',1 or 'columns'},当 axis 的值为 0 或"index"时表示填充包含缺失值的行;当 axis 的值为 1 或"columns"表示填充包含缺失值的列,默认值为 0。

(4)inplace:布尔型,默认值为 False,如果为 True,则在原地执行操作。

(5)limit：int，默认值为 None，如果指定了方法，则是连续 NaN 值的前向/后向填充的最大数量，即如果连续 NaN 数量超过指定的数字，它将只被部分填充。如果未指定方法，则是沿着整个轴的最大数量，其中 NaN 将被填充。指定的数字必须大于 0。

【案例 6-3】填充缺失值。代码如下：

```
# encoding：utf-8
import pandas as pd
def main()：
    # 1. 指定特殊值填充缺失值
    df＝pd.DataFrame([[1,2,2],[3,None,6],[3,7,None],[5,None,7]])
    print('数据帧 df'.center(30,'—'),'\n',df)
    # 用 0 填充所有缺失数据
    print('用 0 填充所有缺失数据'.center(20,'—'),'\n',df.fillna(0))
    # 2. 使用不同的值填充不同的列
    print('使用不同的值填充不同的列数据'.center(20,'—'),'\n',df.fillna({1：1.99,2：2.99}))
    # 3. 前向填充和后向填充
    # 前向填充，默认是上一行的值，设置 axis＝1 可以使用列进行填充
    print('前向填充'.center(20,'—'),'\n',df.fillna(method＝"ffill"))
    # 后向填充，默认是上一行的值，设置 axis＝1 可以使用列进行填充
    print('后向填充'.center(20,'—'),'\n',df.fillna(method＝"bfill"))
    # 4. 使用列的平均值填充
    print('使用列的平均值填充'.center(20,'—'),'\n',df.fillna(df.mean()))
if __name__＝＝"__main__"：
    main()
```

程序运行结果如下：

```
D:\anaconda\python.exe C:/Users/dell/PycharmProjects/My01/教学设计 4--Pandas 缺失值
处理/填充缺失值.py
-------------数据帧 df-------------
    0    1     2
0   1   2.0   2.0
1   3   NaN   6.0
2   3   7.0   NaN
3   5   NaN   7.0
----用 0 填充所有缺失数据-----
    0    1     2
0   1   2.0   2.0
1   3   0.0   6.0
2   3   7.0   0.0
3   5   0.0   7.0
```

```
---使用不同的值填充不同的列数据---
         0     1     2
0     1  2.00  2.00
1     3  1.99  6.00
2     3  7.00  2.99
3     5  1.99  7.00
---------前向填充---------
         0     1     2
0     1  2.0  2.0
1     3  2.0  6.0
2     3  7.0  6.0
3     5  7.0  7.0
---------后向填充---------
         0     1     2
0     1  2.0  2.0
1     3  7.0  6.0
2     3  7.0  7.0
3     5  NaN  7.0
------使用列的平均值填充------
         0     1     2
0     1  2.0  2.0
1     3  4.5  6.0
2     3  7.0  5.0
3     5  4.5  7.0


Process finished with exit code 0
```

6.2　数据合并和级联

数据处理过程中,有时需要将多处数据级联成一处,有时需要将不同地方的数据合并在一起,这样做的目的是更方便数据分析。Pandas 的基本特性之一就是高性能的内存式数据连接和合并操作,它提供 merge()和 concat()函数来实现数据合并和级联。

6.2.1　数据合并

Pandas 提供了一个类似于关系数据库的连接操作的方法 merge(),它可以根据一个或多个键将不同 DataFrame 中的行连接起来。merge()函数原型为:

DataFrame.merge(self,right,how=' inner ',on=None,left_on=None,right_on=None,left_index=False,right_index=False,sort=False,suffixes=('_x','_y'),copy=

True,indicator＝False,validate＝None)

常见参数的作用如下：

（1）self：合并的左侧 DataFrame 对象。

（2）right：需要合并的右侧 DataFrame 对象。

（3）how：合并类型，值为{' left ',' right ',' outer ',' inner '}，默认为 ' inner '。当 how＝' left '时表示仅使用左侧 DataFrame 中的键，类似于 SQL 左外部连接，保留键顺序；当 how＝' right '时表示仅使用右侧 DataFrame 中的键，类似于 SQL 右外部连接，保留键顺序；当 how＝' outer '时表示使用来自两个 DataFrame 的键的联合，类似于 SQL 完全外部连接，按字典顺序对键排序；当 how＝' inner '时表示使用来自两个 DataFrame 的键的交集，类似于 SQL 内部连接，保留左键的顺序。

（4）on：要连接的列或索引级别名称，这些列名必须在左侧和右侧 DataFrame 对象中找到。如果 on 为"None"，并且不合并索引，则默认为两个数据帧中列的交叉点。

（5）left_on：左侧 DataFrame 中连接的列或索引级别名称，也可以是左侧 DataFrame 长度的数组或数组列表，这些数组被视为列。

（6）right_on：右侧 DataFrame 中连接的列或索引级别名称，也可以是右侧 DataFrame 长度的数组或数组列表，这些数组被视为列。

（7）left_index：使用左侧 DataFrame 中的索引作为连接键，布尔值，默认为 False。如果为 True，则使用左侧 DataFrame 中的索引（行标签）作为其连接键；如果是多索引，则其他 DataFrame 中的键数（索引或列数）必须与级别数匹配。

（8）right_index：使用右侧 DataFrame 中的索引作为连接键，布尔值，默认为 False。如果为 True，则使用右侧 DataFrame 中的索引（行标签）作为其连接键；如果是多索引，则其他 DataFrame 中的键数（索引或列数）必须与级别数匹配。

（9）sort：在结果 DataFrame 中按字典方式对连接键排序，布尔值，默认为 False。如果 sort＝' False '，则连接键的顺序取决于连接类型（how 关键字）。

（10）suffixes：要分别应用于左侧和右侧重叠的列名的后缀，值为(str,str)的元组，默认值为('_x','_y')。要在重叠列上引发异常，使用(False,False)。

（11）copy：复制，布尔值，默认为 True。如果为 False，不复制。

（12）indicator：布尔值或字符串 str，默认为 False。如果 indicator＝True，则向输出 DataFrame 中添加一个名为"合并"的列，其中包含有关每行的源信息。如果 indicator 是字符串，则每行的源信息列将被添加到输出 DataFrame 中，列将被命名为字符串的值。信息列是分类类型，对于合并键只出现在"left DataFrame"中的观测值，其值为"left_only"；对于合并键只出现在"right DataFrame"中的观测值，其值为"right_only"；如果观测值的合并键出现则两者都有。

（13）validate：验证值，字符串，可选。如果指定，则检查合并是否为指定类型。"one_to_one"或"1:1"表示检查合并键在左右数据集中是否唯一；"one_to_many"或"1:m"表示检查合并键在左侧数据集中是否唯一；"many_to_one"或"m:1"表示检查合并键在正确的数据集中是否唯一；"many_to_many"或"m:m"表示允许，但不会检查结果。

【案例 6-4】 将左侧的 DataFrame 数据和右侧的 DataFrame 数据合并。代码如下：

```
import pandas as pd
def main():
```

```
left＝pd.DataFrame({
    'id':[1,2,3,4,5],
    'Name':['Wang','Zhang','Chen','Wu','Liu'],
    'subject_id':['stu1','stu2','stu4','stu6','stu5']})
right＝pd.DataFrame(
    {'id':[1,2,3,4,5],
    'Name':['Zhao','Li','Huang','Fang','Zheng'],
    'subject_id':['stu2','stu4','stu3','stu6','stu5']})
print("左边的数据帧".center(40,'='),"\n")
print(left)
print("右边的数据帧".center(40,'='),"\n")
print(right)
print("合并的数据帧".center(30,'='),"\n")
rs＝pd.merge(left,right,on='subject_id',how='inner',suffixes=('_left','_right'))
print(rs)
if __name__＝＝"__main__":
    main()
```

程序运行结果如下：

```
D:\anaconda\python.exe C:/Users/dell/PycharmProjects/My01/教学设计 5--Pandas 合并与
级联/连接合并 casc1.py
================左边的数据帧================
    id    Name    subject_id
0   1     Wang       stu1
1   2     Zhang      stu2
2   3     Chen       stu4
3   4     Wu         stu6
4   5     Liu        stu5

================右边的数据帧================
    id    Name    subject_id
0   1     Zhao       stu2
1   2     Li         stu4
2   3     Huang      stu3
3   4     Fang       stu6
4   5     Zheng      stu5

===========合并的数据帧===========
    id_left    Name_left    subject_id    id_right    Name_right
0   2          Zhang        stu2          1           Zhao
1   3          Chen         stu4          2           Li
2   4          Wu           stu6          4           Fang
3   5          Liu          stu5          5           Zheng


Process finished with exit code 0
```

6.2.2 数据的级联

Pandas 提供了 concat()方法,它可以沿着某个轴将多个对象堆叠在一起(即将 Pandas 对象沿指定轴连接),concat()函数原型为:

pandas.concat(objs,axis＝0,join＝' outer ',join_axes＝None,ignore_index＝False, keys＝None,levels＝None,names＝None,verify_integrity＝False,sort＝None,copy＝ True)

常见参数的作用如下:

(1)objs:对象,可以是 Series、DataFrame 对象或 Series 的映射。如果传递了 dict,则排序的键将用作 keys 参数,除非它被传递,在这种情况下,将选择值。任何无对象将被静默删除,除非它们都是 None,在这种情况下将引发一个 ValueError。

(2)axis:要连接的轴,值为{0,1,…},默认为 0。

(3)join:连接类型,值为{' inner ',' outer '},默认为' outer ',即如何处理其他轴上的索引。

(4)join_axes:连接轴,值为索引对象列表。

(5)ignore_index:忽略索引,布尔值,默认 False。如果为 True,则不使用连接轴上的索引值。生成的轴将被标记为 0,…,n−1。

(6)keys:键,值为 Series,默认值为 None。使用传递的键作为最外层构建层次索引,如果设为多索引,应该使用元组。

(7)levels:用于构造多索引的级别,值为序列列表,默认值为 None。

(8)names:层次索引中级别的名称,值为 list,默认值为 None。

(9)verify_integrity:验证完整性,布尔值,默认值为 False,检查新连接的轴是否包含重复项。

(10)sort:是否排序,布尔值,默认值为 None。

(11)copy:是否复制,布尔值,默认值为 True。如果为 False,不复制数据。

【案例 6-5】将两个 DataFrame 数据堆叠在一起,级联成一个 DataFrame。代码如下:

```
# coding:utf-8
import pandas as pd
def main():
    left＝pd.DataFrame({
        'id':[1,2,3,4,5],
        'Name':[' Wang ',' Zhang ',' Chen ',' Wu ',' Liu '],
        ' subject_id ':[' stu1 ',' stu2 ',' stu4 ',' stu6 ',' stu5 ']})
    right＝pd.DataFrame(
        {'id':[1,2,3,4,5],
        'Name':[' Zhao ',' Li ',' Huang ',' Fang ',' Zheng '],
        ' subject_id ':[' stu2 ',' stu4 ',' stu3 ',' stu6 ',' stu5 ']})
    print("左边的数据帧".center(40,'='),"\n")
    print(left)
```

```
print("右边的数据帧".center(40,'='),"\n")
print(right)
print("数据级联".center(20,'='),"\n")
rjoin=pd.concat([left,right],ignore_index=True)
print(rjoin)
if __name__=="__main__":
    main()
```

程序运行结果如下：

```
D:\anaconda\python.exe C:/Users/dell/PycharmProjects/My01/教学设计 5--Pandas 合并与级联/
数据级联 case1.py
================左边的数据帧================
   id    Name    subject_id
0  1     Wang    stu1
1  2     Zhang   stu2
2  3     Chen    stu4
3  4     Wu      stu6
4  5     Liu     stu5
================右边的数据帧================
   id    Name    subject_id
0  1     Zhao    stu2
1  2     Li      stu4
2  3     Huang   stu3
3  4     Fang    stu6
4  5     Zheng   stu5
=======数据级联=======
   id    Name    subject_id
0  1     Wang    stu1
1  2     Zhang   stu2
2  3     Chen    stu4
3  4     Wu      stu6
4  5     Liu     stu5
5  1     Zhao    stu2
6  2     Li      stu4
7  3     Huang   stu3
8  4     Fang    stu6
9  5     Zheng   stu5

Process finished with exit code 0
```

【案例 6-6】现有某公司 2013 年仓库的出/入库数据文件 company.xls（图 6-1），需要按领用部门分类汇总统计第四季度（即 10—12 月）出库总量。代码如下：

```
import pandas as pd
def main():
```

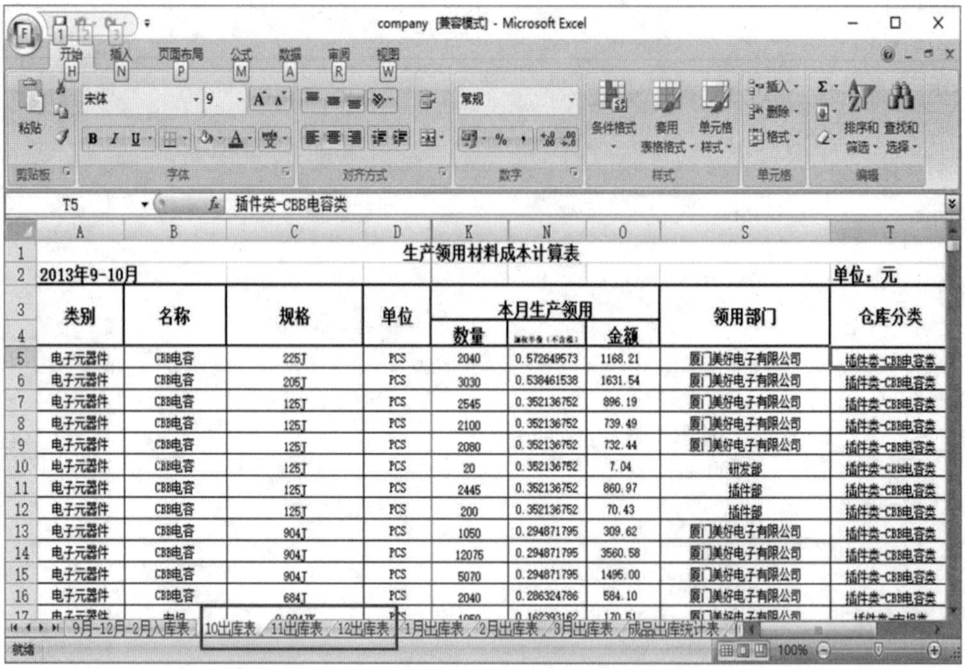

生产领用材料成本计算表

2013年9-10月　　单位：元

类别	名称	规格	单位	本月生产领用			领用部门	仓库分类
				数量		金额		
电子元器件	CBB电容	225J	PCS	2040	0.572649573	1168.21	厦门美好电子有限公司	插件类-CBB电容类
电子元器件	CBB电容	205J	PCS	3030	0.538461538	1631.54	厦门美好电子有限公司	插件类-CBB电容类
电子元器件	CBB电容	125J	PCS	2545	0.352136752	896.19	厦门美好电子有限公司	插件类-CBB电容类
电子元器件	CBB电容	125J	PCS	2100	0.352136752	739.49	厦门美好电子有限公司	插件类-CBB电容类
电子元器件	CBB电容	125J	PCS	2080	0.352136752	732.44	厦门美好电子有限公司	插件类-CBB电容类
电子元器件	CBB电容	125J	PCS	20	0.352136752	7.04	研发部	插件类-CBB电容类
电子元器件	CBB电容	125J	PCS	2445	0.352136752	860.97	插件部	插件类-CBB电容类
电子元器件	CBB电容	125J	PCS	200	0.352136752	70.43	插件部	插件类-CBB电容类
电子元器件	CBB电容	904J	PCS	1050	0.294871795	309.62	厦门美好电子有限公司	插件类-CBB电容类
电子元器件	CBB电容	904J	PCS	12075	0.294871795	3560.58	厦门美好电子有限公司	插件类-CBB电容类
电子元器件	CBB电容	904J	PCS	5070	0.294871795	1495.00	厦门美好电子有限公司	插件类-CBB电容类
电子元器件	CBB电容	684J	PCS	2040	0.286324786	584.10	厦门美好电子有限公司	插件类-CBB电容类

图 6-1　某公司 2013 年仓库的出/入库数据文件

```
one=pd.read_excel("company.xls","10 出库表",
                  skiprows=3,skipfooter=8,usecols=(1,2,10,18))
two=pd.read_excel("company.xls","11 出库表",
                  skiprows=3,skipfooter=13,usecols=(1,2,10,18))
three=pd.read_excel("company.xls","12 出库表",
                  skiprows=3,skipfooter=13,usecols=(1,2,6,11))

print("10 月按领用部门分类汇总统计出库总量".center(30,"="),'\n')
one.columns=['名称','规格','数量','领用部门']
print(one.groupby(['领用部门'])['数量'].sum()) #10 月按领用部门分类汇总统计出库总量
print("11 月按领用部门分类汇总统计出库总量".center(30,"="),'\n')
two.columns=['名称','规格','数量','领用部门']
print(two.groupby(['领用部门'])['数量'].sum())
# 11 月按领用部门分类汇总统计出库总量
print("12 月按领用部门分类汇总统计出库总量".center(30,"="),'\n')
three.columns=['名称','规格','数量','领用部门']
three1=three.replace(['研发','插件'],['研发部','插件部'])
print(three1. groupby(['领用部门'])['数量'].sum())
# 12 月按领用部门分类汇总统计出库总量
print("第 4 季度按领用部门分类汇总统计出库总量".center(30,"="),'\n')
zong=pd.concat([one,two,three1],ignore_index=True)
```

```
zong.columns＝['名称','规格','数量','领用部门']
print(zong.groupby(['领用部门'])['数量'].sum())
```
　＃ *第 4 季度按领用部门分类汇总统计出库总量*
```
if __name__＝＝"__main__":
```
　　main()

　　程序运行结果如下：

　　=====第 4 季度按领用部门分类汇总统计出库总量======

　　领用部门
　　不良品退回明益达　　　　　　　　-146
　　包装部　　　　　　　　　　　　97666
　　厦门信恒盛工贸有限公司　　　　　2
　　厦门美好电子有限公司　　　　　3345563
　　厦门美好电子有限公司退料　　　　-361
　　…
　　研发部　　　　　　　　　　　107724
　　Name: 数量, dtype: int64

6.3　字符串和文本数据处理

　　字符串是一个有序的字符集合,文本数据也是指字符串。在数据分析中,字符串的处理非常重要,如有时读入外部数据后,需要查找指定字符串,对某列数据进行分割,替换变成预分析的数据都离不开字符串的处理。

　　Pandas 为 Series 提供了 str 属性,通过它可以方便地对每个元素进行操作,str 属性可以将其他对象转化为字符串,可以忽略不可操作的空值。DataFrame 可以通过访问列变成 Series,从而使用 str 属性的字符串处理方法进行文本数据处理。Pandas 提供了一组字符串函数来处理文本数据,常用的字符串函数如表 6-1 所示。

表 6-1　Pandas 常用字符串函数功能描述

函数	描述
len()	计算字符串的长度
count()	返回模式中每个元素的出现总数
repeat()	重复每个元素指定的次数
find()	返回模式第一次出现的位置
swapcase()	变换字母大小写
lower()	字符串转换为小写

续表

函数	描述
upper()	字符串转换为大写
split()	指定分隔符对字符串进行分割
cat()	使用给定的分隔符连接字符串
strip()	移除字符串开头或者结尾处的空格字符
contains()	是否存在指定的字符串
replace()	使用新字符串替换字符串中的所有子字符串
isnumeric()	检查字符串中的所有字符是否为数字
islower()/isupper()	检查字符串中的所有字符是否为小写/大写

【案例 6-7】Pandas 字符串函数的使用。代码如下：

```
# encoding：utf-8
import    pandas as pd
def main()：
    data＝{' Name':pd.Series([' rose ',' tom ',' janny ',' tony ']),
            ' Country ':pd.Series([' china ',' japan ',' american ',' france ']),
            ' City ':pd.Series([' xiamen ',' beijing ',' xiamen ',' guangzhou ']),
            ' Age ':pd.Series([' 18/up ',' 20/down ',' 17/down ',' 19/up ']),
            }
    df＝pd.DataFrame(data)
    print("原始数据".center(40,'='),'\n',df)
    # 连接字符串，变换大小写
    print("将 Country 列以一串联起来，变成大写".center(40,'='),'\n',df[' Country '].str.
cat(sep='—').swapcase())
    # Name 列中是否存在 rose,存在为 True,不存在为 False
    print("Name 列中是否存在 rose".center(40,'='),'\n',df[' Name '].str.contains(' rose '))
    # 求 City 列中各字符串的长度
    print("City 列中各字符串的长度".center(40,'='),'\n',df[' City '].str.len())
    # City 列中是否出现 xiamen,出现为 0,未出现为－1
    print("City 列中是否出现 xiamen，出现为 0，未出现为－1".center(40,'='),'\n',df
[' City '].str.find(' xiamen '))
    # Age 列按/分割成两列
    print("Age 列按/分割成两列".center(40,'='),'\n',df[' Age '].str.split('/',expand＝True))
if __name__＝＝"__main__":
    main()
```

程序运行结果如下：

```
D:\anaconda\python.exe C:/Users/dell/PycharmProjects/My01/教学设计--Pandas 字符串和文本
数据处理/case.py
=================原始数据==================
     Name      Country      City        Age
0    rose      china        xiamen      18/up
1    tom       japan        beijing     20/down
2    janny     american     xiamen      17/down
3    tony      france       guangzhou   19/up
==========将 Country 列以-串联起来，变成大写==========
CHINA-JAPAN-AMERICAN-FRANCE
============Name 列中是否存在 rose============
0    True
1    False
2    False
3    False
Name: Name, dtype: bool
============City 列中各字符串的长度============
0    6
1    7
2    6
3    9
Name: City, dtype: int64
======City 列中是否出现 xiamen，出现为 0，未出现为-1======
0     0
1    -1
2     0
3    -1
Name: City, dtype: int64
=============Age 列按/分割成两列==============
      0    1
0    18   up
1    20   down
2    17   down
3    19   up
Process finished with exit code 0
```

【**案例 6-8**】有一个文件 mydata.xls（图 6-2），需要将表格中性别一列的"male"改为"女"，
"female"改为"男"，然后输入一个字符，查找姓名中包含此字符的行和此字符出现的次数。

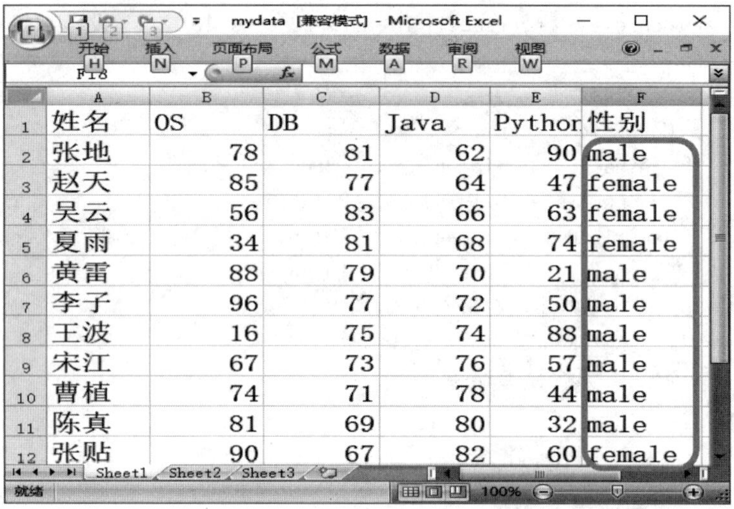

	A	B	C	D	E	F
1	姓名	OS	DB	Java	Pythor	性别
2	张地	78	81	62	90	male
3	赵天	85	77	64	47	female
4	吴云	56	83	66	63	female
5	夏雨	34	81	68	74	female
6	黄雷	88	79	70	21	male
7	李子	96	77	72	50	male
8	王波	16	75	74	88	male
9	宋江	67	73	76	57	male
10	曹植	74	71	78	44	male
11	陈真	81	69	80	32	male
12	张贴	90	67	82	60	female

图 6-2 mydata.xls 文件数据

代码如下：

```
#encoding:utf-8
import pandas as pd
def main():
    df=pd.read_excel('mydata.xls','Sheet1')
    #方法一:使用 replace 函数
    df.replace({'female':'男','male':'女'},inplace=True) #原地替换
    print(df)
    '''方法二:使用 map()方法
    df1=df[:]
    df1['性别']=df1['性别'].map(lambda x:'男' if x=='female' else '女')
    print(df1)'''
    while True:
        get_name=str(input("\n 输入您想查找的字符,输入 break 退出:"))
        if get_name=="break":
            print("已退出")
            break
        print_name=df["姓名"].str.contains(get_name)
        number=print_name[print_name==1].index
        print(df.loc[number],"\n","\n","名字里含有{}的共{}处".format(get_name,len
        (number)))
if __name__=="__main__":
        main()
```

程序运行结果如下：

D:\anaconda\python.exe C:/Users/dell/PycharmProjects/My01/教学设计--Pandas 字符串和文本
数据处理/case0.py

	姓名	OS	DB	Java	Python	性别
0	张地	78	81	62	90	女
1	赵天	85	77	64	47	男
2	吴云	56	83	66	63	男
3	夏雨	34	81	68	74	男
4	黄雷	88	79	70	21	女
5	李子	96	77	72	50	女
6	王波	16	75	74	88	女
7	宋江	67	73	76	57	女
8	曹植	74	71	78	44	女
9	陈真	81	69	80	32	女
10	张贴	90	67	82	60	男

输入您想查找的字符,输入 break 退出：张

	姓名	OS	DB	Java	Python	性别
0	张地	78	81	62	90	女
10	张贴	90	67	82	60	男

名字里含有张的共 2 处

输入您想查找的字符,输入 break 退出：

【案例 6-9】有一乱序的文本文件 text.txt（图 6-3），任意输入一个关键字，找出该关键字
出现的位置，用红色字体标出，并统计出现的次数。

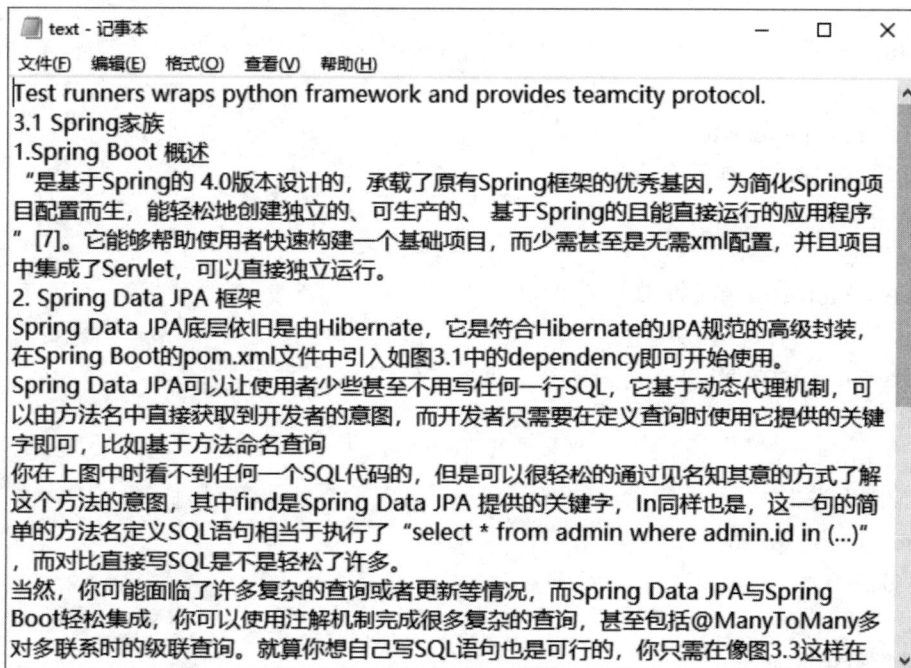

图 6-3　text.txt 文件数据

代码如下：

```
#encoding：utf-8
def get_data(str)：  #读取文件
    with open('text.txt','r+') as f：
    data=f.readlines()
    find_key(str,data)    #在 data 数据中查找关键字 str
def find_key(str,data)：  #在 data 数据中查找关键字 str
    str_ls=[] #存放关键字在每行的位置/下标
    count=0 #存放关键字出现的次数
    for i in range(len(data))：#行数
        if str in data[i]：
            site=find_location(str_ls,str,data[i],i)#查找第 i 行出现关键字的所有位置存入 str_ls
            data[i]=data[i].replace(str,'\033[31m%s\033[0m'%str) #修改颜色、标红
            count+=1
        print(data[i])
    prt_location(site)#输出关键字位置信息
    print("文中共出现%s 次这个关键字" % count)
def find_location(str_ls,str,line,i)：  #定位坐标,找出关键字在该行的所有下标
    site=[index for index,x in enumerate(line) if x.find(str) !=-1]
    #找出关键字在该行的所有下标
    str_ls.append((i+1,site))    #将查找到的位置/下标加到对应行列表中
    return str_ls
def prt_location(ls)：  #输出坐标
    site_ls=[]
    for i in range(len(ls)-1)：
        site='第%s 行第%s 个'%(ls[i][0],ls[i][1])
        site_ls.append(site)
    print("您要找的关键字在文中%s"%site_ls)
def main()：
    while True：
        str=input('请输入查询的关键字:')
        get_data(str)
        str=input('查询完毕,是否继续查询？（Y/N):')
        if str=='N'：
            break；
    print('退出查询')
if __name__=='__main__'：
    main()
```

程序运行结果如下：

```
Run:    case0 ×     case1 ×                                                    ✿ —
        D:\anaconda\python.exe C:/Users/dell/PycharmProjects/My01/教学设计—Pandas字符串和文本数据处理/case1.py
        请输入查询的关键字：图
        Test runners wraps python framework and provides teamcity protocol.

        3.1 Spring家族

        1.Spring Boot 概述

        "是基于Spring的 4.0版本设计的，承载了原有Spring框架的优秀基因，为简化Spring项目配置而生，能轻松地创建独立的、可生产的、基

        2. Spring Data JPA 框架

        Spring Data JPA底层依旧是由Hibernate，它是符合Hibernate的JPA规范的高级封装，在Spring Boot的pom.xml文件中引入如图3.1中的depe

        Spring Data JPA可以让使用者少些甚至不用写任何一行SQL，它基于动态代理机制，可以由方法名中直接获取到开发者的意图，而开发者只

        你在上图中时看不到任何一个SQL代码的，但是可以很轻松的通过见名知其意的方式了解这个方法的意图，其中find是Spring Data JPA 提供

        当然，你可能面临了许多复杂的查询或者更新等情况，而Spring Data JPA与Spring Boot轻松集成，你可以使用注解机制完成很多复杂的查

        而且，Spring Data JPA 提供的接口中已经为你准备好了许多基础的方法了，比如findAll().save()···等待，调用即可使用，大大的提高了
```

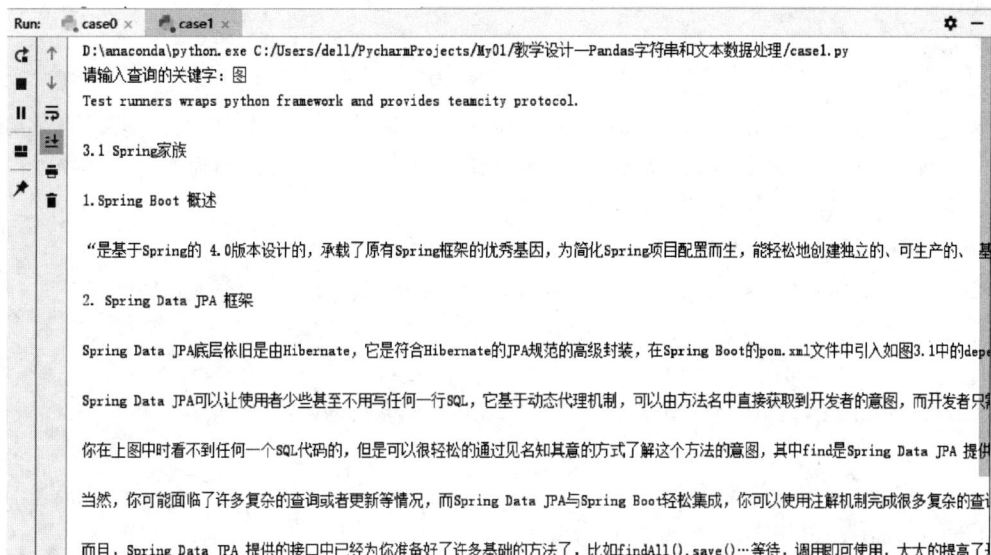

【**案例 6-10**】有一个数据文件 Xiamen_2018.csv，数据如图 6-4 所示，现将数据处理成如图 6-5 所示格式。

```
日期,天气状况,气温,风力风向,PM2.5,质量等级
2018年1月1日,晴/晴,19℃/11℃,东北风3～4级/无持续风向<3级,48,良
2018年1月1日,晴/晴,19℃/11℃,东北风3～4级/无持续风向<3级,32,良
2018年1月2日,多云/晴,22℃/14℃,东北风3～4级/无持续风向<3级,23,良
2018年1月3日,多云/多云,24℃/16℃,东北风3～4级/无持续风向<3级,25,优
2018年1月4日,阴/阴,20℃/15℃,无持续风向<3级/无持续风向<3级,41,良
2018年1月5日,小雨/小雨,18℃/12℃,东北风3～4级/东北风3～4级,10,优
2018年1月6日,小雨/中雨,14℃/12℃,东北风3～4级/无持续风向<3级,11,优
2018年1月7日,中雨/中雨,17℃/13℃,无持续风向<3级/无持续风向<3级,16,优
2018年1月8日,大雨/中雨,18℃/9℃,无持续风向<3级/无持续风向<3级,18,优
2018年1月9日,小雨/小雨,12℃/9℃,东北风3～4级/东北风3～4级,21,优
2018年1月10日,晴/晴,15℃/7℃,无持续风向<3级/无持续风向<3级,20,优
```

图 6-4　Xiamen_2018.csv 文件数据格式

	日期	PM2.5	质量等级	当日最高温度	当日最低温度	日间天气	夜间天气	风向风速
0	2018年1月1日	48.0	良	19	11	晴	晴	东北风3～4级
1	2018年1月1日	32.0	良	19	11	晴	晴	东北风3～4级
2	2018年1月2日	23.0	良	22	14	多云	晴	东北风3～4级
3	2018年1月3日	25.0	优	24	16	多云	多云	东北风3～4级
4	2018年1月4日	41.0	良	20	15	阴	阴	无持续风向<3级
5	2018年1月5日	10.0	优	18	12	小雨	小雨	东北风3～4级
6	2018年1月6日	11.0	优	14	12	小雨	中雨	东北风3～4级
7	2018年1月7日	16.0	优	17	13	中雨	中雨	无持续风向<3级
8	2018年1月8日	18.0	优	18	9	大雨	中雨	无持续风向<3级
9	2018年1月9日	21.0	优	12	9	小雨	小雨	东北风3～4级
10	2018年1月10日	20.0	优	15	7	晴	晴	无持续风向<3级
11	2018年1月11日	24.0	优	14	7	晴	晴	东北风3～4级
12	2018年1月12日	21.0	优	13	5	晴	晴	东北风4～5级
13	2018年1月13日	19.0	优	14	6	晴	多云	东北风4～5级
14	2018年1月14日	33.0	良	17	10	晴	多云	无持续风向<3级

图 6-5　数据处理后的格式

代码如下：

```python
# encoding：utf-8
import pandas as pd
pd.set_option("display.unicode.ambiguous_as_wide",True)   #输出列表标签与列对齐
pd.set_option("display.unicode.east_asian_width",True)    #输出列表标签与列对齐
pd.set_option("display.width",None) #输出不省略
def Data_split(df,columns,H_name,L_name):
    temp=df[columns].str.split("/",expand=True)   # 按字符/分割列
    df[H_name]=temp[0]# 分割后独立成列
    df[L_name]=temp[1]
    df.drop(columns,axis=1,inplace=True)    # 删除原列数据
    return df
def Data_cleaning(filer):#数据清洗
    df=pd.read_csv(filer) #读取 csv 文件
    df.fillna(method="pad",inplace=True) #按前一项填充 NaN
    df=Data_split(df,"气温","当日最高温度","当日最低温度")
    #分割气温列为当日最高温度列和当日最低温度列
    df=Data_split(df,"天气状况","日间天气","夜间天气")
    #分割天气状况列为日间天气列和夜间天气列
    df=Data_split(df,"风力风向","风向风速","风向")
    #分割风力风向列为风向风速列和风向列
    df.drop("风向",axis=1,inplace=True)#删除风向列
    def sub(number):#转换数据类型,温度数据必须为整型,即删掉℃
        count=""
        for i in number：
            if i=="℃":
                break
            count+=i
        return int(count)
    df["当日最高温度"]=df["当日最高温度"].map(sub)
    df["当日最低温度"]=df["当日最低温度"].map(sub)
    return df

def main():
    df=Data_cleaning("Xiamen_2018.csv")   # 清理数据
    print(df)
if __name__=="__main__":
    main()
```

程序运行结果如下：

```
D:\anaconda\python.exe C:/Users/dell/PycharmProjects/My01/教学设计--Pandas 字符串和文本
数据处理/case2-XiaMen.py
```

	日期	PM2.5	质量等级	当日最高温度	当日最低温度	日间天气	夜间天气	风向风速
0	2018 年 1 月 1 日	48.0	良	19	11	晴	晴	东北风 3～4 级
1	2018 年 1 月 1 口	32.0	良	19	11	晴	晴	东北风 3～4 级
2	2018 年 1 月 2 日	23.0	良	22	14	多云	晴	东北风 3～4 级
3	2018 年 1 月 3 日	25.0	优	24	16	多云	多云	东北风 3～4 级
4	2018 年 1 月 4 日	41.0	良	20	15	阴	阴	无持续风向<3 级
5	2018 年 1 月 5 口	10.0	优	18	12	小雨	小雨	东北风 3～4 级
..	...	...	...	...	...	...	...	...
364	2018 年 12 月 30 日	8.0	优	15	10	多云	小雨	东北风 5-6 级
365	2018 年 12 月 31 日	8.0	优	16	12	阴	阴	东北风 4-5 级

```
[366 rows x 8 columns]
Process finished with exit code 0
```

6.4　数据排序与分组

数据排序与分组是数据分析中的重要功能之一,在数据分析过程中很多数据往往需要排序与分组,然后通过相关计算得到想要的结果。

6.4.1　Pandas 数据排序和排名

Pandas 可对数据进行排序,也可进行排名,排序使用 sort_index 方法和 sort_values 方法,排名使用 rank 方法。

1. 排序

不管是 Series 还是 DataFrame,都有两种排序方法:按索引进行排序 sort_index() 和按值进行排序 sort_values(),在这两种排序方法中都可通过参数 ascending 设定是升序还是降序,ascending＝True 时为升序,ascending＝False 时为降序。Series 对值进行排序的时候,无论是升序还是降序,缺失值(NaN)都会排在最后面。而 DataFrame 对值进行排序的时候,必须使用参数 by 指定某一行(列)或者某几行(列),如果不使用 by 参数进行指定,系统会提示 TypeError:sort_values() missing 1 required positional argument:' by '错误。使用 by 参数进行某几行(列)排序时,以列表中的第一个为准。在指定行值进行排序的时候,必须设置 axis＝1,不然系统会报错,因为系统默认指定的是列索引,找不到这个索引所以报错,axis＝1 的意思是指定行索引。

【案例 6-11】有一个数据文件 python0. xlsx(图 6-6),根据平时成绩的 40％＋期末成绩的 60％算出总评成绩,再对总评成绩按降序排序,总评成绩相同时按期末成绩的升序排序。代码如下:

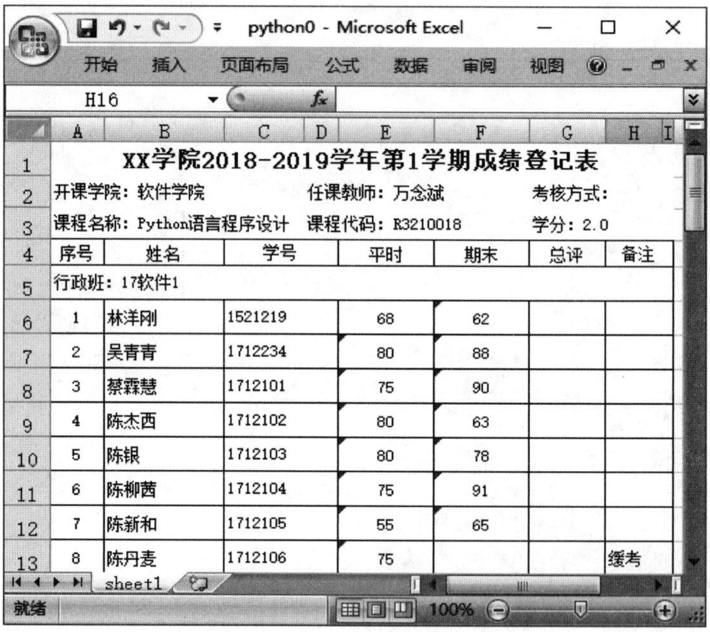

python0 - Microsoft Excel

	A	B	C	D	E	F	G	H
1	XX学院2018-2019学年第1学期成绩登记表							
2	开课学院：软件学院				任课教师：万念斌		考核方式：	
3	课程名称：Python语言程序设计				课程代码：R3210018		学分：2.0	
4	序号	姓名	学号		平时	期末	总评	备注
5	行政班：17软件1							
6	1	林洋刚	1521219		68	62		
7	2	吴青青	1712234		80	88		
8	3	蔡霖慧	1712101		75	90		
9	4	陈杰西	1712102		80	63		
10	5	陈银	1712103		80	78		
11	6	陈柳茜	1712104		75	91		
12	7	陈新和	1712105		55	65		
13	8	陈丹麦	1712106		75			缓考

图 6-6　python0. xlsx 文件数据

```
#encoding:utf-8
import pandas as pd
def main():
    pd.set_option("display.unicode.ambiguous_as_wide",True)    # 输出列表标签与列对齐
    pd.set_option("display.unicode.east_asian_width",True)    # 输出列表标签与列对齐
    pd.set_option("display.width",None)    # 输出不省略
    table0=pd.read_excel("python0. xlsx",
                         "sheet1",skiprows=5,
                         usecols=(1,2,4,5),
                         skipfooter=12)
    table=table0. fillna(0) #缺失值处理,将 NaN 改为 0
    table.columns=['姓名','学号','平时','期末']
    #将一个自定义函数应用于 Series 结构中的每个元素
    table['总评']=table['平时'].map(lambda x:x*0. 4)+table['期末'].map(lambda x:x*0. 6)
    #先按总评排降序,后按期末排升序,原地替换
    table.sort_values(by=['总评','期末'],axis=0,ascending=[False,True],inplace=True)
    print(table)
if __name__=="__main__":
    main()
```

程序运行结果为：

D:\anaconda\python.exe C:/Users/dell/PycharmProjects/My01/编写教材案例源代码/6Pandas 数据处理/AL6-11pandas 数据排序.py

	姓名	学号	平时	期末	总评
12	冯毅	1712112	80	95.0	89.0
29	欧杨峰	1712129	80	92.0	87.2
25	林涛生	1712125	80	91.0	86.6
0	吴青青	1712234	80	88.0	84.8
31	王志玫	1712131	80	88.0	84.8
...					
27	刘仕图	1712127	65	56.0	59.6
6	陈丹麦	1712106	75	0.0	30.0

Process finished with exit code 0

2. 排名

排名和排序有点类似,排名会有一个排名值(从 1 开始,一直到数组中有效数据的数量),它与 numpy.argsort 的间接排序索引差不多,只不过它可以根据某种规则破坏平级关系。Series 和 DataFrame 的排名使用 rank() 函数,该函数中的 method 参数可设为{' first ',' min ',' max ',' average '}值。method=' first '时表示按值在原始数据中的出现顺序分配排名;method=' min '表示使用整个分组的最小排名;method=' max '表示使用整个分组的最大排名;method=' average '表示使用平均排名,也是默认的排名方式。ascending 参数设置降序还是升序排序。

【案例 6-12】使用案例 6-11 数据文件 python0. xlsx 的数据,按总评成绩进行排名并输出。代码如下:

```
# encoding：utf-8
import pandas as pd
def main()：
    pd.set_option("display.unicode.ambiguous_as_wide",True) # 输出列表标签与列对齐
    pd.set_option("display.unicode.east_asian_width",True)   # 输出列表标签与列对齐
    pd.set_option("display.width",None)    # 输出不省略
    table0=pd.read_excel("python0. xlsx",
                        "sheet1",skiprows=5,
                        usecols=(1,2,4,5),
                        skipfooter=12)
    table=table0. fillna(0) #缺失值处理,将 NaN 改为 0
    table.columns=['姓名','学号','平时','期末']
    #将一个自定义函数应用于 Series 结构中的每个元素
    table['总评']=table['平时'].map(lambda x：x * 0.4)+table['期末'].map(lambda   x：x * 0.6)
    #按总评成绩求出排名列
    table['排名']=table['总评'].rank(ascending=False,method=' first ')
    print(table)
```

```
if __name__=="__main__":
    main()
```

程序运行结果为：

D:\anaconda\python.exe C:/Users/dell/PycharmProjects/My01/编写教材案例源代码/6Pandas 数据处理/AL6-12pandas 数据排名.py

	姓名	学号	平时	期末	总评	排名
0	吴青青	1712234	80	88.0	84.8	4.0
1	蔡霖慧	1712101	75	90.0	84.0	7.0
2	陈杰西	1712102	80	63.0	69.8	37.0
3	陈银	1712103	80	78.0	78.8	19.0
4	陈柳茜	1712104	75	91.0	84.6	6.0
5	陈新和	1712105	55	65.0	61.0	44.0
6	陈丹麦	1712106	75	0.0	30.0	47.0
7	陈文化	1712107	70	71.0	70.6	36.0
8	陈希王	1712108	75	61.0	66.6	40.0
9	陈火山	1712109	75	68.0	70.8	34.0
10	陈砂锅	1712110	78	72.0	74.4	27.0
11	范通州	1712111	80	66.0	71.6	31.0
12	冯毅	1712112	80	95.0	89.0	1.0

... ...

Process finished with exit code 0

6.4.2　分组

对数据进行分组并对每个分组进行运算是数据分析中很重要的内容。Pandas 能利用groupby()函数进行更加复杂的分组运算，分组运算的过程分三阶段：拆分、应用、合并。拆分是将数据集分成多个组，应用是使用函数处理每个组，合并是把每个组计算得到的结果合并。如图 6-7 所示。

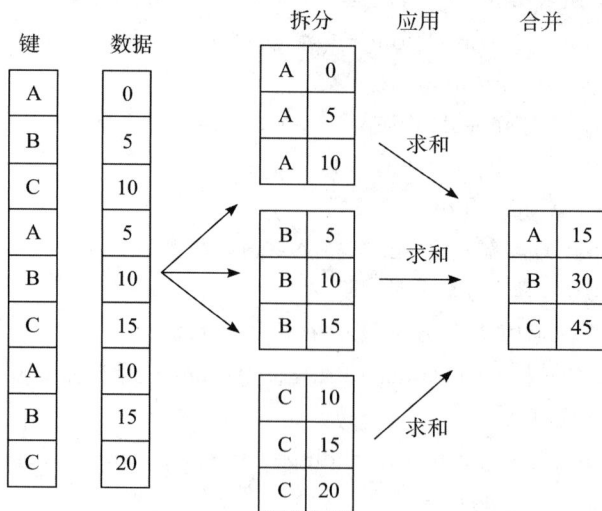

图 6-7　Pandas 分组运算过程图

groupby( )函数原型为：

DataFrame.groupby(self, by＝None, axis＝0, level＝None, as_index＝True, sort＝True, group_keys＝True, …)

常见参数的作用如下：

（1）by：用于确定 GroupBy 的组，值可以是映射、函数、标签或标签列表，如果 by 是一个函数，则对对象索引的每个值调用它。如果函数的参数是 dict 或 Series，则将使用 Series 或 dict 值来确定组。如果函数的参数是 ndarray，则按原值来确定组。标签或标签列表可以按自身的列传递给 Group。

（2）axis：分组要拆分的轴，值为{0,1}，默认值为 0，如果为 0 则按行拆分，如果为 1 则按列拆分。

（3）level：级别名称或序列，值为 int，默认值为 None，如果轴是多层索引，则按特定级别分组。

（4）as_index：作为索引的对象，布尔值，默认值为 True。对于聚合输出，返回以组标签为索引的对象，仅与 DataFrame 输入相关，as_index＝False 实际上是"SQL style"分组输出。

（5）sort：对组键排序，布尔值，默认值为 True。

（6）group_keys：组键，布尔值，默认值为 True，在分组应用时，将组键添加到索引中以标识片段。

【案例 6-13】有一组数据，需要按产地进行分组，然后计算各产地的单价平均值。代码如下：

```
# encoding：utf-8
import pandas as pd
def main():
    data={'类别':['文具','文具','文具','服装','服装','鞋袜','鞋袜'],
          '产地':['晋江','厦门','厦门','厦门','晋江','晋江','晋江'],
          '名称':['文具盒','钢笔','订书机','上衣','裤子','棉袜','丝袜'],
          '单价':[15,23,18,50,35,46,12]}
    df=pd.DataFrame(data)
    df1=df.groupby(['产地']).mean()
    print("原数据".center(30,"="),'\n',df)
    print("按产地分组统计单价的平均值".center(30,"="),'\n',df1)
if __name__=="__main__":
    main()
```

程序运行结果为：

123

```
D:\anaconda\python.exe C:/Users/dell/PycharmProjects/My01/pandas 排序与分组/pandas 数据
分组.py
============原数据============
       类别    产地    名称    单价
0      文具    晋江    文具盒    15
1      文具    厦门    钢笔      23
2      义具    厦门    订书机    18
3      服装    厦门    上衣      50
4      服装    晋江    裤子      35
5      鞋袜    晋江    棉袜      46
6      鞋袜    晋江    丝袜      12
========按产地分组统计单价的平均值========
             单价
产地
厦门     30.333333
晋江     27.000000
Process finished with exit code 0
```

6.5　Pandas 函数应用

要将自定义函数或其他库函数应用于 Pandas 对象,重要的方法有 pipe()、apply()和
applymap()。pipe()方法是表格函数应用,apply()方法是行或列函数应用,applymap()方
法是元素函数应用。

6.5.1　表格函数应用

表格函数应用是通过将函数和适当数量的参数作为管道参数来执行自定义操作,是对
整个 DataFrame 执行函数的操作。pipe()函数原型为:

DataFrame.pipe(self,func, * args, * * kwargs)

常见参数的作用如下:

(1)func:函数名,此函数会应用于整个 DataFrame。

(2)args:参数,位置参数传入到函数,可选。

(3)kwargs:映射,可选,传递到函数的关键字参数字典。

【案例 6-14】随机生成 4 行 3 列 1~10 之间的整数 DataFrame,采用 pipe()函数使
DataFrame 整个表格加 100。代码如下:

```
import pandas as pd
import numpy as np
# 自定义函数 adder
def adder(element1,element2):
```

```
        return    element1＋element2
def main()：
    #产生 4 行 3 列 1～10 之间的随机整数
    df＝pd.DataFrame(np.random.randint(1,10,size＝(4,3)),columns＝['A','B','C'])
    print("原始数据".center(40,'='),'\n',df)
    print("所有元素＋100".center(40,'='),'\n',df.pipe(adder,100))
if __name__＝＝"__main__"：
    main()
```

程序运行结果为：

```
D:\anaconda\python.exe C:/Users/dell/PycharmProjects/My01/教学设计 3--Pandas 应用函
数/case0.py
================原始数据================
     A    B    C
0    8    4    9
1    5    4    4
2    9    6    2
3    7    9    1
===============所有元素+100===============
     A    B    C
0    108  104  109
1    105  104  104
2    109  106  102
3    107  109  101
Process finished with exit code 0
```

6.5.2　行或列函数应用

行或列函数应用是通过将函数和适当数量的参数作为管道参数来执行自定义操作，是沿 DataFrame 的轴(行或列)应用函数的操作。apply()函数原型为：

DataFrame.apply(self,func,axis＝0,broadcast＝None,raw＝False,reduce＝None,result_type＝None,args＝(),＊＊kwds)

常见参数的作用如下：

(1)func：函数名，此函数会应用于 DataFrame 的每一行/列。

(2)axis：轴，值为 0 或 1，默认值为 0，axis＝0 表示应用于列，axis＝1 表示应用于行。

(3)broadcast：广播，布尔值，可选项，只与聚合函数相关。如果 broadcast＝None 或 False，则返回长度为索引长度或列数的 Series；如果 broadcast＝True，则结果将广播到帧的原始形状，原始索引和列将保留。

(4)raw：布尔值，默认值为 False。如果 raw＝False，则将每一行或每一列作为 Series 传递给函数；如果 raw＝True，则传递的函数将改为接收 ndarray 对象。

（5）reduce：布尔值或 None，默认值为 None。如果 DataFrame 为空，则 apply 将使用 reduce 来确定结果应该是 Series 还是 DataFrame。如果 reduce＝None，则通过在空 Series 上调用 func 来猜测 apply 的返回值（注意：在猜测时，func 引发的异常将被忽略）；如果 reduce＝True，则始终返回一个 Series；如果 reduce＝False，则始终返回一个 DataFrame。

（6）result_type：结果类型，值为｛' expand '，' reduce '，' broadcast '，None｝，这些值仅当 axis＝1（即列）时起作用，默认值为 None。如果 result_type＝' expand '，类似列表的结果将转换为列；如果 result_type＝' reduce '，返回一个 Series，而不是展开类似列表的结果；如果 result_type＝' broadcast '，结果将广播到 DataFrame 的原始形状，保留原始索引和列。如果 result_type＝None，取决于应用函数的返回值，类似列表的结果将作为一 Series 结果返回。但是，如果 apply 函数返回一个 Series，则这些 Series 将展开为列。

（7）args：位置参数。

（8）kwds：要作为关键字参数传递给 func 的其他关键字参数。

【案例 6-15】调用 NumPy 通用函数应用于 DataFrame 的行或列。代码如下：

```
import pandas as pd
import numpy as np
def main():
    #调用 NumPy 通用函数(如 sum、mean、sqrt)
    df=pd.DataFrame(np.random.randint(1,10,size=(4,3)),columns=['A','B','C'])
    print("原始数据".center(40,'='),'\n',df)    # "".ljust(20,'=')
    print("所有元素求平方值".center(40,'='),'\n',df.pipe(np.square))
    #相当于 np.square(df)
    print("对各列求和".center(40,'='),'\n',df.apply(np.sum,axis=0))
    print("对各行求平均值".center(40,'='),'\n',df.apply(np.mean,axis=1))
if __name__=="__main__":
    main()
```

程序运行结果为：

D:\anaconda\python.exe C:/Users/dell/PycharmProjects/My01/教学设计 3--Pandas 应用函数/case1.py

```
=================原始数据=================
   A   B   C
0  3   9   6
1  4   8   8
2  2   2   7
3  3   6   4
===============所有元素求平方值===============
   A   B   C
0  9   81  36
1  16  64  64
2  4   4   49
3  9   36  16
```

```
================对各列求和================
    A    12
    B    25
    C    25
dtype: int64
===============对各行求平均值===============
0    6.000000
1    6.666667
2    3.666667
3    4.333333
dtype: float64
Process finished with exit code 0
```

【案例 6-16】有一个 date.xlsx 的 Excel 文件（图 6-8），内有出发日期和到达日期两列数据，求出每行的间隔天数。

图 6-8　date.xlsx 文件数据图

代码如下：

```
import datetime
import pandas as pd
# 日期差函数
def dateInterval(date1,date2):
    d1=datetime.datetime.strptime(date1,'%Y-%m-%d')
    d2=datetime.datetime.strptime(date2,'%Y-%m-%d')
    delta=d1-d2
    return  delta.days   # 返回天数
# 获取日期间隔的天数
```

```
def getInterval(arrLike):
    SendTime=arrLike['出发日期']
    ReceiveTime=arrLike['到达日期']
    days=dateInterval(SendTime,ReceiveTime)
    return    days
def getInterval_new(arrLike,before,after):
    before=arrLike[before]
    after=arrLike[after]
    days=dateInterval(after,before)
    return days


def main():
    fileName="date.xlsx"
    df=pd.read_excel(fileName)
    df['间隔天数']=df.apply(getInterval_new,axis=1,args=('出发日期','到达日期'))
    #调用方式一
    print(df)
if __name__=="__main__":
    main()
```

程序运行结果为：

D:\anaconda\python.exe C:/Users/dell/PycharmProjects/My01/教学设计 3--Pandas 应用函数/case2.py

	出发日期	到达日期	间隔天数
0	2019-3-26	2019-3-29	3
1	2019-3-27	2019-4-1	5
2	2018-12-7	2019-2-5	60
3	2018-2-6	2019-2-6	365

Process finished with exit code 0

程序中 df['间隔天数']=df.apply(getInterval_new,axis=1,args=('出发日期','到达日期'))这行代码还可以用以下方式调用：

（1）df['间隔天数']=df.apply(getInterval,axis=1)

（2）df['间隔天数']=df.apply(getInterval_new,axis=1,**{'before':'出发日期','after':'到达日期'}）

（3）df['间隔天数']=df.apply(getInterval_new,axis=1,before='出发日期',after='到达日期')

6.5.3　元素函数应用

元素函数应用是通过将函数和适当数量的参数作为管道参数来执行自定义操作，是对

DataFrame 中的元素执行函数的操作。applymap()函数原型为：

DataFrame.applymap(self,func)

【案例 6-17】用 applymap()函数实现案例 6-14 相同功能。代码如下：

```python
import pandas as pd
import numpy as np
def main():
    #产生 4 行 3 列 1～10 之间的随机整数
    df=pd.DataFrame(np.random.randint(1,10,size=(4,3)),columns=['A','B','C'])
    print("原始数据".center(40,'='),'\n',df)
    ffc=lambda x:x+100
    print("所有元素+100".center(40,'='),'\n',df.applymap(ffc))
if __name__=="__main__":
    main()
```

程序运行结果类似案例 6-14。

6.6　数据统计与汇总

数据有计数型数据和计量型数据,像不合格产品数、废品数等属于计数型数据,通过统计与汇总得出合格率、样品方差、标准差,分析产品正态分布数据等;像长度、温度、重量、时间、化学成分等属于计量型数据,可以通过计算得出和、平均值、最大值、最小值、累积和、中位数等。Pandas 提供一些常用的数据统计汇总方法,如表 6-2 所示。

表 6-2　Pandas 常用数据统计与汇总函数功能描述

函数	描述
sum()	求和
mean()	求平均值
cumsum()	样本值的累积和
idxmax()/idxmin()	获取最大值/最小值对应的索引
unique()	返回数据里的唯一值
value_counts()	统计各值出现的频率
isin()	判断成员资格(是否在里面)
max()/min()	求最大值/最小值
argmax()/argmin()	最大值/最小值的索引位置
var()	样本值的方差
std()	样本值的标准差

续表

函数	描述
diff()	计算一阶差分
pct_change()	计算百分数变化
cummax()/cummin()	样本值的最大值/最小值

【**案例 6-18**】参照案例 6-11 的数据，求班级最高分、最低分、平均分并统计 0～59 分人数、60～69 分人数、70～79 分人数、80～89 分人数、90～99 分人数。代码如下：

```
import pandas as pd
import numpy as np
def main():
    table0=pd.read_excel("python0. xlsx",
                          "sheet1",skiprows=5,
                          usecols=(1,2,4,5),
                          skipfooter=12)
    table=table0. fillna(0) #缺失值处理，将 NaN 改为 0
    table.columns=['姓名','学号','平时','期末']
    #将一个自定义函数应用于 Series 结构中的每个元素
    table['总评']=table['平时'].map(lambda x:x*0.4)+table['期末'].map(lambda x:x*0.6)
    zp_max=table.apply(np.max,axis=0)[4]
    zp_min=table.apply(np.min,axis=0)[4]
    aver=table['总评'].mean(0)
    c59=len(table[table['总评']<60]) #0～59 分人数
    c60=len(table[(table['总评']>=60)&(table['总评']<70)])
    c70=len(table[(table['总评'] >=70) & (table['总评'] < 80)])
    c80=len(table[(table['总评'] >=80) & (table['总评'] < 90)])
    c90=len(table[(table['总评'] >=90) & (table['总评'] <=100)])
    table['排名']=(table['总评'].rank(ascending=False,method='first'))
    print(table)
    print('统计结果如下'.center(40,'—'),'\n')
    print("最高分:%.2f"%zp_max,"  最低分:%.2f"%zp_min," 平均分:%.2f"%aver)
    print("0～59 分人数:{}人\n60～69 分人数:{}人\n70～79 分人数:{}人\n80～89 分人
数:{}人\n90～100 分人数:{}人".format(c59,c60,c70,c80,c90))
if __name__=="__main__":
    main()
```

程序运行结果如下：

```
D:\anaconda\python.exe C:/Users/dell/PycharmProjects/My01/教学设计 3--Pandas 应用函数
/case4.py
        姓名      学号          平时      期末      总评      排名
0       吴青青    1712120234    80      88.0    84.8    4.0
...     ...
46      庄大地    1712123150    70      91.0    82.6    11.0
-----------------统计结果如下-----------------
最高分:89.00    最低分：30.00   平均分：74.84
0-59 分人数：2 人
60-69 分人数：9 人
70-79 分人数：19 人
80-89 分人数：17 人
90-100 分人数：0 人
Process finished with exit code 0
```

6.7　Pandas 数据分析案例

在第三章中,我们用 NumPy 对股票数据进行数据分析,现在,我们使用 Pandas 对股票数据进行数据分析。首先,我们从互联网爬取 2014 年到 2018 年的股票数据存入"股票数据分析.csv"文件中(图 3-2 所示);然后经过数据清洗和数据转换得到我们想要的数据,使用 Pandas 的若干数据分析函数来编程实现,得到数据分析结果。程序代码如下:

```
# encoding：utf-8
import pandas as pd
import numpy as np
def main()：
def insect()：    # 爬虫函数
    for j in range(2014,2019)：   # 近五年的数据
        for i in range(1,5)：   # 按照季度
            data = pd.read_html(
                'http://quotes.money.163.com/trade/'
                'lsjysj_zhishu_000001.html? year='
                +str(j)+' &season='+str(i))   # j 是年份,i 是季度
            data1 = pd.DataFrame(data[3])
            data1.to_csv('股票数据分析.csv',mode='a',
                        encoding=' UTF-8 ',header=0)
            # mode='a'表示为追加填写文件,header 设置不要原标题

st_data = pd.read_csv('股票数据分析.csv',engine=' python ',
```

```
                    encoding='UTF-8',header=0,
                    skipfooter=1240)    # 引擎设置为 Python 才能够运行


def test_float(number):    # 将字符串转成浮点数的函数
    try:
        return float(number)
    except:
        return None


def accumulatey(x):    # 对列的累计
    return x.sum()


def xmax(x):    # 求五年来各项指标最高的一天和结果
    date=[]
    various=[]
    mamx=x.apply(np.max)
    for i in range(1,len(mamx)):    # 循环算出每一最大指标的日期
        inde=mamx[i]
        # idxmax 是计算出该列最大值的索引
        day=x['日期'][x[x.columns[i]].idxmax()]
        various.append(inde)
        date.append(day)
    return various,date


def xmin(x):    # 计算出各项最小值的日期
    minx=x.apply(np.min)
    date=[]
    various=[]
    for i in range(1,len(minx)):
        inde=minx[i]
        day=x['日期'][x[x.columns[i]].idxmin()]
        date.append(day)
        various.append(inde)
    return date,various


def mean(x):    # 各项平均指标
    return print('近五年来各项平均指标\n',x.mean(),'\n'+'__' * 30)


def date(years,data):    # 输入日期查询总指标函数
```

```
try:
    return data.loc[list(data['日期']).index(years)],1


except:
    return print('输入错误,请重新输入! ')


def year(start,final,data):    # 按起始年份到终止年份
    try:
        # 计算出年份包含在日期序列中的索引
        days=data['日期'][data['日期'].str.contains(start)]
        dayf=data['日期'][data['日期'].str.contains(final)]
        for i in (days):
            # 必须将序列转换为列表才能够这么获得索引值
            print(data.loc[list(data['日期']).index(i)])
        for i in (dayf):
            print(data.loc[list(data['日期']).index(i)])
    except:
        print('输入错误,请重新输入')


def everyear(st_data,year):    # 计算 2018 年的各项指标
    dlist=[]
    # 判断年份是否包含在序列当中
    for i in (st_data['日期'][st_data['日期'].str.contains(year)]):
        # 求该年份的所对应的索引值
        inde=(list(st_data['日期']).index(i))
        dlist.append(inde)
    year2018=(st_data[dlist[0]:dlist[-1]+1])
    years2018=[dlist[0],dlist[-1]+1]
    return year2018.mean(),year2018.max(),year2018.min(),years2018


def pricekp(data,attr):    # 计算 5 年来各个指标所处范围的天数
    count2000=len(data[(data[attr] > 2000) & (data[attr] <=3000)])
    count3000=len(data[(data[attr] > 3000) & (data[attr] <=4000)])
    count4000=len(data[(data[attr] > 4000) & (data[attr] <=5000)])
    count5000=len(data[data[attr] > 5000])
    print(attr+'大于 2000 但是小于 3000 的有{}天,'
              '大于 3000 但是小于 4000 的有{}天,'
              '大于 4000 但是小于 5000 的有{}天,'
              '大于 5000 的有{}天'.format(count2000,
              count3000,count4000,count5000))
```

```python
    def zde(data):    # 计算 5 年来各个指标所处范围的天数
        print('涨跌额大于平均值 0.31 的有'
                +str(len(data[data['涨跌额'] > 0.31]))
                +'天'+'小于平均值的有'
                +str(len(data[data['涨跌额'] <=0.31]))+'天')
        print('涨跌幅大于平均值 0.02％的有'
                +str(len(data[data['涨跌幅(％)'] > 0.02]))
                +'天'+'小于平均值的有'
                +str(len(data[data['涨跌幅(％)'] <=0.02]))+'天')
        print('成交量大于平均值 152593758.63 的有'
                +str(len(data[data['成交量(股)'] > 152593758.63]))
                +'天'+'小于平均值的有'
                +str(len(data[data['成交量(股)'] <=152593758.63]))+'天')
        print('成交金额大于平均值 164761753693.57 的有'
                +str(len(data[data['成交金额(元)'] > 164761753693.57]))
                +'天'+'小于平均值的有'
                +str(len(data[data['成交金额(元)'] <=164761753693.57]))+'天')


    def Main():    # 主函数
        del st_data['0']
        st_data.index=np.arange(0,len(st_data))    # 设置行索引值
        # 设置显示为保留小数点后两位
        pd.set_option('display.float_format',lambda x:'%.2f' % x)
        for i in range(1,len(st_data.columns)):    # 将各列的值从字符串转为浮点型
            st_data[st_data.columns[i]]=st_data[st_data.columns[i]].apply(test_float)
            # 第二种方法 list(map(test_float,st_data[st_data.columns[i]]))
        for i in range(0,len(xmax(st_data)[0])):    # 计算 5 年来各项指标最大值
            print(xmax(st_data)[1][i]+'是从 2014 到 2018 来最大的'
                    +st_data.columns[i+1]+':'+str(xmax(st_data)[0][i]))
        print("——" * 30)
        for i in range(0,len(xmin(st_data)[0])):    # 计算 5 年来各项指标最小值
            print(xmin(st_data)[0][i]+'是从 2014 到 2018 来最小的'
                    +st_data.columns[i+1]+':'+str(xmin(st_data)[1][i]))
        print("——" * 30)
        for i in range(1,5):
            # 计算 5 年来各个指标所处范围的天数
            pricekp(st_data,st_data.columns[i])

        zde(st_data)    # 计算 5 年来各个指标所处范围的天数
```

```python
        print("－－" * 30)
        print('近五年来各项指标的总和\n',
              accumulatey(st_data)[1:],'\n','__' * 30)    # 调用求和函数
        xmax(st_data)    # 调用求最大值和日期函数
        mean(st_data)    # 调用求最小值和日期函数
        # 调用 2018 年各项概况的函数
        print('2018 各项指标的平均值\n',everyear(st_data,'2018')[0],
              '\n','__' * 30,'\n2018 各项指标的最大值\n',
              everyear(st_data,'2018')[1],'\n','__' * 30,
              '\n2018 各项指标的最小值\n',
              everyear(st_data,'2018')[2],'\n','__' * 30,'\n')


        # 计算 2018 年每一天与上一天的浮动值
        avar＝st_data['收盘价'][everyear(st_data,'2018')[3][0]:
                              everyear(st_data,'2018')[3][1]].pct_change().mean()
        everyd＝st_data['收盘价'][everyear(st_data,'2018')[3][0]:
                                everyear(st_data,'2018')[3][1]].pct_change()
        change＝2942 * (1 － avar)
        print('预测 2019 年的股票会在'＋str(change)＋'上下浮动')
        df＝st_data.fillna(0)
        print(st_data['收盘价'][everyear(st_data,'2018')[3][0]:
                              everyear(st_data,'2018')[3][1]].max())
        while True：
            content＝input('请输入您要查询的年月日')
            print(date(content,st_data))    # 调用求按日期查询函数
            if content in list(st_data['日期'])：
                break
            print(list(st_data['日期'])＝＝'20140212')
        years＝['2014','2015','2016','2017','2018']
        while True：
            # 调用求按年份查询函数
            start,over＝input('请输入您要查询的起始年份'),input('请输入您要查询的终止年份')
            year(start,over,st_data)
            if start in years and over in years：
                break
    Main()


if __name__＝＝'__main__'：
    main()
```

第 7 章　数据可视化

数据经过分析处理后借助图形化手段,清晰有效地以图形图像形式表示就是数据可视化。Python 提供了许多数据可视化库,如 Matplotlib、Seaborn、Pygal、Plotly、Gleam、pyecharts 等。本章以 Matplotlib 为例讲解数据可视化相关内容和案例,为了能在网页中方便地显示图表,在本章的最后面也介绍 pyccharts。

7.1　认识 Matplotlib

Matplotlib 是一个 Python 2D 绘图库,它提供一套表示和操作图形对象及内部对象的函数和工具。它不仅可以处理图形,还提供事件处理工具,具有为图形添加动画效果的能力。

Matplotlib 的架构由 Scripting(脚本)层、Artist(表现)层和 Backend(后端)层组成,如图 7-1 所示。各层之间单向通信,即每一层只能与它的下一层通信,而下层无法与上层通信。Matplotlib 架构的最低层是 Backend 层,Matplotlib API 是用来在该层实现图形元素的类。它具体实现了下面的抽象接口类:

(1)FigureCanvas:对绘图区域(如“画布”)的概念进行封装。

(2)Renderer:执行绘图动作,即在 FigureCanvas 上绘图。

(3)Event:处理键盘与鼠标事件这样的用户输入。

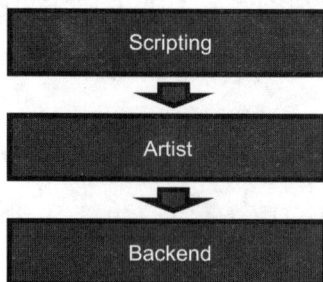

图 7-1　Matplotlib 的架构

Matplotlib 架构的中间层是 Artist(表现)层,图形中所有能看到的元素都属于 Artist 对象,如标题 title、轴标签 axes、刻度 ticks、图形 Figure 等,这些元素都是 Artist 对象的实例。Figure 图形对象对应整个图形,包含 Axes 多条轴。Axes 轴对象表示图形或图表对哪些内容作图,2D 图形的 Axes 对象包含 Text 文本、X-axis、Y-axis、Line2D。Axis 单条轴包含刻度 Ticks 和标签 Label,x 轴上包含 x-ticks 和 x-label,y 轴上包含 y-ticks 和 y-label。如图 7-2 所示。

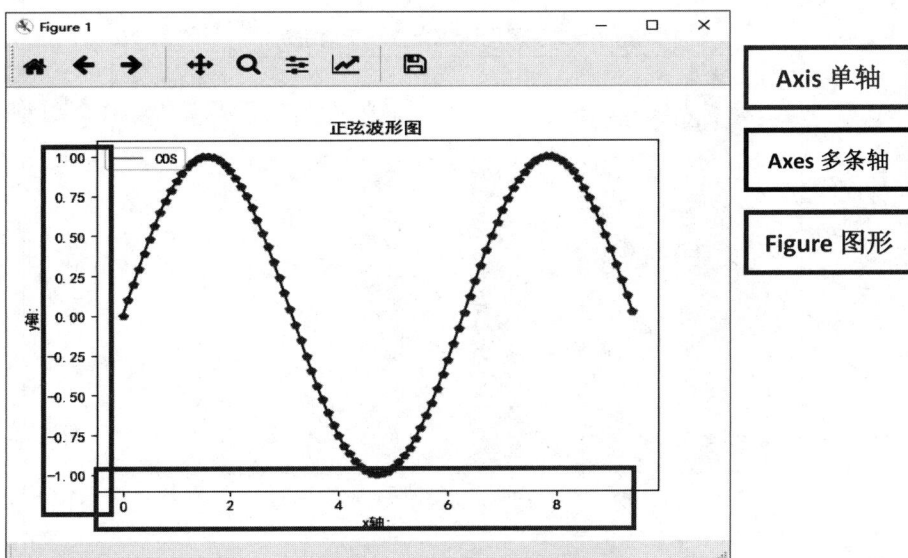

图 7-2　Artist 层的三个主要对象

Matplotlib 架构的最上层是 Scripting(脚本)层,系统提供了相关 Matplotlib API 函数供开发者使用,比较适合数据分析和可视化。Python 扩展库 Matplotlib 包括 pylab、pyplot 等绘图模块以及大量用于字体、颜色、图例等图形元素管理与控制的模块。其中 pylab 和 pyplot 模块提供了类似于 MATLAB 的绘图接口,支持线条样式、字体属性、轴属性以及其他属性的管理和控制,可以使用非常简洁的代码绘制出各种优美的图案。pyplot 是 Matplotlib 的内部模块,使用命令 import matplotlib.pyplot as plt 导入。pyplot 由一组命令式函数组成,通过这些函数操作来改动 Figure 对象。

7.2　图形的属性

Matplotlib 图形需要制定样式就必须设置图形的属性,如轴的样式和数据的范围、标题样式、图例样式、线条样式、数据和数据点样式、文本样式、图形样式等,如图 7-3 所示。
Matplotlib 图形的属性有:
(1)num:图像的数量。
(2)figsize:图像的长和宽。
(3)dpi:分辨率。
(4)facecolor:绘图区域的背景颜色,其值参考表 7-1。
(5)edgecolor:绘图区域边沿的颜色,其值参考表 7-1。

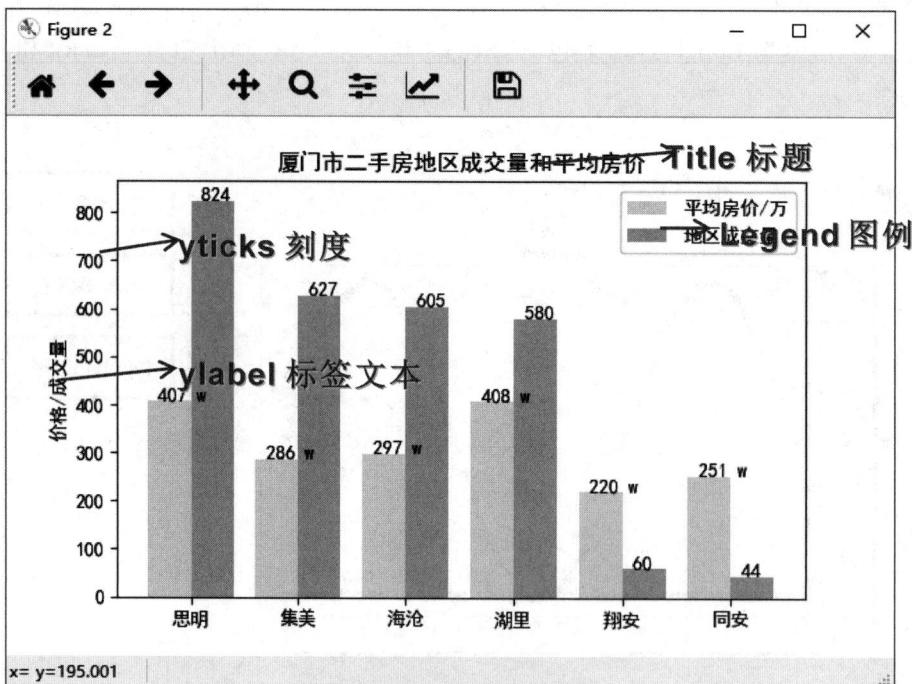

图 7-3　图形属性

表 7-1　常用的颜色值

值	说明
'r'	红色(red)
'g'	绿色(green)
'b'	蓝色(blue)
'm'	洋红色(magenta)
'c'	青绿色(cyan)
'y'	黄色(yellow)
'w'	白色(white)
'k'	黑色(black)
'#008000'	RGB 某颜色

(6)frameon：是否绘制图像边沿。

(7)axex：设置坐标轴边界和表面的颜色、坐标刻度值大小和网格的显示。

(8)figure：控制 dpi、边界颜色、图形大小以及子区(subplot)的设置。

(9)font：字体集(font family)、字体大小和样式设置。一般字体统一用一个字典控制，如 font＝{' family ':' serif ',' style ':' italic ',' weight ':' normal ',' color ':' red ',' size ':16}。

(10)grid：设置网格颜色和线性。

(11)legend：设置图例和其中文本的显示。

(12)line:设置线条(颜色、线型、宽度等)和标记。

(13)patch:是填充 2D 空间的图形对象,如多边形和圆。控制线宽、颜色和抗锯齿设置等。

(14)savefig:可以对保存的图形进行单独设置。例如,设置渲染文件的背景为白色。

(15)verbose:设置 Matplotlib 在执行期间信息输出,如 silent、helpful、debug 和 debug-annoying。

(16)xticks 和 yticks:为 x、y 轴的主刻度和次刻度设置颜色、大小、方向,以及标签大小。

(17)title:图像的标题。

(18)颜色样式:常用值如表 7-1 所示。

(19)点的样式:常用值如表 7-2 所示。

表 7-2   常用的点样式值

值	说明
'o'	圆圈
'+'	加号
'*'	星号
'.'	点
'x'	叉号
'^'	上三角
'v'	下三角
'>'	右三角
'<'	左三角
'square' 或 's'	方形
'diamond' 或 'd'	菱形
'pentagram' 或 'p'	五角星(五角形)
'hexagram' 或 'h'	六角星(六角形)
'1'	下花三角
'2'	上花三角
'3'	左花三角
'4'	右花三角
'none'	无标记

(20)线型样式:常用值如表 7-3 所示。

表 7-3　常用线型样式值表

值	说明
'—'	实线
'- '	破折线
'—.'	点划线
':'	虚线
'' 或 'None'	无线条

7.3　Matplotlib 绘图步骤

使用 pylab 或 pyplot 绘图时先需要导入所用到的库包,如:

import matplotlib as mpl

import matplotlib.pylab as plt

然后开始绘图,一般要经过以下步骤,第一步是获取数据,即得到需要绘制图像的 x、y 轴数据,如:

x＝np.linspace(－1,1,50)

y＝－x ＊＊2＋1

第二步是创建画图对象 figure,如:

t＝plt.figure(num＝1,figsize＝(8,5))

num 表示的是编号,figsize 表示的是图表的长宽

如果需要创建子图,可用 add_subplot()或 plt.subplot()方法创建,如:

sub_t1＝t.add_subplot(1,2,1)

sub_t2＝plt.subplot(1,2,2)

第三步是绘制图形,可以绘制直线图、曲线图、散点图、柱形图、饼图、折线图等,如:

plt.plot(x,y,label="曲线",color=' red',linewidth＝1.0,linestyle='－一')

第四步是设置图形的属性,可以设置标题、图例、文本、坐标轴、网格等,如:

plt.title('绘制直线和曲线') # 设置标题

plt.legend() # 设置图例

第五步是加载鼠标、键盘等事件使图形实现交互功能,如:

def on_key_press(event):

    xdata＝str(round(event.xdata,3))

    ydata＝str(round(event.ydata,3))

    plt.title("x:{} ; y:{}".format(xdata,ydata))

    t.canvas.draw_idle()

t.canvas.mpl_connect('button_press_event',on_key_press)

第六步是输出图形(显示图形或保存图形),如：

plt.show()

【案例 7-1】根据函数 $y_1=2x+1$，$y_2=-x^2+1$，绘制如图 7-4 所示图形。程序代码如下：

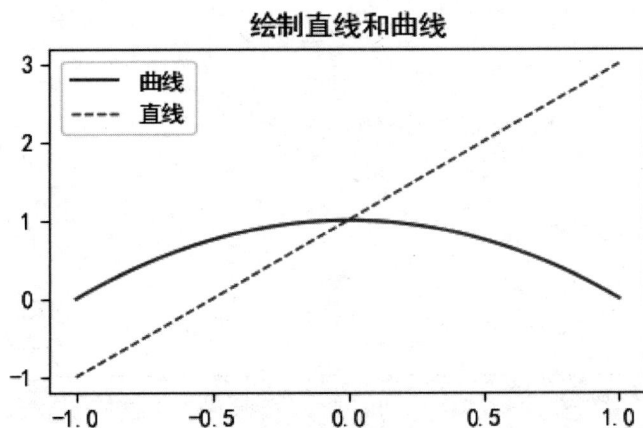

图 7-4　直线和曲线

```
# coding: utf-8
import numpy as np
import matplotlib as mpl
import matplotlib.pylab as plt
def main():
    # 解决中文乱码问题
    mpl.rcParams['font.sans-serif']=['SimHei']
    mpl.rcParams['axes.unicode_minus']=False
    x=np.linspace(-1,1,50) # 生成 50 个[-1,1]之间的等差数列
    y1=2*x+1
    y2=-x**2+1
    plt.figure(num=1,figsize=(8,5)) # num 表示的是编号,figsize 表示的是图表的长宽
    plt.plot(x,y2,label="曲线") # label 图例标签
    plt.plot(x,y1,label="直线",color='red',linewidth=1.0,linestyle='--')
    # 设置线条的样式
    plt.title('绘制直线和曲线') # 设置标题
    plt.legend() # 设置图例
    plt.show() # 显示绘制的图像
if __name__=="__main__":
    main()
```

【**案例 7-2**】在案例 7-1 的基础上对图形进行美化,绘制如图 7-5 所示的图形。

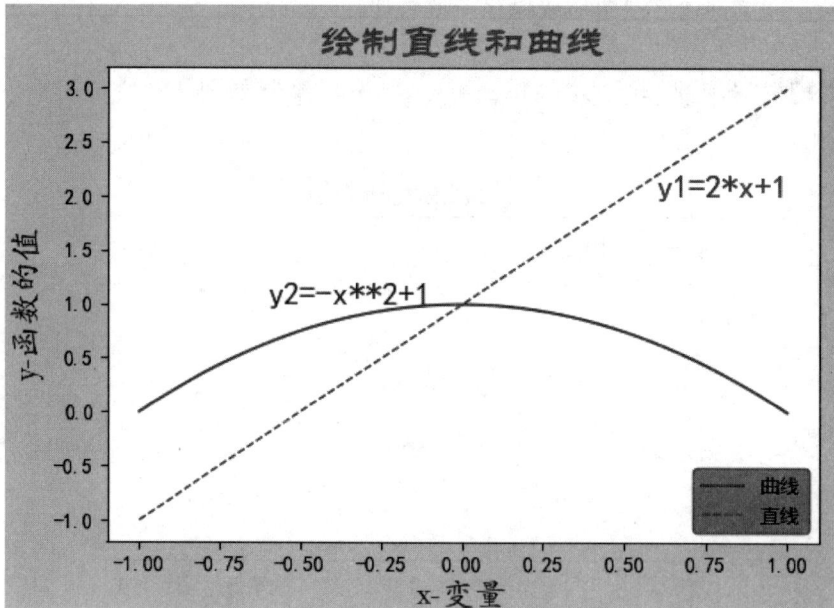

图 7-5　美化直线和曲线

代码如下:

```
# coding: utf-8
import numpy as np
import matplotlib as mpl
import matplotlib.pylab as plt
def main():
    # 解决中文乱码问题
    mpl.rcParams['font.sans-serif']=['SimHei']
    mpl.rcParams['axes.unicode_minus']=False
    x=np.linspace(-1,1,50) #生成 50 个[-1,1]之间的等差数列的数
    y1=2*x+1
    y2=-x**2+1
    plt.figure(num=1,figsize=(8,5),facecolor='pink',edgecolor='green')
    # num 表示的是编号,figsize 表示的是图表的长宽,facecolor 表示绘图区域的背景颜色,
    # edgecolor 表示绘图区域边沿的颜色
    plt.plot(x,y2,label="曲线") #label 图例标签
    plt.plot(x,y1,label="直线",color='red',linewidth=1.0,linestyle='--')
    # 设置线条的样式
    plt.title('绘制直线和曲线',fontproperties='STLITI',fontsize=20,color='red')
    # 设置标题
    plt.xlabel('x-变量',fontproperties='STKAITI',fontsize=16,color='blue')
```

plt.ylabel('y—函数的值',fontproperties='STKAITI',fontsize=16,color='blue')

plt.legend(loc='lower right',facecolor='grey',edgecolor='red')

　　# 设置图例的位置和背景颜色、边框颜色

plt.text(0.6,2,r'y1=2*x+1',fontdict={'size':16,'color':'r'})

plt.text(-0.6,1,r'y2=-x**2+1',fontdict={'size':16,'color':'#3355B9'})

plt.show() # 显示绘制的图像

if __name__=="__main__":

　　main()

【案例 7-3】继续在案例 7-2 的基础上,改变轴的取整范围、刻度,设置相交点及文本,如图 7-6 所示。代码如下:

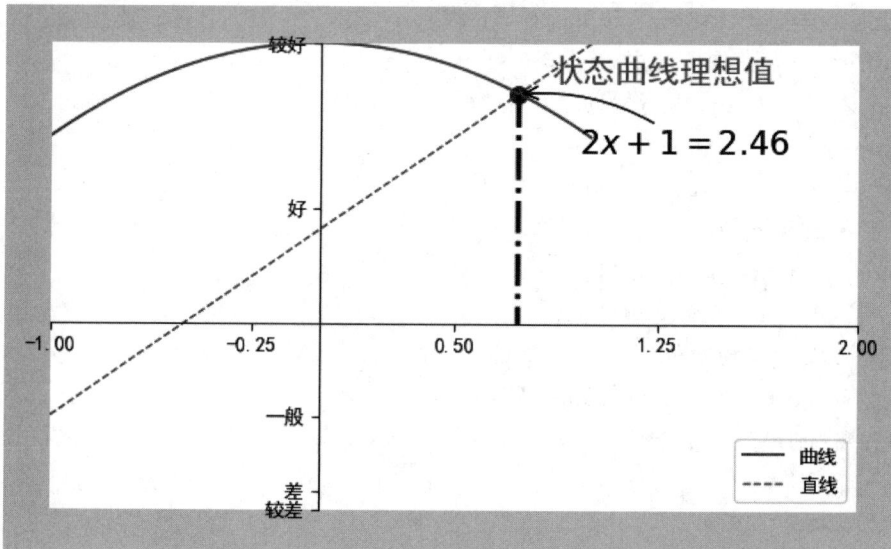

图 7-6　直线和曲线

coding: utf-8

import numpy as np

import matplotlib as mpl

import matplotlib.pylab as plt

def main():

　　# 解决中文乱码问题

　　mpl.rcParams['font.sans-serif']=['SimHei']

　　mpl.rcParams['axes.unicode_minus']=False

　　x=np.linspace(-1,1,50) # 生成 50 个[-1,1]之间的等差数列的数

　　y1=2*x+1

　　y2=- x**2+3

　　plt.figure(num=3,figsize=(8,5),facecolor='pink',edgecolor='green')

　　# num 表示的是编号,figsize 表示的是图表的长宽

　　plt.plot(x,y2,label="曲线")

```
# 设置线条的样式
plt.plot(x,y1,label="直线",color='red',linewidth=1.0,linestyle='--')
plt.xlim((-1,2))    # x参数范围,即 x 轴的取值范围
plt.ylim((1,3))       # y参数范围
# 设置点的位置
new_ticks=np.linspace(-1,2,5)
plt.xticks(new_ticks)
# 为点的位置设置对应的文字
# 第一个参数是点的位置,第二个参数是点的文字提示
plt.yticks([-2,-1.8,-1,1.22,3],[r'较差',r'差',r'一般',r'好',r'较好'])
ax=plt.gca()#获取图形的axis轴
# 将右边和上边的边框(脊)的颜色去掉
ax.spines['right'].set_color('none')
ax.spines['top'].set_color('none')
# 绑定 x 轴和 y 轴
ax.xaxis.set_ticks_position('bottom')
ax.yaxis.set_ticks_position('left')
# 定义 x 轴和 y 轴的位置
ax.spines['bottom'].set_position(('data',0))
ax.spines['left'].set_position(('data',0))


# 显示交叉点
x0=0.73
y0=2*x0+1
# s 表示点的大小
plt.scatter(x0,y0,s=66,color='b')
# 定义线的范围,x 的范围是定值,y 的范围是从 y0 到 0 的位置
# lw 的意思是 linewidth,线宽
plt.plot([x0,x0],[y0,0],'k-.',lw=2.5)
# 设置关键位置的提示信息
plt.annotate(r'$2x+1=%s$' % y0,xy=(x0,y0),
            xycoords='data',xytext=(+30,-30),
            textcoords='offset points',fontsize=16,
            arrowprops=dict(arrowstyle='->',
                           connectionstyle='arc3,rad=.2'))
# arrowprops=dict(arrowstyle='->',箭头类型
# connectionstyle='arc3,rad=.2')箭头和箭头的弧度
# 在 figure 中显示文字信息
```

```
# 可以使用\来输出特殊的字符\mu\\sigma\\alpha
plt.text(0.85,2.6,r'状态曲线理想值',fontdict={'size':16,'color':'g'})
plt.legend(loc='lower right')
plt.show()
if __name__=="__main__":
    main()
```

【案例 7-4】继续在案例 7-3 的基础上，函数改为 $y_1=2x+1$，$y_2=-x^2+3$，绘制如图 7-7 所示图形，当鼠标移动时状态点（即红点）部分会沿着曲线移动。代码如下：

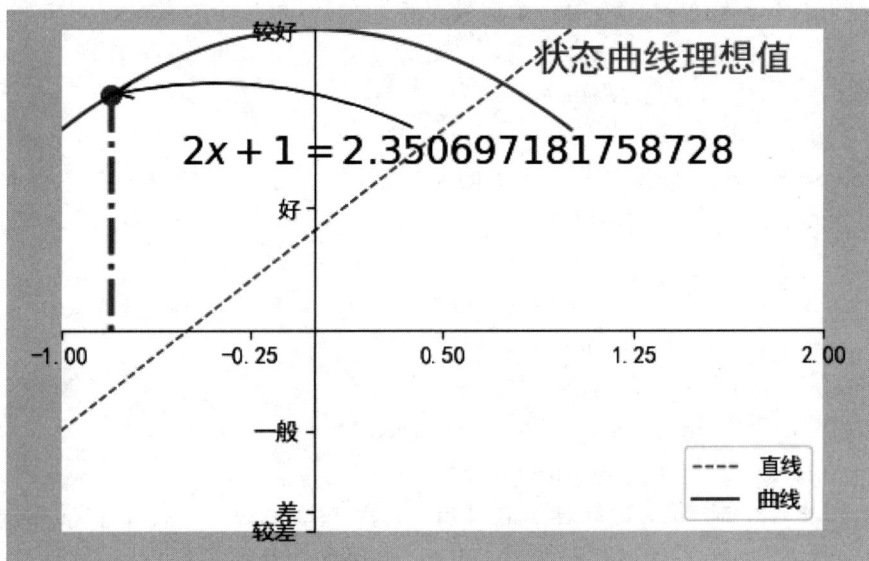

图 7-7　具有交互功能的直线和曲线

```
import numpy as np
import matplotlib as mpl
import matplotlib.pylab as plt
import matplotlib.animation as animation
def main():
    #解决中文乱码问题
    mpl.rcParams['axes.unicode_minus']=False
    mpl.rcParams['font.sans-serif']=['SimHei']
    fig=plt.figure(facecolor='pink',edgecolor='green')
    ax=fig.add_subplot(1,1,1)
    draw_pic()
    dynamic_draw(fig,ax)
    plt.show()

def draw_pic():
```

```
x=np.linspace(-1,1,50)  # 从[-1,1]中等距取 50 个数作为 x 的取值
y1=2 * x+1
plt.plot(x,y1,label='直线',color='red',linewidth=1.0,linestyle='--')  # 设置线条的样式
y=-x ** 2+3
plt.plot(x,y,label='曲线')   # lable 表示图例标签
plt.xlim((-1,2))  # x 参数范围,即 x 轴的取值范围
plt.ylim((1,3))   # y 参数范围
plt.xticks(np.linspace(-1,2,5))
# 为点的位置设置对应文字,第一个参数是点的位置,第二个参数是点的文字提示
plt.yticks([-2,-1.8,-1,1.22,3],[r'较差',r'差',r'一般',r'好',r'较好'])
my_gca=plt.gca()  # 获取图形的 axis 轴
# 将右边和上边的边框颜色去掉
my_gca.spines['right'].set_color('none')
my_gca.spines['top'].set_color('none')
# 绑定 x,y 轴
my_gca.xaxis.set_ticks_position('bottom')
my_gca.yaxis.set_ticks_position('left')
# 定义 x,y 轴位置
my_gca.spines['bottom'].set_position(('data',0))
my_gca.spines['left'].set_position(('data',0))
plt.text(0.85,2.6,r'状态曲线理想值',fontdict={'size':16,'color':'g'})
plt.legend(loc='lower right')


def dynamic_draw(fig,ax):
    x=0.73
    y=2 * x+1
    global small_plot    # 声明小点为全局变量
    small_plot=ax.scatter(x,y,s=66,color='b')
    # 定义线的范围,x 的范围是定值,y 的范围是从 y 到 0 的位置,lw 是 linewidth,线宽
    line,=plt.plot([x,x],[y,0],'k-.',lw=2.5,color='red')   # 会返回两个参数,只取第一个
    # 设置关键位置的提示信息
    text=plt.annotate(r'$2x+1=%s$' % y,xy=(x,y),xycoords='data',xytext=(+30,
            -30),textcoords='offset points',fontsize=16,arrowprops=dict
            (arrowstyle='->',connectionstyle='arc3,rad=.2'))


def get_move(event):
    # 事先声明小点为全局变量,否则会被认为是局部变量,提示 UnboundLocalError 错误
    global small_plot
    # 打开交互模式面板
```

146

```
plt.ion()
try:
    if 1 > event.xdata > -1 and 3 > event.ydata > 0:
        x=event.xdata
        y=-x**2+3
        line.set_xdata([x,x])
        line.set_ydata([y,0])
        small_plot.remove()  #每次移动把原来的小点删除
        small_plot=ax.scatter(x,y,s=66,color='red')
        text.set_text(r'$2x+1=%s$' % y)
        text.xy=(x,y)
except TypeError:
    pass
#绑定鼠标移动事件
fig.canvas.mpl_connect('motion_notify_event',get_move)
if __name__=='__main__':
    main()
```

7.4　基本图表绘制

数据的统计与分析中,需要用图表来表示数据分布、统计报告的情况。Matplotlib 可以绘制柱形图、饼图、折线图、散点图等基本图表。

7.4.1　柱形图

柱形图也叫柱状图、条形图,是一种以长方形的长度为变量表达图形的统计报告图,由一系列高度不等的纵向条纹表示数据分布的情况,用来比较两个或以上的价值数据。Matplotlib 绘制柱形图的函数是 bar(),它的原型为:

matplotlib.pyplot.bar(x,height,width=0.8,bottom=None,*,align='center',data=None,**kwargs)

常见参数的作用如下:

(1)x:x 轴标签。

(2)height:柱的高度(即 y 轴数据)。

(3)width:柱的宽度。

(4)bottom:柱形基座的 y 坐标。

(5)align:对齐方式,align='center'表示居中对齐,align='edge'表示与左边沿对齐。

【案例 7-5】根据厦门市 2018 年 1—6 月晴天天数数据[22,23,21,19,20,25]绘制柱形

图,如图 7-8 所示。程序代码如下:

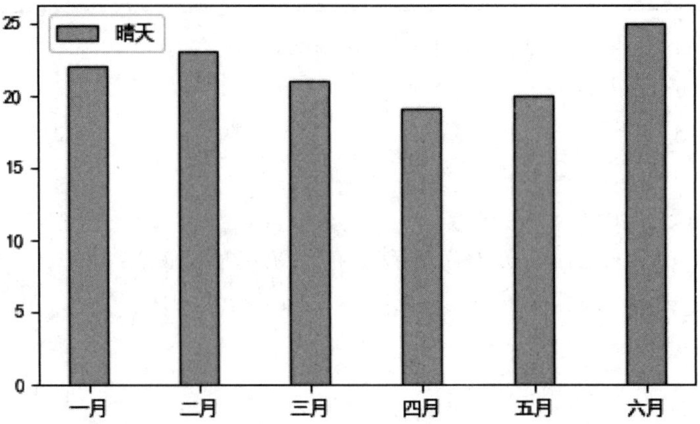

图 7-8　厦门市 2018 年 1—6 月晴天天数柱形图

```
#encoding:utf-8
import matplotlib as mpl
import matplotlib.pylab as plt
def main():
    # 解决中文乱码问题
    mpl.rcParams['font.sans-serif']=['SimHei']
    mpl.rcParams['axes.unicode_minus']=False
    #创建点数 7×5 的窗口,分辨率:80 像素/英寸
    plt.figure(figsize=(7,5),dpi=80)
    x=['一月','二月','三月','四月','五月','六月']
    y=[22,23,21,19,20,25]
    # 绘制柱状图
    plt.bar(x,
            y,
            width=0.35,
            color='#87CEFA',  # 柱的颜色
            alpha=1,  # 透明度
            edgecolor='blue',  # 边框颜色,呈现描边效果
            label='晴天'
           )
    plt.title('厦门市 2018 年 1—6 月晴天天数图')
    plt.legend()#显示图例
    plt.show()# 显示图形
if __name__=="__main__":
    main()
```

【案例 7-6】根据厦门市 2018 年 1—6 月晴天天数数据[22,23,21,19,20,25]和雨天天数

数据[6,7,8,10,9,3]绘制柱形图,如图 7-9 所示。程序代码如下:

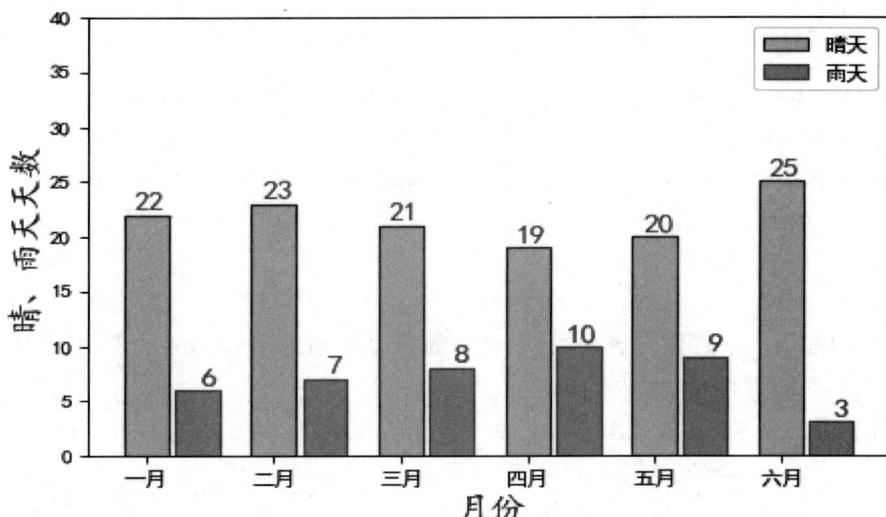

图 7-9　厦门市 2018 年 1—6 月晴雨天天数柱形图

```
# encoding: utf-8
import numpy as np
import matplotlib as mpl
import matplotlib.pylab as plt
def main():
    # 解决中文乱码问题
    mpl.rcParams['font.sans-serif']=['SimHei']
    mpl.rcParams['axes.unicode_minus']=False
    # 创建点数 7×5 的窗口,分辨率:80 像素/英寸
    plt.figure(figsize=(7,5),dpi=80)
    x=np.arange(1,7)
    y=[22,23,21,19,20,25]
    y1=[6,7,8,10,9,3]
    # 绘制柱状图
    plt.bar(x,y,width=0.35,color='#87CEFA',alpha=1,edgecolor='blue',label='晴天')
    plt.bar(x+0.4,y1,width=0.35,color='#FA87CE',alpha=1,edgecolor='r',label='雨天')
    plt.title('厦门市 2018 年 1—6 月晴雨天天数图',fontproperties='STLITI',fontsize=
    20,color='red')
    plt.xlabel('月份',fontproperties='STKAITI',fontsize=16,color='blue')
    plt.ylabel('晴、雨天天数',fontdict={'name':'STKAITI','size':16,'color':'b'})
    plt.legend() # 显示图例
    ax=plt.gca() # 获取 axis
    ax.set_xticklabels(['','一月','二月','三月','四月','五月','六月'])
```

```
ax.set_yticks(np.arange(0,41,5))
# 为每个柱形添加文本标注
for xx,yy in zip(x,y):
    plt.text(xx-0.1,yy+0.4,'%2d' % yy,fontdict={'size':14,'color':'g'})
for xx,yy in zip(x+0.4,y1):
    plt.text(xx-0.1,yy+0.4,'%2d' % yy,fontdict={'size':14,'color':'r'})
plt.show() # 显示图形
if __name__=="__main__":
    main()
```

前面讲的都是沿垂直方向排列的柱形图,如果要绘制水平方向的柱形图,只需将 bar()函数改为 barh()函数即可,参数不变。

【案例 7-7】将案例 76 的柱形图改为水平方向的柱形图,如图 7-10 所示。程序代码如下:

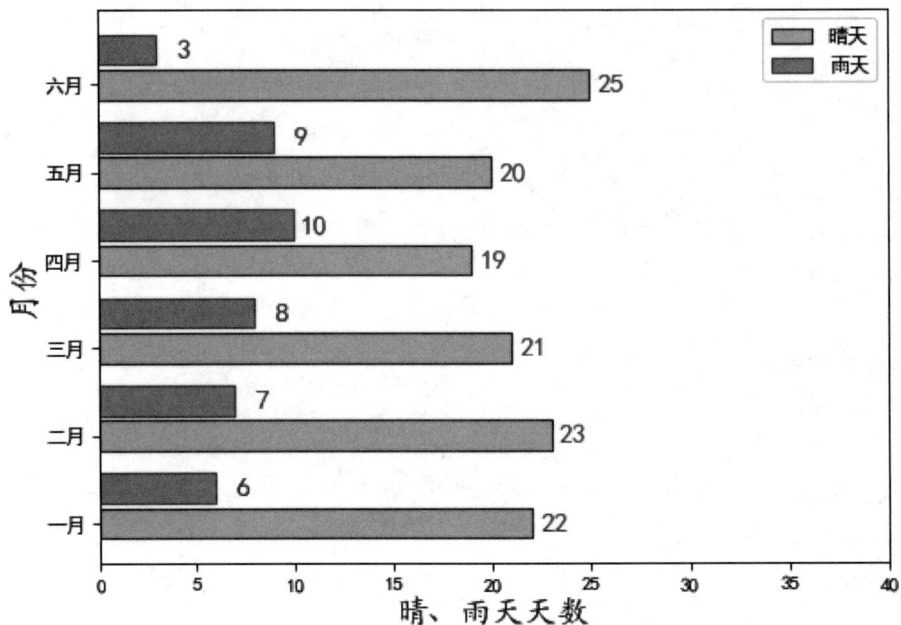

图 7-10 厦门市 2018 年 1—6 月晴雨天天数水平柱形图

```
# encoding: utf-8
import numpy as np
import matplotlib as mpl
import matplotlib.pylab as plt
def main():
    # 解决中文乱码问题
    mpl.rcParams['font.sans-serif']=['SimHei']
    mpl.rcParams['axes.unicode_minus']=False
    # 创建点数 7×5 的窗口,分辨率:80 像素/英寸
    plt.figure(figsize=(7,5),dpi=80)
```

```
x=np.arange(1,7)
y=[22,23,21,19,20,25]
y1=[6,7,8,10,9,3]
# 绘制柱状图
plt.barh(x,y,height=0.35,color='#87CEFA',alpha=1,edgecolor='blue',label='
晴天')
plt.barh(x+0.4,y1,height=0.35,color='#FA87CE',alpha=1,edgecolor='r',label
='雨天')
plt.title('厦门市 2018 年 1—6 月晴雨天天数图',fontproperties='STLITI',fontsize=
20,color='red')
plt.ylabel('月份',fontproperties='STKAITI',fontsize=16,color='blue')
plt.xlabel('晴、雨天天数',fontdict={'name':'STKAITI','size':16,'color':'b'})
plt.legend()# 显示图例
ax=plt.gca()# 获取 axis
ax.set_yticklabels(['','一月','二月','三月','四月','五月','六月'])
ax.set_xticks(np.arange(0,41,5))
# 为每个柱形添加文本标注
for yy,xx in zip(y,x):
    plt.text(yy+0.4,xx-0.1,'%2d' % yy,fontdict={'size':14,'color':'g'})
for yy,xx in zip(y1,x+0.4):
    plt.text(yy+0.4,xx-0.1,'%2d' % yy,fontdict={'size':14,'color':'r'})
plt.show()# 显示图形
if __name__=="__main__":
    main()
```

7.4.2 饼图

饼图用于显示一个数据系列中各项的大小与各项总和的比例,饼图中的数据点显示为整个饼图的百分比。Matplotlib 绘制饼图的函数是 pie(),它的原型为:

matplotlib.pyplot.pie(x,explode=None,labels=None,colors=None,autopct=None,pctdistance=0.6,shadow=False,labeldistance=1.1,startangle=None,radius=None,counterclock=True,wedgeprops=None,textprops=None,center=(0,0),frame=False,rotatelabels=False,*,data=None)

常见参数的作用如下:
(1)x:每块饼的数值。
(2)explode:每块饼离开圆心的距离。
(3)labels:每块饼的标签。
(4)colors:每块饼的颜色。
(5)autopct:每块饼的占比。

（6）pctdistance：每块饼占比与圆心的距离，默认值为 0.6。

（7）shadow：是否显示阴影。

（8）labeldistance：饼的标签与圆心的距离。

（9）startangle：位置偏移的起始角度。

（10）radius：半径的大小。

（11）counterclock：逆时针或顺时针。

（12）wedgeprops：wedge 对象属性设置。

（13）textprops：文本属性。

（14）center：圆心位置。

（15）frame：是否绘制框架。

（16）rotatelabels：是否旋转每个 label 到指定的角度。

【案例 7-8】根据 2017 年中国、美国、日本、俄罗斯、德国、英国、印度、法国的 GDP 数据：
131.7、195.5、43.4、13.1、35.9、32.3、26.1、25.8（单位：千亿美元），绘制如图 7-11 所示的饼图。

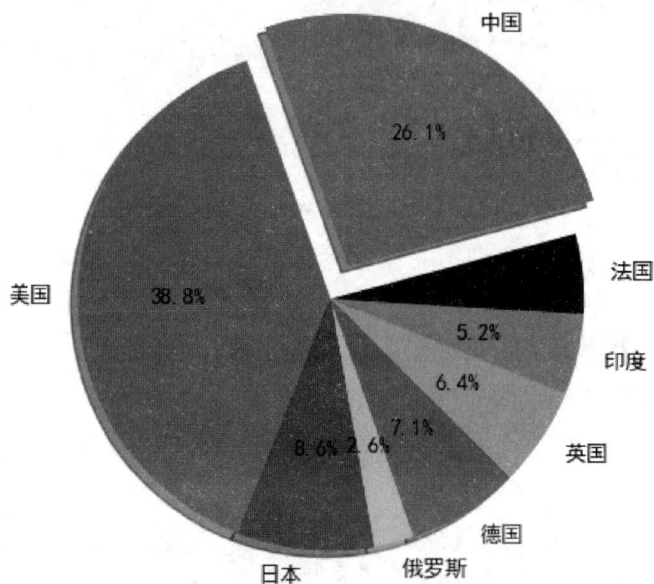

图 7-11　2017 年世界主要国家 GDP 分布图（单位：千亿美元）

程序代码如下：

```
import matplotlib.pylab as plt
import matplotlib as mpl
def main():
    # 解决中文乱码问题
    mpl.rcParams['font.sans-serif']=['SimHei']
    mpl.rcParams['axes.unicode_minus']=False
    labels=['中国','美国','日本','俄罗斯','德国','英国','印度','法国']
    values=[131.7,195.5,43.4,13.1,35.9,32.3,26.1,25.8]
    colors=['r','g','b','y','m','c','grey','k']
```

```
explode=[0.15,0,0,0,0,0,0,0]
plt.title('2017 年世界主要国家 GDP 分布图(单位:千亿美元)')
plt.pie(values,labels=labels,colors=colors,
        explode=explode,startangle=15,
        autopct='%2.1f%%',shadow=True)
plt.axis('equal')
plt.show()
if __name__=="__main__":
    main()
```

7.4.3　折线图

如果需要显示随时间而变化的连续数据,在数据分析中常常用折线图来表示。在折线图中,类别数据沿水平轴均匀分布,所有值数据沿垂直轴均匀分布。Matplotlib 绘制折线图的函数是 plot(),它的原型为:

matplotlib.pyplot.plot(x,y,format_string,**kwargs)

常见参数的作用如下:

(1)x:x 轴的数据。

(2)y:y 轴的数据。

(3)format_string:用于精致曲线显示格式的字符串。

(4)**kwargs:关键字参数(keyword args),这些关键字作为参数传递给函数。

【案例 7-9】根据 2018 年 1 月、3 月、5 月、7 月、9 月、11 月生产指数的最大值数据 16、25、18、36、30、34 和最小值数据 5、8、6、10、7、9,绘制如图 7-12 所示的折线图,并以 highs_lows.png 为文件名保存在当前路径中。

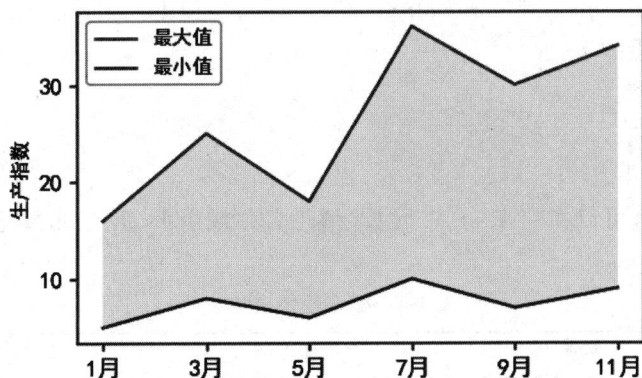

图 7-12　2018 年生产指数变化情况折线图

程序代码如下:

```
import matplotlib.pylab as plt
import matplotlib as mpl
def main():
```

```
mpl.rcParams['font.sans-serif']=['SimHei']
mpl.rcParams['axes.unicode_minus']=False
dates,highs,lows=['1 月','3 月','5 月','7 月','9 月','11 月'],[16,25,18,36,30,34],
[5,8,6,10,7,9]
fig=plt.figure(dpi=120,figsize=(5,3))
plt.plot(dates,highs,label='最大值',c='red',alpha=0.5)
plt.plot(dates,lows,label='最小值',c='blue',alpha=0.5)
plt.fill_between(dates,highs,lows,facecolor='orange',alpha=0.1)
plt.title('2018 年生产指数变化情况',fontsize=14)
plt.xlabel('月份',fontsize=10)
plt.ylabel('生产指数',fontsize=10)
plt.tick_params(axis='both',which='major',labelsize=12)
plt.legend()
plt.savefig('highs_lows.png',bbox_inches='tight')
plt.show()
if __name__=="__main__":
    main()
```

7.4.4　散点图

散点图是指在数据回归分析中,数据点在直角坐标系平面上的分布图。散点图表示因变量随自变量而变化的大致趋势,据此可以选择合适的函数对数据点进行拟合。Matplotlib 绘制散点图的函数是 scatter(),它的原型为:

matplotlib.pyplot.scatter(x,y,s=None,c=None,marker=None,cmap=None,norm=None,vmin=None,vmax=None,alpha=None,linewidths=None,…)

常见参数的作用如下:

(1)x:x 轴的数据。

(2)y:y 轴的数据。

(3)s:标记的大小。

(4)c:标记颜色,可以指定 RGB 三元数、颜色名称或由 RGB 三元数组成的三列矩阵,其值如表 7-4 所示。

表 7-4　标记颜色属性值

选项	对应的 RGB 三元数	说明
'red' 或 'r'	[1 0 0]	红色
'green' 或 'g'	[0 1 0]	绿色
'blue' 或 'b'	[0 0 1]	蓝色
'yellow' 或 'y'	[1 1 0]	黄色
'magenta' 或 'm'	[1 0 1]	品红色

续表

选项	对应的 RGB 三元数	说明
'cyan' 或 'c'	[0 1 1]	青蓝色
'white' 或 'w'	[1 1 1]	白色
'black' 或 'k'	[0 0 0]	黑色

（5）marker：标记样式，常用的标记属性值如表 7-2 所示。

（6）cmap：颜色模式。

（7）norm：数据亮度。

（8）vmin：规范最小值的显示模式。

（9）vmax：规范最大值的显示模式。

（10）alpha：透明度。

（11）linewidths：线宽。

【案例 7-10】某人用 A、B 两个色子随机掷了 1000 次，统计 A、B 两个色子面值出现的次数，绘制如图 7-13 所示的散点图。

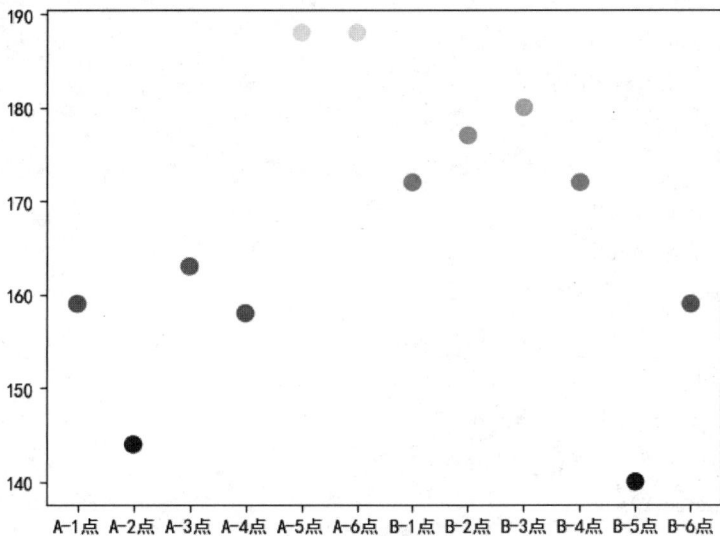

图 7-13　掷色子散点图

色子类 Die 的代码：

```
import random
class Die：
    def __init__(self,num_sides＝6)：#num_sides 色子有 6 个面
        self.num_sides＝num_sides
    def roll(self)：
        # 返回一个 1 和色子面数之间的随机数
        return random.randint(1,self.num_sides)
```

数据分析与绘制散点图代码：

```python
# coding=utf-8
from matplotlibcase.die import Die
import matplotlib.pyplot as plt
import matplotlib as mpl
import numpy as np
def main():
    # 解决中文乱码问题
    mpl.rcParams['font.sans-serif']=['SimHei']
    mpl.rcParams['axes.unicode_minus']=False
    #产生色子对象
    die1=Die()
    die2=Die()
    result1,result2=[],[]
    for roll_num in range(1000):
        result01=die1.roll()
        result02=die2.roll()
        result1.append(result01)
        result2.append(result02)
    print(result1)
    print(result2)
    # 分析结果
    frequenciesA,frequenciesB=[],[]
    for value in range(1,7):
        frequency01=result1.count(value)
        frequency02=result2.count(value)
        frequenciesA.append(frequency01)
        frequenciesB.append(frequency02)
    print(frequenciesA)
    print(frequenciesB)
    labels=['A-1点','A-2点','A-3点','A-4点','A-5点','A-6点','B-1点','B-2点','B-3点','B-4点','B-5点','B-6点']
    plt.title('掷色子散点图')
    color=np.arctan2([frequenciesA,frequenciesB],np.random.randint(1,12))
    plt.scatter(labels,[frequenciesA,frequenciesB],s=75,c=color,alpha=0.9)
    plt.show()
if __name__=="__main__":
    main()
```

7.5 高级图表绘制

除了基本图表绘制外,我们还需要用到其他形式的图表,Matplotlib 也可以绘制等高线图、极坐标图、3D 曲面图等高级图表。

7.5.1 等高线图

等高线也叫等值线,指的是地形图上高程相等的相邻各点所连成的闭合曲线。把地面上海拔高度相同的点连成的闭合曲线,并垂直投影到一个水平面上,并按比例缩绘在图纸上,就得到等高线。等高线也可以看作是不同海拔高度的水平面与实际地面的交线,所以等高线是闭合曲线。在等高线上标注的数字为该等高线的海拔。等高线图或等值线图在科学界很常用,这种可视化方法用由一圈圈封闭的曲线组成的等值线图表示三维结构的表面,其中封闭的曲线表示的是一个个处于同一层级或 z 值相同的数据点。

Matplotlib 绘制等高线图的函数是 contourf() 和 contour(),它们的原型为:

matplotlib.pyplot.contourf(* args,data=None, ** kwargs)

matplotlib.pyplot.contour([X,Y,]Z,[levels], ** kwargs)

contour() 函数的作用是绘制轮廓线,contourf() 函数的作用是填充轮廓。绘制等高线图时,先用 $z=f(x,y)$ 函数生成三维结构,再定义 x、y 的取值范围,确定要显示的区域,之后使用 $f(x,y)$ 函数算出 z 值,会得到 z 值矩阵,然后用 contour() 函数生成三维结构表面的等高线。为使图形效果更好,往往定义颜色表,为等高线添加不同颜色,为填充区域采用渐变色填充。

【案例 7-11】根据函数 $f(x,y)=(x^5+y^3-\frac{1}{2}x+1)\mathrm{e}^{-x^2-y^2}$,其中 $x\in[-3,3]$,$y\in[-3,3]$,颜色使用标准色,绘制如图 7-14 所示的等高线图。程序代码如下:

```
import numpy as np
import matplotlib.pylab as plt
def main():
    # 定义等高线高度函数
    def f(x,y):
        return (1-x/2+x ** 5+y ** 3) * np.exp(-x ** 2-y ** 2)
    # 数据数目
    n=256
    # 定义 x,y
    x=np.linspace(-3,3,n)
    y=np.linspace(-3,3,n)
    # 生成网格数据
```

```
        X,Y=np.meshgrid(x,y)
        # 填充等高线的颜色,8 是等高线分为几部分
        plt.contourf(X,Y,f(X,Y),8,alpha=0.75)
        # 绘制等高线
        C=plt.contour(X,Y,f(X,Y),8,colors=' black ',linewidth=0.5)
        # 绘制等高线数据
        plt.clabel(C,inline=True,fontsize=10)
        # 去除坐标轴
        plt.xticks(())
        plt.yticks(())
        plt.show()
if __name__=="__main__":
    main()
```

程序运行结果如图 7-14 所示。

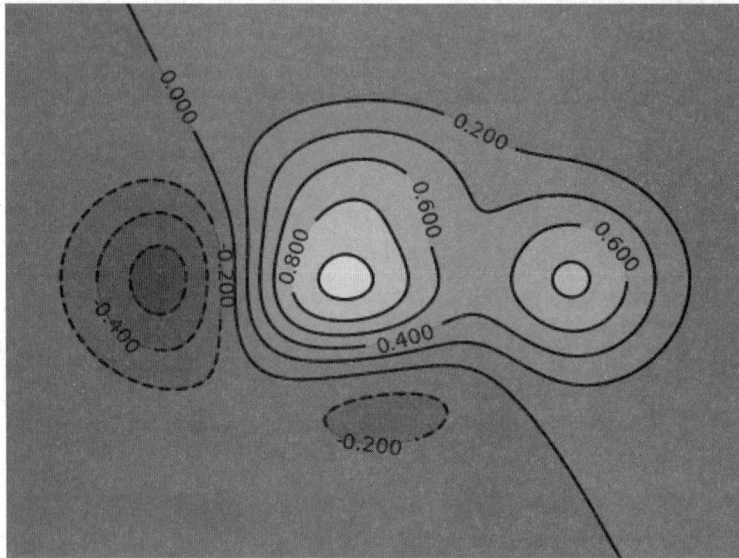

图 7-14　等高线图

如果要显示热力图(图 7-15),则只需将

    plt.contourf(X,Y,f(X,Y),8,alpha=0.75)

这行代码改为

    plt.contourf(X,Y,f(X,Y),8,alpha=0.75,cmap=plt.cm.hot)
    #cmap=plt.cm.hot 映射为热力图

即可。

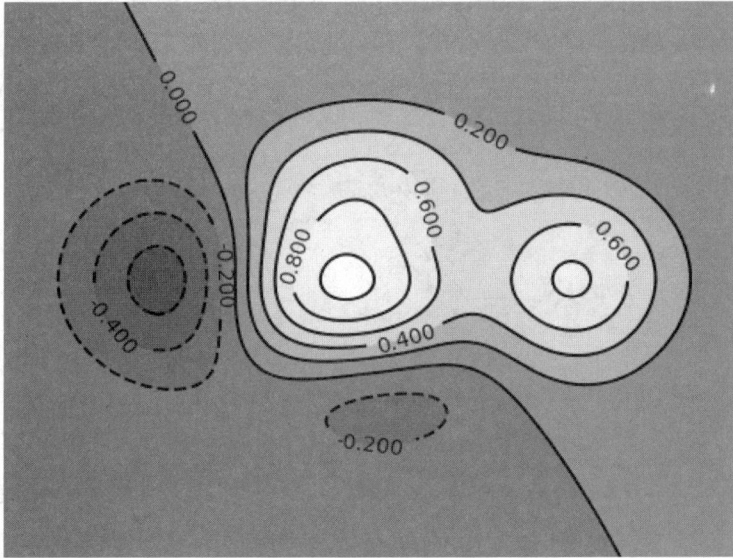

图 7-15　等高线热力图

7.5.2　极坐标图

在平面内取一个定点 O，称为极点，引一条射线 Ox，叫作极轴，再选定一个长度单位和角度的正方向（通常取逆时针方向）。对于平面内任何一点 M，用 ρ 表示线段 OM 的长度（有时也用 r 表示），θ 表示从 Ox 到 OM 的角度，ρ 叫作点 M 的极径，θ 叫作点 M 的极角，有序数对 (ρ,θ) 就称为点 M 的极坐标（图 7-16），这样建立的坐标系叫作极坐标系。通常情况下，M 的极径坐标单位为 1（长度单位），极角坐标单位为 rad（或°）。

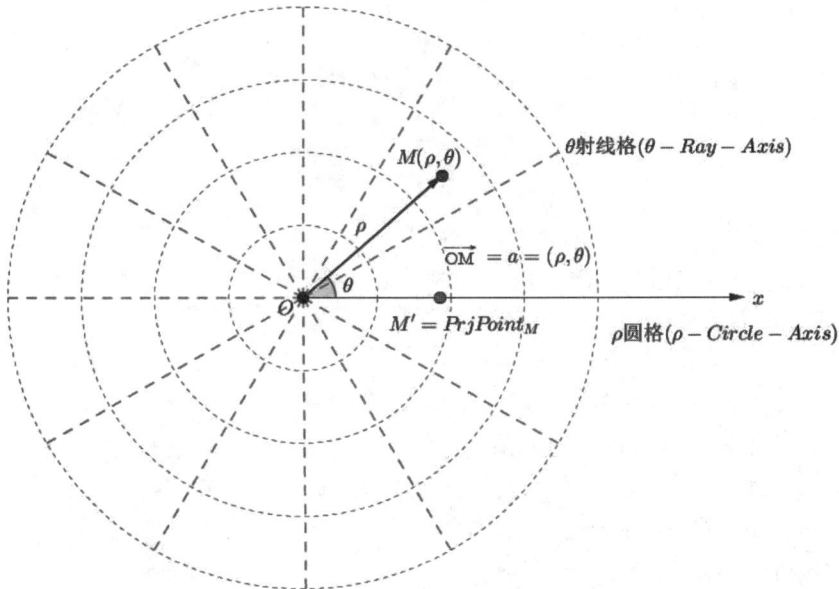

图 7-16　极坐标

Matplotlib 绘制极坐标图的方法也是用 plot() 函数，只不过需要设置属性 projection = 'polar' 来指定坐标轴为极坐标，也可以在调用 subplot() 创建子图时通过设置 projection = 'polar'，便可创建一个极坐标子图，然后调用 plot() 在极坐标子图中绘图。Matplotlib 绘制极坐标图时需要的数据有极径和极角。

【案例 7-12】 以极径为 $[1,2,3,4,5]$ 和极角为 $[0,\frac{\pi}{2},\pi,\frac{3\pi}{2},2\pi]$ 绘制如图 7-17 所示的极坐标图。

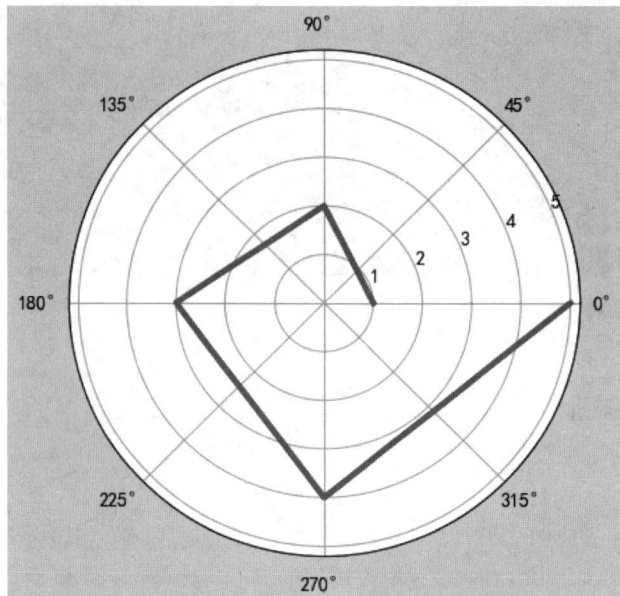

图 7-17　极坐标图

程序代码如下：

```
#encoding:utf-8
import numpy as np
import matplotlib.pylab as plt
import matplotlib as mpl
def main():
    mpl.rcParams['font.sans-serif'] = ['SimHei']
    mpl.rcParams['axes.unicode_minus'] = False
    #极坐标下绘图需要的数据有极径和极角
    r = np.arange(1,6,1)   #极径
    ta = [i * np.pi/2 for i in range(5)]   #极角
    plt.figure('Polar',facecolor='lightgray')
    plt.gca(projection='polar')   # 获取极坐标轴,默认是 2D 坐标轴
    plt.plot(ta,r,lw=3,color='r')
    plt.grid(True) #加网格
    plt.show()
```

```
if __name__ == "__main__":
    main()
```

上面代码也可在创建子图中获取坐标轴,然后设为极坐标,即把下面三行代码:

```
plt.gca(projection='polar')    # 获取极坐标轴,默认是 2D 坐标轴
plt.plot(ta,r,lw=3,color='r')
plt.grid(True)  # 加网格
```

改为:

```
ax=plt.subplot(111,projection='polar')    # 指定画图坐标为极坐标
ax.plot(ta,r,lw=3,color='r')
ax.grid(True)  # 加网格
```

也能绘制同样的图形。

7.5.3 极区图

极区图和极坐标图一样,采用极坐标系,绘制时使用柱状图函数 bar()。这种图表由一系列呈放射状延伸的区域组成,每块区域占据一定的角度。

【案例 7-13】 以极径为 $[1,2,3,4,5,6,7,8]$ 和极角为 $[0,\dfrac{\pi}{4},\dfrac{\pi}{2},\dfrac{3\pi}{4},\pi,\dfrac{5\pi}{4},\dfrac{3\pi}{2},\dfrac{7\pi}{4}]$ 绘制如图 7-18 所示的极区图。程序代码如下:

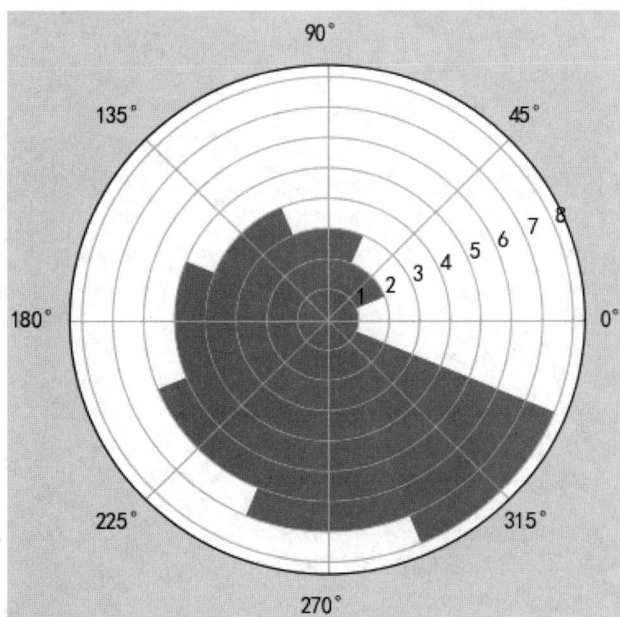

图 7-18 极区图

```
# encoding: utf-8
import numpy as np
import matplotlib.pylab as plt
```

```
import matplotlib as mpl
def main():
    mpl.rcParams['font.sans-serif']=['SimHei']
    mpl.rcParams['axes.unicode_minus']=False
    #极坐标下绘图需要的数据有极径和极角
    r=np.arange(1,9,1)    #极径
    ta=np.arange(0,2*np.pi,2*np.pi/8)  #极角
    plt.figure('极区图',facecolor='lightgray')
    ax=plt.subplot(111,projection='polar')    #指定画图坐标为极坐标
    ax.bar(ta,r,width=(2*np.pi/8),color='red')
    ax.grid(True)  #加网格
    plt.show()
if __name__=="__main__":
    main()
```

7.5.4　极散点图

极散点图和极坐标图、极区图一样，采用极坐标系，绘制时使用散点图函数 scatter()，这种图表的散点以极坐标的极径和极角的位置绘制。

【案例 7-14】以极径为$[1,2,3,4,5,6,7,8]$和极角为$[0,\frac{\pi}{4},\frac{\pi}{2},\frac{3\pi}{4},\pi,\frac{5\pi}{4},\frac{3\pi}{2},\frac{7\pi}{4}]$绘制如图 7-19 所示的极散点图。程序代码如下：

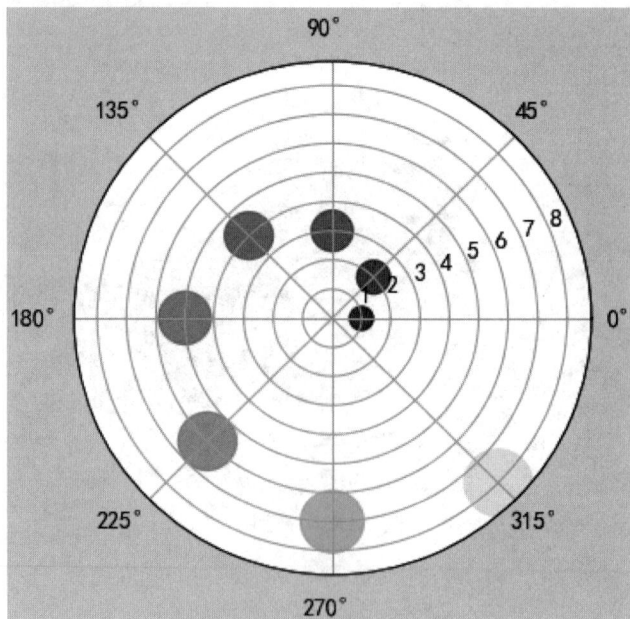

图 7-19　极散点图

```
# encoding:utf-8
import numpy as np
import matplotlib.pylab as plt
import matplotlib as mpl
def main():
    mpl.rcParams['font.sans-serif']=['SimHei']
    mpl.rcParams['axes.unicode_minus']=False
    #极坐标下绘图需要的数据有极径和极角
    r=np.arange(1,9,1)    #极径
    ta=np.arange(0,2*np.pi,2*np.pi/8)  #极角
    area=100*np.arange(1,9,1)  #数据散点的面积
    colors=ta
    plt.figure('极散点图',facecolor='lightgray')
    ax=plt.subplot(111,projection='polar')    # 指定画图坐标为极坐标
    ax.scatter(ta,r,c=colors,s=area,alpha=0.8)
    ax.grid(True)  #加网格
    plt.show()
if __name__=="__main__":
    main()
```

7.5.5 3D 曲线图

Matplotlib 中的 mplot3d 工具库可用来实现 3D 数据可视化功能,mplot3d 仍然使用 Figure 对象,但轴对象不是使用 Axes 对象而是使用 Axes3D 对象。用 mplot3d 工具库生成的 3D 图形如果在单独的窗口中显示,可以用鼠标旋转 3D 图形的轴进行查看。在使用 Axes3D 对象前要先导入,命令为:

from mpl_toolkits.mplot3d import Axes3D

如果需要获取 Axes3D 轴对象,可通过如下代码实现:

fig=plt.figure()

ax=Axes3D(fig)

或者:

fig=plt.figure()

ax=fig.gca(projection='3d')

Matplotlib 绘制 3D 曲线图还是使用 plot()函数。

【案例 7-15】绘制如图 7-20 所示的 3D 曲线图。

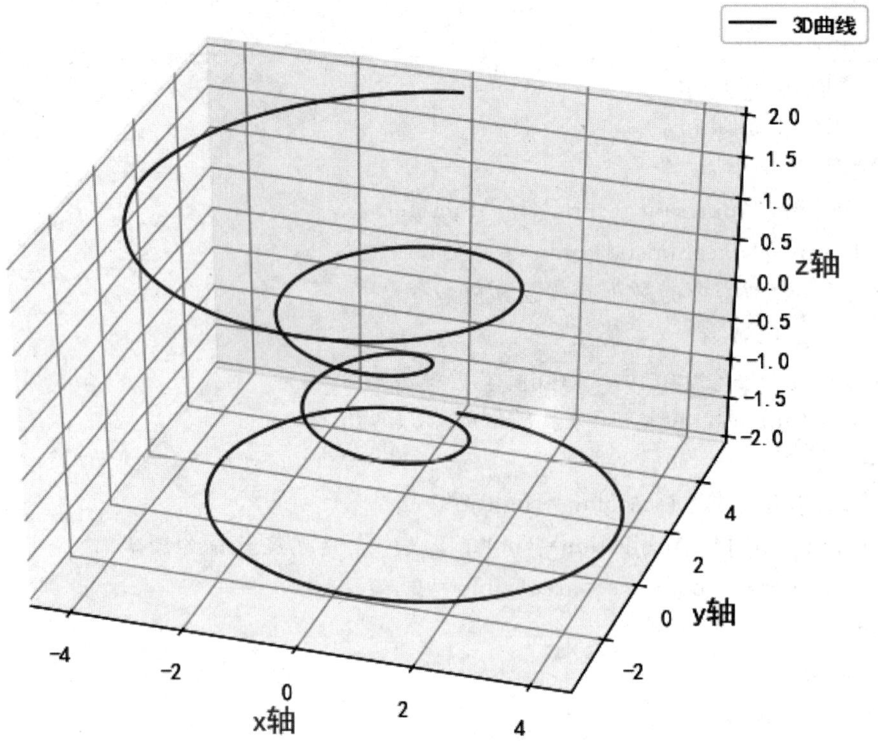

图 7-20 3D 曲线图

程序代码如下：

```
# encoding：utf-8
import numpy as np
import matplotlib.pylab as plt
import matplotlib as mpl
from mpl_toolkits.mplot3d import Axes3D
def main()：
    mpl.rcParams[' font.sans－serif ']＝[' SimHei ']
    mpl.rcParams[' axes.unicode_minus ']＝False
    fig＝plt.figure()
    ax＝Axes3D(fig) # 也可用 ax＝fig.gca(projection＝' 3d ')
    plt.title(' 3D 曲线图',fontdict＝{' size ':20,' color ':' r '})
    # 设置 x,y,z 轴
    ax.set_xlabel(' x 轴',fontdict＝{' size ':14,' color ':' g '})
    ax.set_ylabel(' y 轴',fontdict＝{' size ':14,' color ':' b '})
    ax.set_zlabel(' z 轴',fontdict＝{' size ':14,' color ':' r '})
    ta＝np.linspace(－4 * np.pi,4 * np.pi,1000)
    z＝np.linspace(－2,2,1000)
    r＝z * * 2＋1
```

```
    x=r * np.sin(ta)
    y=r * np.cos(ta)
    # 绘制曲线
    ax.plot(x,y,z,label='3D 曲线',color='g')
    ax.legend()
    plt.show()
if __name__=="__main__":
    main()
```

7.5.6　3D 曲面图

Matplotlib 绘制 3D 曲面图和绘制 3D 曲线图相似,也要使用 mplot3d 工具库来实现,使用 Axes3D 对象的原理相同,只是绘图时使用的函数不同,Matplotlib 绘制 3D 曲面图使用 plot_surface()函数。

【案例 7-16】根据函数 $f(x,y)=(x^5+y^3-\frac{1}{2}x+1)e^{-x^2-y^2}$,其中 $x\in[-3,3]$,$y\in[-3,3]$,颜色映射使用'jet',绘制如图 7-21 所示的 3D 曲面图。程序代码如下:

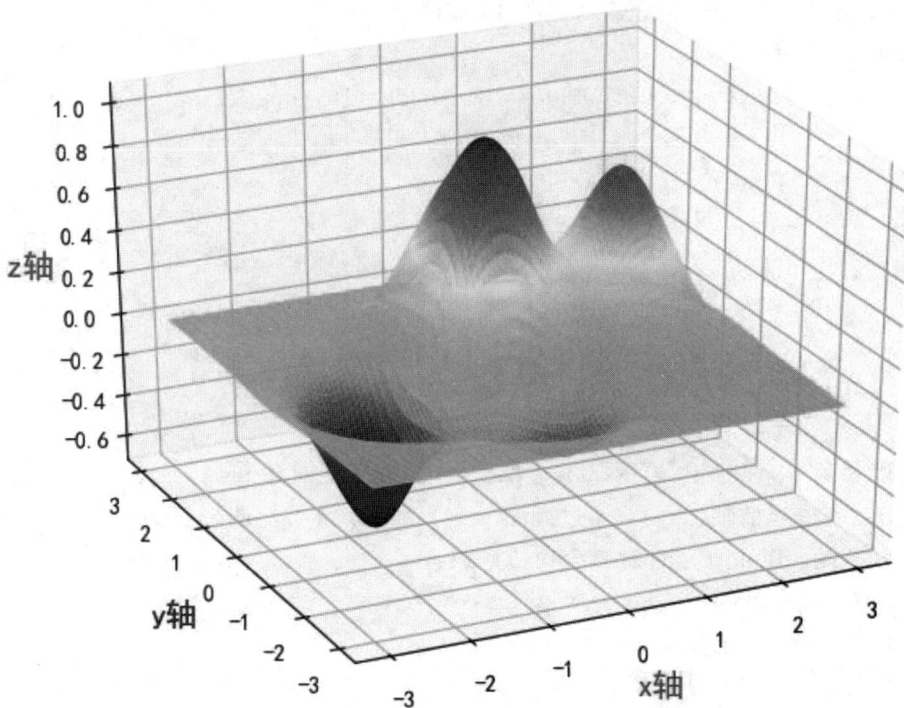

图 7-21　3D 曲面图

```
# encoding:utf-8
import numpy as np
import matplotlib.pylab as plt
```

```
import matplotlib as mpl
from mpl_toolkits.mplot3d import Axes3D
# 定义生成三维结构函数
def f(x,y):
    return (1-x/2+x**5+y**3) * np.exp(-x**2-y**2)
def main():
    mpl.rcParams['font.sans-serif']=['SimHei']
    mpl.rcParams['axes.unicode_minus']=False
    n=1000    #1000*1000 的点阵
    #用 meshgrid() 函数生成一个二维数组
    x,y=np.meshgrid(np.linspace(-3,3,n),np.linspace(-3,3,n))
    fig=plt.figure()
    plt.title('3D 曲面图',fontdict={'size':20,'color':'r'})
    ax=Axes3D(fig) # 也可用 ax=fig.gca(projection='3d')
    #设置 x,y,z 轴
    ax.set_xlabel('x 轴',fontdict={'size':14,'color':'g'})
    ax.set_ylabel('y 轴',fontdict={'size':14,'color':'b'})
    ax.set_zlabel('z 轴',fontdict={'size':14,'color':'r'})
    #绘制 3D 曲面
    ax.plot_surface(x,y,f(x,y),rstride=10,cstride=10,cmap='jet')
    plt.show()
if __name__=="__main__":
    main()
```

7.6 子图绘制

前面讲解的 Matplotlib 绘图基本上都是针对 Figure 对象和 Axes 对象来编程,通过调用 gca() 函数获得当前轴(axes),通过调用 gcf() 函数获得当前图形(figure)。Matplotlib 绘制子图的函数是 subplot(),它有三个构造函数:

subplot(nrows,ncols,index, ** kwargs)

subplot(pos, ** kwargs)

subplot(ax)

nrows 表示行数,ncols 表示列数,index 表示编号(即第几个,按照从上到下、左到右对子图进行编号,起始编号为 1),pos 表示 nrows、ncols、index 的综合,如 subplot(2,3,1)可写成 subplot(231),都是表示 2 行 3 列的第 1 个子图。ax 表示 Axes 对象,当需要从 Figure 中删除某个 ax 时,可使用 delaxes(ax)方法,如 plt.delaxes(ax2)。删除后如果又需要展示该子图时,可使用 subplot(ax)方法,如 plt.subplot(ax2)。

【案例 7-17】如图 7-22 所示,把一幅图分成上下两个不同的子图。

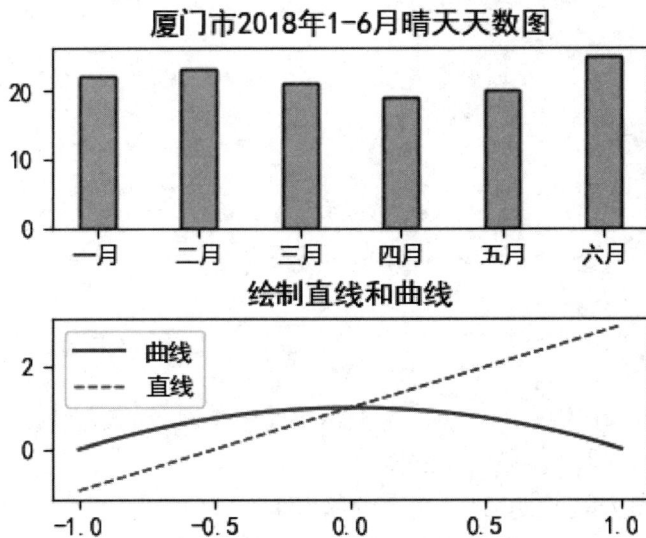

图 7-22 上下大小相同的子图

程序代码如下:

```
# encoding: utf-8
import numpy as np
import matplotlib as mpl
import matplotlib.pylab as plt
def drawFirst():  # 绘制柱状图
    x=['一月','二月','三月','四月','五月','六月']
    y=[22,23,21,19,20,25]
    plt.bar(x,y,width=0.35,color='#87CEFA',alpha=1,edgecolor='blue',label='晴天')
    plt.title('厦门市 2018 年 1-6 月晴天天数图')
def drawSecond():  # 绘制直线、曲线图
    x=np.linspace(-1,1,50)
    y1=2*x+1
    y2=-x**2+1
    plt.plot(x,y2,label="曲线")
    plt.plot(x,y1,label="直线",color='red',linewidth=1.0,linestyle='--')
    plt.title('绘制直线和曲线')
    plt.legend(loc='upper left')
def main():
    # 解决中文乱码问题
    mpl.rcParams['font.sans-serif']=['SimHei']
    mpl.rcParams['axes.unicode_minus']=False
    plt.figure()
```

```
#绘制第 1 个图
plt.subplot(2,1,1) #两行一列第一行
drawFirst()
# 绘制第 2 个图
plt.subplot(2,1,2) #两行一列第二行
drawSecond()
#调整子图参数,wspace 和 hspace 为宽度和高度的百分比,调整子图间的间距
plt.subplots_adjust(wspace=0.5,hspace=0.5)
plt.show() # 显示图形
if __name__=="__main__":
    main()
```

上面案例是在一幅图中绘制上下两个大小相同的子图,如果需要绘制大小不同的子图呢? Matplotlib 的 subplot()函数也能实现。

【案例 7-18】如图 7-23 所示,把一幅图分成大小不同的子图。

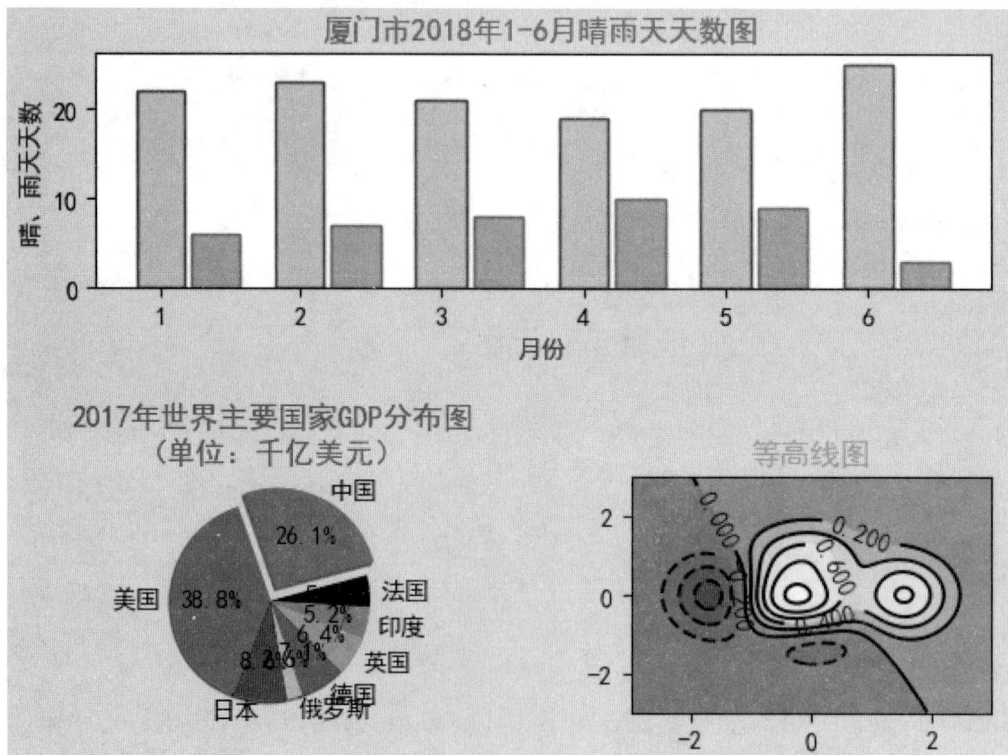

图 7-23 大小不同的子图

程序代码如下:

```
# encoding:utf-8
import numpy as np
import matplotlib as mpl
import matplotlib.pylab as plt
```

```python
def drawFirst():  # 绘制柱状图
    x=np.arange(1,7)
    y=[22,23,21,19,20,25]
    y1=[6,7,8,10,9,3]
    plt.bar(x,y,width=0.35,color='#87CEFA',alpha=1,edgecolor='blue',label='晴天')
    plt.bar(x+0.4,y1,width=0.35,color='#FA87CE',alpha=1,edgecolor='r',label='雨天')
    plt.title('厦门市 2018 年 1-6 月晴雨天天数图',color='r')
    plt.xlabel('月份',color='b')
    plt.ylabel('晴、雨天天数',color='b')
def drawSecond():  # 绘制饼图
    labels=['中国','美国','日本','俄罗斯','德国','英国','印度','法国']
    values=[131.7,195.5,43.4,13.1,35.9,32.3,26.1,25.8]
    colors=['r','g','b','y','m','c','grey','k']
    explode=[0.15,0,0,0,0,0,0,0]
    plt.title('2017 年世界主要国家 GDP 分布图\n(单位：千亿美元)',color='m')
    plt.pie(values,labels=labels,colors=colors,
            explode=explode,startangle=15,
            autopct='%2.1f%%',shadow=True)
    plt.axis('equal')    # 设为圆
def drawThird():        # 绘制等高线图
    def f(x,y):
        return (1-x/2+x**5+y**3) * np.exp(-x**2-y**2)
    n=256
    x=np.linspace(-3,3,n)
    y=np.linspace(-3,3,n)
    X,Y=np.meshgrid(x,y)
    plt.contourf(X,Y,f(X,Y),8,alpha=0.75,cmap=plt.cm.hot)
    C=plt.contour(X,Y,f(X,Y),8,colors='black')
    plt.clabel(C,inline=True,fontsize=10)
    plt.xticks()
    plt.yticks()
    plt.title('等高线图',color='c')
def main():
    # 解决中文乱码问题
    mpl.rcParams['font.sans-serif']=['SimHei']
    mpl.rcParams['axes.unicode_minus']=False
    plt.figure(facecolor='lightgray',edgecolor='green')
    #绘制第 1 个图
    plt.subplot(211)
```

```
        drawFirst()
        # 绘制第 2 个图
        plt.subplot(223)
        drawSecond()
        plt.subplot(224)
        drawThird()
        # 调整子图参数,wspace 和 hspace 为宽度和高度的百分比,调整子图间的间距
        plt.subplots_adjust(wspace=0.5,hspace=0.8)
        plt.show() # 显示图形
if __name__=="__main__":
        main()
```

    把图形分成多个区域,绘制大小不同的子图,Matplotlib 还提供 GridSpec()函数来管理更为复杂的情况。GridSpec()函数的作用是将一个图形划分成多行多列的网状区域,然后调用 add_subplot()函数返回 Axes 对象,通过 Axes 对象的 plot()方法绘制相应的子图图形。案例 7-18 还可通过以下方法实现:

```
# encoding:utf-8
import numpy as np
import matplotlib as mpl
import matplotlib.pylab as plt
def drawFirst(ax1): # 绘制柱状图
    x=np.arange(1,7)
    y=[22,23,21,19,20,25]
    y1=[6,7,8,10,9,3]
    ax1.bar(x,y,width=0.35,color='#87CEFA',alpha=1,edgecolor='blue',label='晴天')
    ax1.bar(x+0.4,y1,width=0.35,color='#FA87CE',alpha=1,edgecolor='r',label='雨天')
    ax1.set_title('厦门市 2018 年 1-6 月晴雨天天数图',color='r')
    ax1.set_xlabel('月份',   color='b')
    ax1.set_ylabel('晴、雨天天数',color='b')
def drawSecond(ax2): # 绘制饼图
    labels=['中国','美国','日本','俄罗斯','德国','英国','印度','法国']
    values=[131.7,195.5,43.4,13.1,35.9,32.3,26.1,25.8]
    colors=['r','g','b','y','m','c','grey','k']
    explode=[0.15,0,0,0,0,0,0,0]
    ax2.set_title('2017 年世界主要国家 GDP 分布图\n(单位:千亿美元)',color='m')
    ax2.pie(values,labels=labels,colors=colors,
            explode=explode,startangle=15,
            autopct='%2.1f%%',shadow=True)
    ax2.axis('equal')    # 设为圆
def drawThird(ax3):    # 绘制等高线图
```

```
    def f(x,y):
        return (1-x/2+x**5+y**3)*np.exp(-x**2-y**2)
    n=256
    x=np.linspace(-3,3,n)
    y=np.linspace(-3,3,n)
    X,Y=np.meshgrid(x,y)
    ax3.contourf(X,Y,f(X,Y),8,alpha=0.75,cmap=plt.cm.hot)
    C=ax3.contour(X,Y,f(X,Y),8,colors='black')
    ax3.clabel(C,inline=True,fontsize=10)
    #ax3.set_xticks()
    #ax3.set_yticks()
    ax3.set_title('等高线图',color='c')
def main():
    # 解决中文乱码问题
    mpl.rcParams['font.sans-serif']=['SimHei']
    mpl.rcParams['axes.unicode_minus']=False
    gs=plt.GridSpec(2,2)
    fig=plt.figure(facecolor='lightgray',edgecolor='green')
    ax1=fig.add_subplot(gs[0,:2])
    #绘制第 1 个图
    drawFirst(ax1)
    ax2=fig.add_subplot(gs[1,0])
    # 绘制第 2 个图
    drawSecond(ax2)
    ax3=fig.add_subplot(gs[1,1])
    # 绘制第 3 个图
    drawThird(ax3)
    #调整子图参数,wspace 和 hspace 为宽度和高度的百分比,调整子图间的间距
    plt.subplots_adjust(wspace=0.5,hspace=0.8)
    plt.show()# 显示图形
if __name__=="__main__":
    main()
```

程序运行结果如图 7-23 所示。

【**案例 7-19**】绘制如图 7-24 所示的子图。程序代码如下：

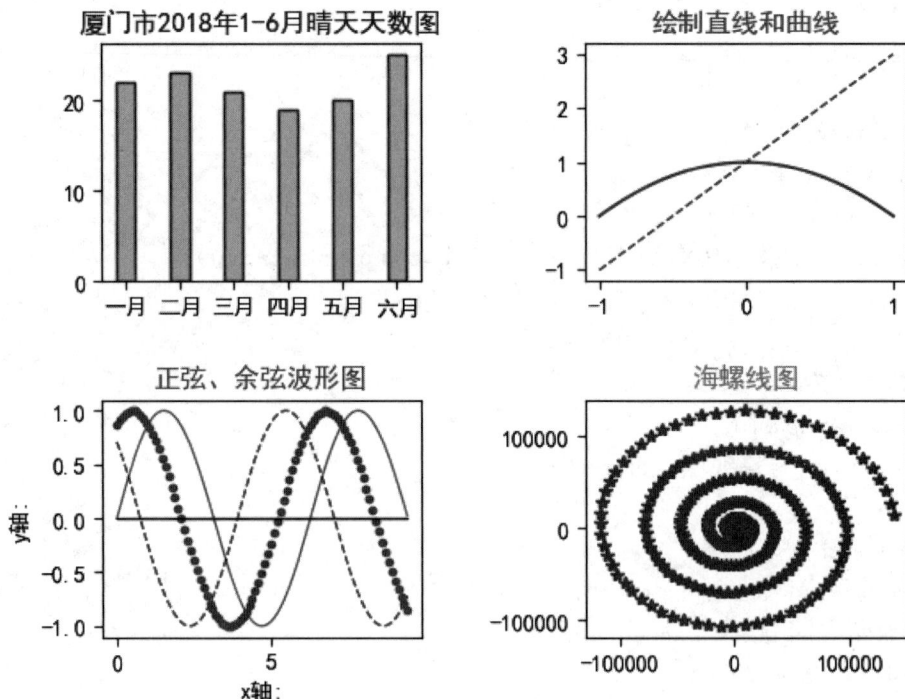

图 7-24　子图网络显示多个图形

```
# encoding: utf-8
import numpy as np
import matplotlib as mpl
import matplotlib.pylab as plt
def drawFirst(ax1):  # 绘制柱状图
    x=['一月','二月','三月','四月','五月','六月']
    y=[22,23,21,19,20,25]
    ax1.bar(x,y,width=0.35,color='#87CEFA',alpha=1,edgecolor='blue',label='晴天')
    ax1.set_title('厦门市2018年1-6月晴天天数图',color='b')
def drawSecond(ax2):  # 绘制直线、曲线图
    x=np.linspace(-1,1,50)
    y1=2*x+1
    y2=-x**2+1
    ax2.plot(x,y2,label="曲线")
    ax2.plot(x,y1,label="直线",color='red',linewidth=1.0,linestyle='--')
    ax2.set_title('绘制直线和曲线',color='r')
def drawThird(ax3):  # 绘制正弦余弦曲线图
    x=np.arange(0,3*np.pi,0.1)
    y=np.sin(x)
    y1=np.cos(x+np.pi/4.0)
```

```
        y2=np.sin(x+np.pi/3.0)
        y3=0 * x
        ax3.set_xlabel("x 轴:")   # x 轴
        ax3.set_ylabel("y 轴:")   # y 轴
        ax3.plot(x,y1,label="余弦",color='red',linewidth=1.0,linestyle='－－')
        # 使用 Matplotlib 来绘制点
        ax3.plot(x,y,color="blue",linewidth=1.0,linestyle="－",label="正弦",alpha=0.5)
        ax3.plot(x,y2,".g")
        ax3.plot(x,y3,label="直线",color='black',linewidth=1.0,linestyle='－')
        ax3.set_title('正弦、余弦波形图',color='g')
def drawLast(ax4): # 绘制海螺线图
        r=10
        s=6
        d=np.arange(12 * np.pi,0,－0.1)
        for i in d:
            x=r * np.cos(i)
            y=r * np.sin(i)
            ax4.plot(x,y,'m*')
            r=r－s
            s=s－2
        ax4.set_title('海螺线图',color='c')
def main():
        # 解决中文乱码问题
        mpl.rcParams['font.sans-serif']=['SimHei']
        mpl.rcParams['axes.unicode_minus']=False
        # global fig,ax,ax1,ax2,ax3,ax4
        fig,ax=plt.subplots(2,2) # 返回一个 Figure 对象和两行两列四个 Axes 对象
        ax1=ax[0][0]
        ax2=ax[0][1]
        ax3=ax[1][0]
        ax4=ax[1][1]
        drawFirst(ax1)
        drawSecond(ax2)
        drawThird(ax3)
        drawLast(ax4)
        # 调整子图参数,wspace 和 hspace 为宽度和高度的百分比,调整子图间的间距
        plt.subplots_adjust(wspace=0.5,hspace=0.5)
        plt.show() # 显示图形
if __name__=="__main__":
    main()
```

程序运行结果如图 7-24 所示。

Matplotlib 还提供了在图形中嵌入子图的功能,要实现嵌入子图先用 figure()函数获取 Figure 对象,用 add_axes()函数定义两个 Axes 对象,然后用 Axes 对象的 plot()函数绘制图形。

【**案例 7-20**】如图 7-25 所示,绘制嵌入子图的图表。

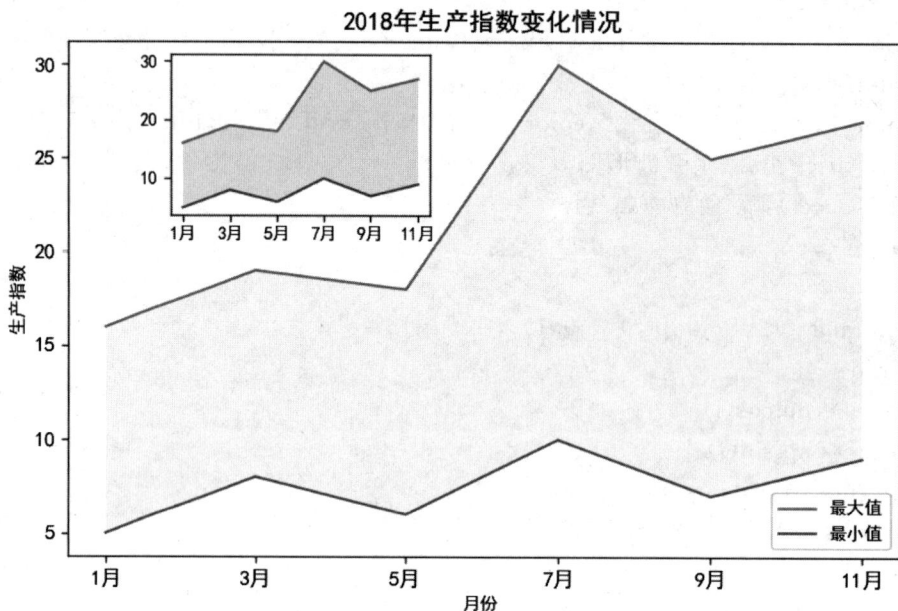

图 7-25　嵌入子图的图表

程序代码如下:

```
# encoding：utf-8
import matplotlib.pylab as plt
import matplotlib as mpl
def main():
    mpl.rcParams['font.sans-serif']=['SimHei']
    mpl.rcParams['axes.unicode_minus']=False
    dates,highs,lows=['1月','3月','5月','7月','9月','11月'],[16,19,18,30,25,27],
    [5,8,6,10,7,9]
    fig=plt.figure(dpi=120,figsize=(8,5))
    ax=fig.add_axes([0.1,0.1,0.8,0.8]) #前两个参数为左下角的坐标,后两个参数为宽高
    inner_ax=fig.add_axes([0.2,0.63,0.25,0.25]) #嵌入子图
    ax.plot(dates,highs,label='最大值',c='red',alpha=0.5)
    ax.plot(dates,lows,label='最小值',c='blue',alpha=0.5)
    ax.fill_between(dates,highs,lows,facecolor='orange',alpha=0.1)
    ax.set_title('2018年生产指数变化情况',fontsize=14)
    ax.set_xlabel('月份',fontsize=10)
```

```
    ax.set_ylabel('生产指数',fontsize=10)
    ax.tick_params(axis=' both ',which=' major ',labelsize=12)
    ax.legend(loc=' lower right ')
    inner_ax.plot(dates,highs,label='最大值',c=' red ',alpha=0.5)
    inner_ax.plot(dates,lows,label='最小值',c=' blue ',alpha=0.5)
    inner_ax.fill_between(dates,highs,lows,facecolor=' m ',alpha=0.1)
    plt.show()
if __name__=="__main__":
    main()
```

7.7　数据可视化 pyecharts 的使用

7.7.1　认识 pyecharts

pyecharts 是一款将 Python 与 Echarts 结合的强大的数据可视化工具,是一个用于生成 Echarts 图表的类库。Echarts 是百度开源的一个数据可视化 JS 库,主要用于数据可视化。使用 pyecharts 可以生成独立的网页,也可以在 flask、Django 中集成使用。

pyecharts 包含的图表有柱状图/条形图(Bar)、3D 柱状图(Bar3D)、散点图(Scatter)、热力图(HeatMap)、K 线图(Kline)、折线/面积图(Line)、饼图(Pie)、极坐标系(Polar)、雷达图(Radar)、词云图(WordCloud)等。它也提供 Grid 类、Overlap 类、Page 类、Timeline 类供用户使用。

如果要使用 pyecharts 工具,必须先进行安装,命令为:

pip install pyecharts

7.7.2　基本图表绘制

前面章节详细地介绍了 Matplotlib 绘制各种图表的编程方法,pyecharts 图表的绘制编程方法与 Matplotlib 基本类似,只是相关的函数名与参数不相同。基本图表的绘制过程如下:

首先,初始具体类型图表,如:chart_name=Type()。然后调用主要方法 add()添加图表的数据,设置各种配置项。最后调用 render()方法生成.html 网页文件,默认是在根目录下生成一个 render.html 的文件,也可通过 path 参数指定具体的文件路径。

【案例 7-21】根据第八章二手房交易进行数据分析后的数据,绘制各小区出售情况条形图,如图 7-26 所示。代码如下:

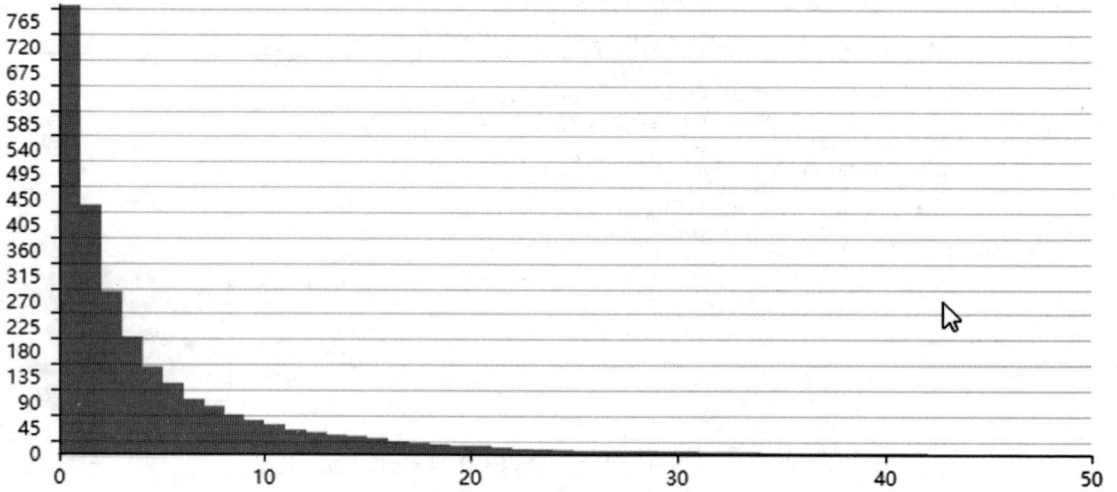

图 7-26　各小区出售情况条形图

def 小区出售情况（self）：

　　data＝self.data.index.value_counts（）

　　bar＝Bar("各小区出售情况")

　　bar.add('', data.index, data.values, is_convert = True, is_datazoom_show = True,
datazoom_range＝[0,3], datazoom_orient＝"vertical")

　　bar.render('../my_html/0.html')　　＃存储为 html

　　由于 pyecharts 绘制图表编程方法较简单，其他图表绘制不在此一一举例。

第 8 章　Python 数据分析综合案例

当确定需要数据分析和解决的问题时,数据分析的过程经历原始数据的获取、数据预处理、数据统计分析与建模、数据可视化等一系列阶段后得到数据分析结果,根据结果撰写数据分析报告供决策者参考。本章以爬取 2018 年某市二手房交易数据为例讲解 Python 数据分析的全过程。

随着我国经济的高速发展,全国 37 个重点城市的房价也节节攀升,在此,我们根据某市二手房交易数据分析二手房的交易情况,希望知道在这个城市中二手房的房价(说明:未加特殊说明本节中的房价指的是二手房房价)高低水平是怎样分布的,哪个区域的房价最高,哪些小区最炙手可热,房屋面积与房价多大最适合业主购买。这些问题是本次 Python 数据分析所要解决的问题。

8.1　Python 数据分析环境

本项目采用 Python 数据分析环境,分软件环境、数据分析需要用到的库包、Python 数据分析与可视化环境。

(1)软件环境:Python3.6+PyCharm+Anaconda。

(2)数据分析库包

- Python 网络爬虫:包括 requests 和 lxml;
- Python 数据分析:包括 NumPy、Pandas、re 和 random;
- Python 数据可视化:包括 Matplotlib、pyecharts 和 PyQt5。

8.2　数据获取

项目数据的获取方式可多种多样,最好最真实的是从企业数据库中直接提取,如公司产品销售数据、客户信息数据等,这种方式通过 Pandas 读取数据库文件获得数据。第二种方式是获取外部的公开数据集,如气象台发布的天气数据。第三种方式是编写网页爬虫程序,到指定的互联网网站中收集互联网上的数据。本项目的原始数据来源于从互联网二手房交易网站中爬取所有页面的某市已售二手房信息。因此,编写爬虫代码至关重要,我们利用

Python 的 request 和 lxml 库包从某网站上爬取相关数据,首先导入所需库包:

```
import requests,time,csv
import pandas as pd
from lxml import etree
```

因为该网站的数据只能显示前 100 页,每一页只显示每套房子的名字,详情信息要单击进入具体的页面才能显示,所以先获取每一页的 url,代码如下:

```
#获取每一页的 url
def Get_url(url):
    all_url=[]
    for i in range(1,101):
        all_url.append(url+'pg'+str(i)+'/')    #储存每一个页面的 url
    return all_url
```

接着就可以获取每套房的 url,再根据 url 获取该房的详情信息,并且存入文件中,代码如下:

```
    #获取每套房详情信息的 url
def Get_house_url(all_url,headers):
    num=0
    #简单统计页数
    for i in all_url:
        r=requests.get(i,headers=headers)
        html=etree.HTML(r.text)
        url_ls=html.xpath("//ul[@class='listContent']/li/a/@href")#获取房子的 url
        Analysis_html(url_ls,headers)
        time.sleep(4)
        print("第%s 页爬完了"%i)
        num+=1
#获取每套房的详情信息
def Analysis_html(url_ls,headers):
    for i in url_ls:    #num 记录爬取成功的索引值
        r=requests.get(i,headers=headers)
        html=etree.HTML(r.text)
        name=(html.xpath("//div[@class='wrapper']/text()"))[0].split()        #获取房名
        money=html.xpath("//span[@class='dealTotalPrice']/i/text()")    #获取价格
        area=html.xpath("//div[@class='deal-bread']/a/text()")[2]        #获取地区
        data=html.xpath("//div[@class='content']/ul/li/text()")    #获取房子基本属性
        Save_data(name,money,area,data)
        #把爬取的信息存入文件
def Save_data(name,money,area,data):
    result=[name[0]]+money+[area]+data    #把详细信息合为一个列表
```

```
with open(r'raw_data.csv','a',encoding='utf_8_sig',newline='')as f:
    wt=csv.writer(f)
    wt.writerow(result)
    print('已写入')
    f.close()
```

最后在调试运行中把该网站的网址以及文件头填入,调试运行,代码如下:

```
if __name__=='__main__':
    url='https://xm.xxxxx.com/chengjiao/'
    headers={
        "Upgrade-Insecure-Requests":"1",
        "User-Agent":"Mozilla/5.0（Windows NT 10.0；Win64；x64）AppleWebKit/
537.36（KHTML,like Gecko）Chrome/72.0.3626.121 Safari/537.36"
    }
    all_url=Get_url(url)
    with open(r'raw_data.csv','a',encoding='utf_8_sig',newline='')as f:
        #首先加入表格头
        table_label=['小区名','价格/万','地区','房屋户型','所在楼层','建筑面积','户型结
构','套内面积','建筑类型','房屋朝向','建成年代','装修情况','建筑结构','供暖方式',
'梯户比例','产权年限','配备电梯','链家编号','交易权属','挂牌时间','房屋用途','房
屋年限','房权所属']
        wt=csv.writer(f)
        wt.writerow(table_label)
    Get_house_url(all_url,headers)
```

通过运行上述代码,得到的数据格式如表 8-1 所示(仅提供部分数据)。

表 8-1   爬取二手房部分数据格式

小区名	价格/万	地区	房屋户型	所在楼层	建筑面积	装修情况	建筑结构	交易权属	…	房屋用途	房权所属
古龙明珠	355	集美二手房成交价格	3室2厅1厨2卫	高楼层（共10层）	88.32 m²	其他	框架结构	商品房	…	普通住宅	共有
橡树湾	243	集美二手房成交价格	2室2厅1厨1卫	低楼层（共33层）	89 m²	精装	钢混结构	商品房	…	普通住宅	共有
国贸商城集悦	289	集美二手房成交价格	2室2厅1厨1卫	高楼层（共34层）	98.87 m²	毛坯	钢混结构	商品房	…	普通住宅	非共有
⋮											

8.3　数据清洗与数据转换

　　获取数据后,我们发现里面有很多问题,如有部分数据缺失,存在垃圾数据,数据的格式不符合要求,需要转换格式等。因此,我们对本项目进行数据清洗,先去除无用的数据,如编号、交易权属、挂牌时间、房屋年限、房权所属等信息,然后删除全是空行的列,删除列中标示"暂无数据"超过所有行数一半的列和房屋户型为"车位"的列。在数据分析时,由于建筑面积列中含有"m²",因此需要将这列的数据部分和"m²"进行分离后删除"m²"。最后,建筑面积列中保存数据部分和价格列中的数字均为字符串类型,不利于后续 Pandas 数据分析,需要转换成 float 类型数据,还需要出建筑面积和价格求出每套房的单价。

　　数据清洗与数据转换部分代码如下:

```python
import pandas as pd
import numpy as np
import re,random,csv


# 首先从保存的文本中获取数据
def get_data():
    raw_data=pd.read_excel('raw_data.xlsx','data',encoding='utf-8')
    print("数据清洗前共有%s 条数据"%raw_data.size)
    clean_data(raw_data)
# 数据清洗
def clean_data(data):
    # 去除无用数据列
    data=data.drop(['Unnamed:0','链家编号','交易权属','挂牌时间','房屋年限','房权所属'],axis=1)
    data=data.dropna(axis=1,how='all')          # 删除全是空行的列
    data.index=data['小区名']    # 各二手房名作为索引
    del data['小区名']
    # 删除"暂无数据"大于一半数据的列
    if (((data['套内面积'].isin(['暂无数据'])).sum()) > (len(data.index))/2):
        del data['套内面积']
    # 房屋户型为车位的不列入参考范围
    data=data[~data['房屋户型'].isin(['车位'])]
    # 把建筑面积列的单位去掉并转换成 float 类型
    data['建筑面积']=data['建筑面积'].apply(lambda x:float(x.replace('m²','')))
    # 提取地区
    data['地区']=data['地区'].apply(lambda x:x[:2])
    data['单价']=round(data['价格/万'] * 10000 / data['建筑面积'],2)
```

```
data.to_csv('pure_data.csv',encoding='utf-8')
```

```
if __name__=='__main__':
    get_data()
```

程序运行后,经过数据清洗与数据转换的数据格式(部分)如表 8-2 所示。

表 8-2　数据清洗与数据转换后的数据(部分)

小区名	价格/万	地区	房屋户型	所在楼层	建筑面积	装修情况	建筑结构	…	单价
古龙明珠	355	集美	3室2厅1厨2卫	高楼层(共10层)	88.32	其他	框架结构	…	40194.75
橡树湾	243	集美	2室2厅1厨1卫	低楼层(共33层)	89	精装	钢混结构	…	27303.37
国贸商城集悦	289	集美	2室2厅1厨1卫	高楼层(共34层)	98.87	毛坯	钢混结构	…	29230.3
⋮									

8.4　数据分析

经过数据清洗和数据转换后的数据就可以进行数据分析。本项目的数据分析采用 NumPy 和 Pandas 进行,先读取经过数据清洗和数据转换后的文件数据到 DataFrame 对象中,如:

```
def __init__(self):
    self.data=pd.read_csv('pure_data.csv')
```

具体数据分析如下:

1. 根据小区名进行分组,按每组的平均价排序,部分关键代码如下:

 # 使用分组函数 groupby()来对小区名进行分组,取平均价格做排序

```
data1=self.data['单价'].groupby('小区名').mean().sort_values(ascending=False)
data2=self.data['单价'].groupby('小区名').mean().sort_values(ascending=True)
```

2. 统计各小区的出售数据,部分关键代码如下:

```
data3=self.data.index.value_counts()
```

3. 统计各小区热门户型占比,部分关键代码如下:

```
data4=self.data['房屋户型'].apply(lambda x:x[:-4]).value_counts()
```

4. 分析客户针对楼层的选择情况与房屋建筑面积、价格的关系,部分关键代码如下:

```
data=self.data
data['所在楼层']=data['所在楼层'].apply(lambda x:x[:3])
```

```
data1＝data['所在楼层'].value_counts()
x＝data1.index
data2＝data[['价格/万','所在楼层','建筑面积']].groupby('所在楼层').mean().reindex
(data1.index)
y＝['价格/万','售出数','建筑面积/m']
mj＝round(data2['建筑面积'],2)
jg＝np.round(data2['价格/万'].values,2).tolist()
```
#处理数据,优化到小数点后两位,并用.tolist()函数转化成列表
```
tj＝data1.values.tolist()
z_ls＝[[0,0,jg[0]],[0,1,tj[0]],[0,2,mj[0]],[1,0,jg[1]],[1,1,tj[1]],[1,2,mj
[1]],[2,0,jg[2]],[2,1,tj[2]],[2,2,mj[2]],[3,0,jg[3]],[3,1,tj[3]],[3,2,mj[3]],
[4,0,jg[4]],[4,1,tj[4]],[4,2,mj[4]]]
```

5. 按区分组,分析房屋成交量与房价之间的关系,部分关键代码如下:
```
areas＝self.data[['价格/万','单价','地区']].groupby(['地区']).mean()
```
按地区分组提取平均价格
```
dq＝self.data['地区'].value_counts()    #成交量
zj＝areas['价格/万'].reindex(dq.index).values
```

6. 分析小区装修情况,算出各类装修数据,部分关键代码如下:
```
data.index＝data['小区名']
zhuangxiu＝self.data['装修情况'].groupby('小区名').value_counts().unstack().sort_
values(by=['精装'],ascending＝False)
jingz＝zhuangxiu['精装']
jianz＝zhuangxiu['简装']
maop＝zhuangxiu['毛坯']
qit＝zhuangxiu['其他']
```

7. 统计房屋朝向数据,部分关键代码如下:
```
self.data['房屋朝向']＝self.data['房屋朝向'].apply(lambda x:x.replace(' ',''))
data1_count＝(self.data['房屋朝向'].value_counts()/100)
data1_mean＝round(self.data[['房屋朝向','单价']].groupby('房屋朝向').mean()/
                    10000,2).reindex(data1_count.index)
```

经过上述分析后,得出结果数据。

8.5 数据可视化

根据数据分析的结果以图表的形式展现就是本项目的数据可视化部分。本项目分别采用 Matplotlib 数据可视化和 pyecharts 数据可视化,Matplotlib 数据可视化产生的图表保存为图片文件,pyecharts 数据可视化产生的图表具有交互功能,直接在网页中显示。

8.5.1　Matplotlib 数据可视化

1. 最热门的房屋户型占比(前十)饼图(图 8-1),部分关键代码如下:

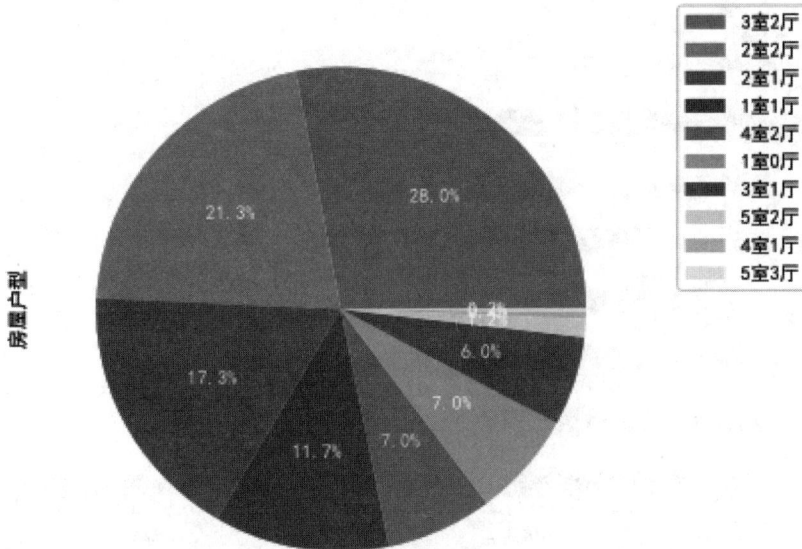

图 8-1　最热门的房屋户型占比饼图

```
def __init__(self,data):
    self.data=data
    self.ziti=plt.rcParams['font.family']='SimHei'
    self.colors=['#9999ff','#ff9999','#dd5555','#7B68EE','#3CB171','#B0C4DE',
    '#7777aa','#FFE4B5','#AFEEEE','#E0FFFF']


def 小区的热门户型占比(self):
    plt.figure(1)
    self.a=self.data['房屋户型'].apply(lambda x:x[:-4]).value_counts().head(10)
    self.a.plot.pie(colors=self.colors,autopct='%3.1f%%',textprops={'color':'w'})
    plt.legend(bbox_to_anchor=(1.05,1),loc=2,borderaxespad=0)
    plt.title('最热门的房屋户型占比 Top10')
    url='static/img1.svg'
    plt.tight_layout()
    plt.savefig(url,dpi=1500)
    print(self.a)
    return url
```

2. 小区单价排行（前十）条形图（图 8-2），部分关键代码如下：

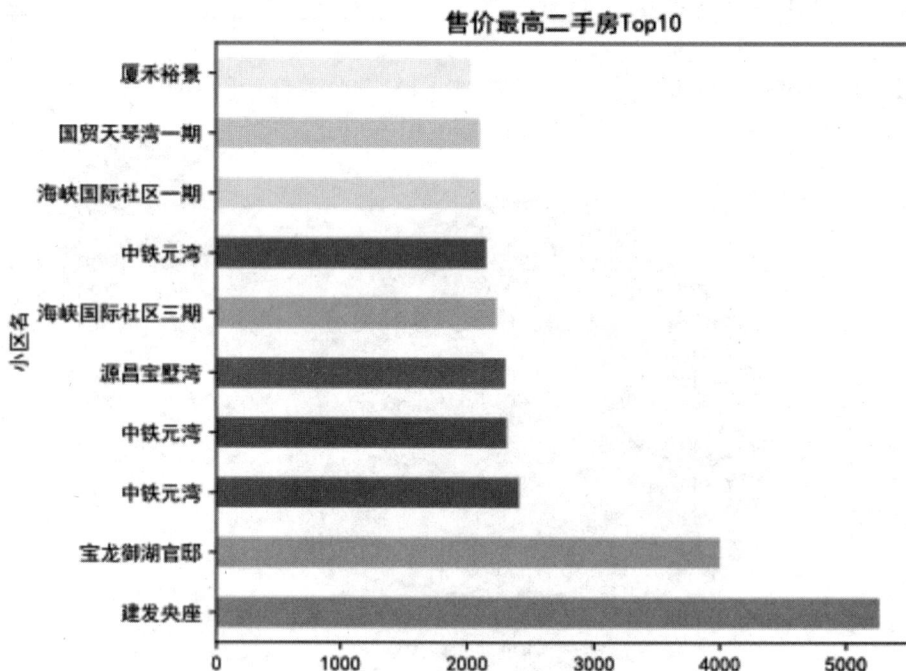

图 8-2　小区单价排行条形图

```
def 小区单价排行(self):
    plt.figure(2)
    self.b＝self.data['单价'].groupby('小区名').mean().
            sort_values(ascending＝False).head(10)
    (self.b).plot.barh(color＝self.colors)
    plt.title('小区单价 Top10 ')
    url＝' static/img2. svg '
    plt.tight_layout()
    plt.savefig(url,dpi＝1500)
    return url
```

3. 最畅销的二手房小区排行榜（前十）条形图（图 8-3），部分关键代码如下：

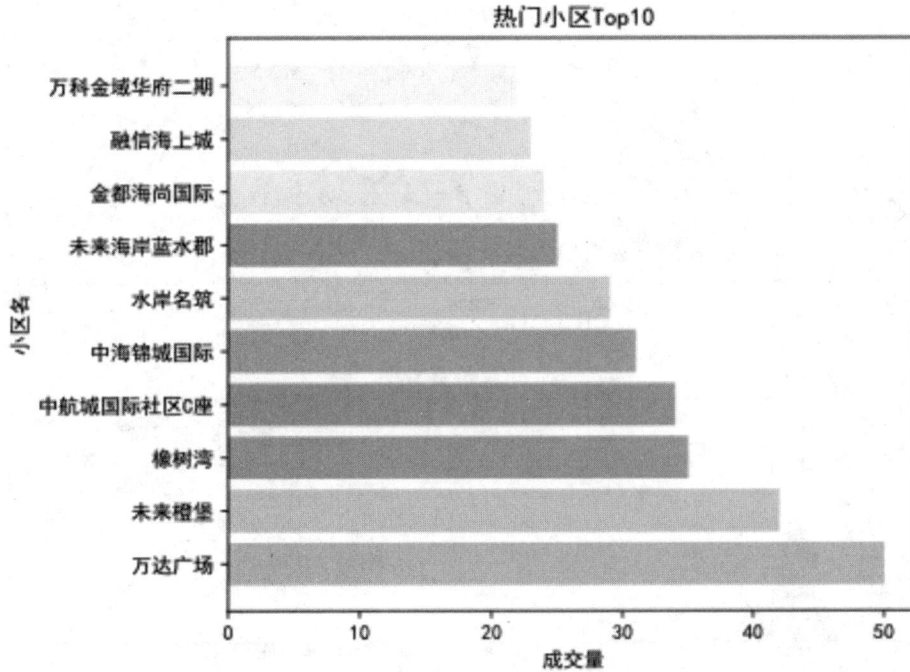

图 8-3　最畅销的二手房小区排行榜(前十)条形图

```
def 热门小区(self)：
    plt.figure(6)
    self.f＝self.data.index.value_counts()[:10]
    plt.barh(self.f.index,self.f.values,color＝self.colors,alpha＝0.6)
    plt.title('热门小区 Top10')
    plt.xlabel('成交量')
    plt.ylabel('小区名')
    url='static/img6.svg'
    plt.tight_layout()
    plt.savefig(url,dpi＝1500)
    return url
```

4. 二手房单价与总价直方图(图 8-4)，部分关键代码如下：

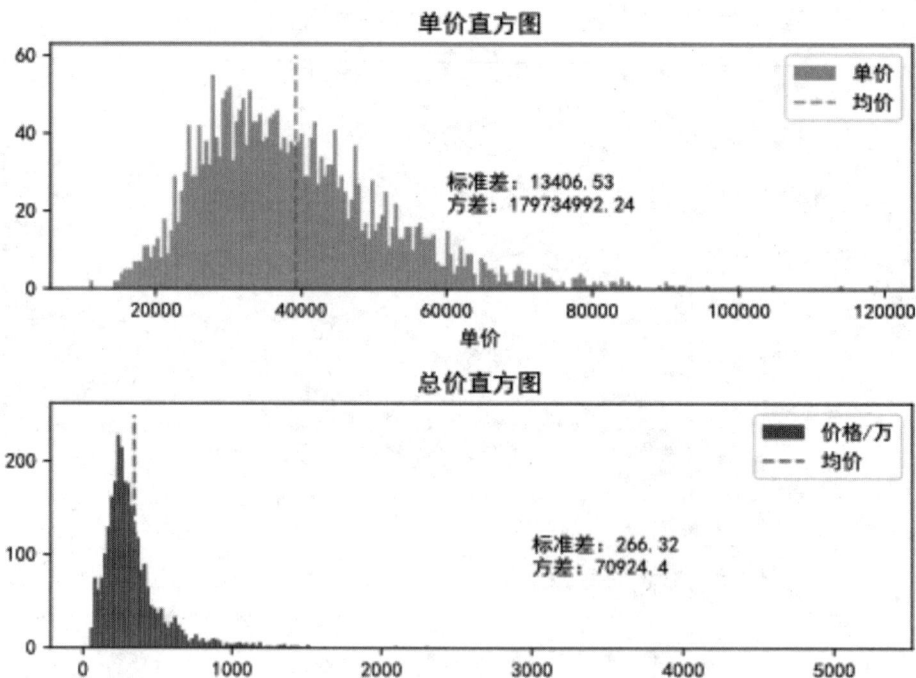

图 8-4　二手房单价与总价直方图

```
def 房价直方图(self):
    plt.figure(11)
    ax1=plt.subplot(211)
    a=self.data['单价']
    ax1.hist(a,bins=230,alpha=0.6)
    ax1.vlines(round(a.mean(),2),0,60,color='IndianRed',alpha=0.7,label='均价',
    linestyle='－－')
    ax1.set_xlabel('单价')
    ax1.set_title('单价直方图')
    ax1.text(60000,20,u'标准差:%s\n 方差:%s' % (round(a.std(),2),round(a.var(),
    2)))
    plt.legend()
    ax2=plt.subplot(212)
    b=self.data['价格/万']
    ax2.hist(b,bins=230)
    ax2.vlines(round(b.mean(),2),0,250,color='IndianRed',label='均价',linestyle='－－')
    ax2.set_title('总价直方图')
    ax2.text(3000,80,u'标准差:%s\n 方差:%s' % (round(b.std(),2),round(b.var(),2)))
    plt.legend()
    url='static/img11.svg'
```

```
plt.tight_layout()
plt.savefig(url,dpi=1500)
return url
```

5. 成交量与房价柱形图(图 8-5),部分关键代码如下:

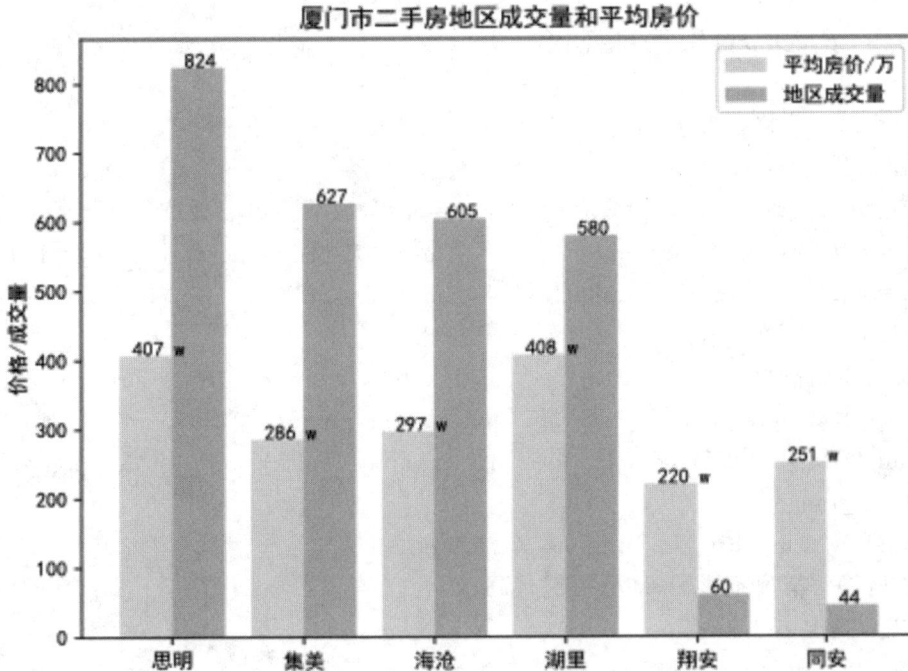

图 8-5 成交量与房价柱形图

```
def 成交量与房价(self):
    plt.figure(10)
    areas=self.data[['价格/万','单价','地区']].groupby(['地区']).mean() # 按地区分组提取平均价格
    dq=self.data['地区'].value_counts()
    zj=areas['价格/万'].reindex(dq.index).values
    index=np.arange(len(dq))
    width=0.4
    a1=plt.bar(index-width/2,zj,width,color=' SkyBlue ',alpha=0.5,label='平均房
价/万')
    a2=plt.bar(index+width/2,dq,width,color=' IndianRed ',alpha=0.5,label='地区成
交量')
    self._autolabel(a1,' w ')
    self._autolabel(a2,'')
    plt.xticks(index,dq.index)
    plt.ylabel('价格/成交量')
    plt.title('厦门市二手房地区成交量和平均房价')
    plt.legend()
```

187

```
url=' static/img10. svg '
plt.tight_layout()
plt.savefig(url,dpi=1500)
return url
```

8.5.2 pyecharts 数据可视化

1. 各小区的价格条形图,部分关键代码如下:
```
def 小区单价排行(self):#条形图
    # 使用分组函数 groupby()来对小区名进行分组,取平均价格做排序
    data1=self.data['单价'].groupby('小区名').mean().sort_values(ascending=False)
    data2=self.data['单价'].groupby('小区名').mean().sort_values(ascending=True)
    bar=Bar("小区单价排行")
    bar.add('单价降序排行',data1. index,data1. values,is_more_utils=True,is_datazoom_
    show=True,mark_point=[' average '],datazoom_range=[0,5])
    bar.add('单价升序排行',data2. index,data2. values,mark_point=[' average ',' min '],
    datazoom_range=[0,3])
    bar.render('../my_html/2. html')#存储为 html
```
2. 小区销售情况条形图,部分关键代码如下:
```
def 小区出售情况(self):
    data=self.data.index.value_counts()
    bar=Bar("各小区出售情况")
    bar.add ('', data. index, data. values, is_convert = True, is_datazoom_show = True,
    datazoom_range=[0,3],datazoom_orient="vertical")
    bar.render('../my_html/0. html')    #存储为 html
```
3. 最热门的房屋户型占比饼图,部分关键代码如下:
```
def 小区热门户型占比(self):
    #使用.value_counts()计算出现的次数
    data1=self.data['房屋户型'].apply(lambda x:x[:-4]).value_counts()
    pie=Pie("小区热门户型占比",title_pos=' center ')
    pie.add("",data1. index,data1. values,rosetype=True,radius=[40,75],label_text_
    color=None,legend_orient=' vertical ',legend_pos=' left ')
    pie.render('../my_html/1. html')#存储为 html
```
4. 楼层的选择情况与建筑面积、价格、售出数的关系 3D 条形图,部分关键代码如下:
```
def 楼层选择情况(self):
    data=self.data
    data['所在楼层']=data['所在楼层'].apply(lambda x:x[:3])
    data1=data['所在楼层'].value_counts()
    x=data1. index
```

```
data2＝data[['价格/万','所在楼层','建筑面积']].groupby('所在楼层').mean().reindex
(data1.index)
y＝['价格/万','售出数','建筑面积/m']
mj＝round(data2['建筑面积'],2)
jg＝np.round(data2['价格/万'].values,2).tolist()
#处理数据,优化到小数点后两位,并用.tolist()函数转化成列表
tj＝data1.values.tolist()
z_ls＝[[0,0,jg[0]],[0,1,tj[0]],[0,2,mj[0]],[1,0,jg[1]],[1,1,tj[1]],[1,2,mj
[1]],[2,0,jg[2]],[2,1,tj[2]],[2,2,mj[2]],[3,0,jg[3]],[3,1,tj[3]],[3,2,mj
[3]],[4,0,jg[4]],[4,1,tj[4]],[4,2,mj[4]]]
bar3d＝Bar3D('楼层售出均价与面积统计')
bar3d.add("",x,y,[[d[0],d[1],d[2]] for d in z_ls],is_visualmap＝True,visual_
range＝[0,1080])
bar3d.render('../my_html/3.html')
```

5. 成交量与房价的关系散点图,部分关键代码如下:

```
def 成交量与房价关系图(self):
    grid＝Grid()
    scatter1＝EffectScatter('成交量与房价关系')
    scatter2＝Scatter()
    scatter1.add('价格',self.data['价格/万'] * 10000,self.data['建筑面积'],is_visualmap＝
    True,legend_top＝"49%",is_axisline_show＝True)
    scatter2.add('单价',self.data['单价'],self.data['建筑面积'],is_more_utils＝True,is_
    visualmap＝True,is_axisline_show＝True)
    grid.add(scatter1,grid_top＝"55%")
    grid.add(scatter2,grid_bottom＝"55%")
    grid.render('../my_html/4.html')
```

6. 地区成交量和房价关系折线图,部分关键代码如下:

```
def 地区成交量与房价(self):    #折线图
    areas＝self.data[['价格/万','单价','地区']].groupby(['地区']).mean()
    # 按地区分组提取平均价格
    dq＝self.data['地区'].value_counts()    #成交量
    zj＝areas['价格/万'].reindex(dq.index).values
    line＝Line("地区成交量与房价")
    line.add('成交量',dq.index,dq.values,is_smooth＝True,area_opacity＝0.4,is_fill＝
    True,mark_point＝['average','max','min'],mark_point_symbol＝"diamond",mark_
    point_symbolsize＝25)
    line.add('房价',dq.index,np.round(areas['价格/万'],2),yaxis_name＝"万",is_more_
```

```
        utils=True,area_opacity=0.4,is_fill=True,mark_point=[' average ',' max ',' min '],
        mark_point_symbol="arrow",mark_point_symbolsize=25)
        line.render('../my_html/5. html')
```

7. 小区的装修情况折线图和条形图,部分关键代码如下:

```
def 小区装修情况(self):
        data=self.data
        data.index=data['小区名']
        zhuangxiu=self.data['装修情况'].groupby('小区名').value_counts().unstack().sort_
        values(by=['精装'],ascending=False)
        jingz=zhuangxiu['精装']
        jianz=zhuangxiu['简装']
        maop=zhuangxiu['毛坯']
        qit=zhuangxiu['其他']
        line=Line()
        bar=Bar()
        line.add("精装",zhuangxiu.index,jingz.values,is_more_utils=True,mark_point=
        [' average '],effect_scale=8,is_datazoom_show=True,datazoom_range=[0,8])
        line.add("简装",zhuangxiu.index,jianz.values,mark_point=[' average '],is_more_utils
        =True,effect_scale=8,is_datazoom_show=True,datazoom_range=[0,8])
        line.add("其他",zhuangxiu.index,qit.values,mark_point=[' average '],is_more_utils
        =True,effect_scale=8,is_datazoom_show=True,datazoom_range=[0,8])
        bar.add("毛坯",zhuangxiu.index,maop.values,mark_point=[' average '],is_more_
        utils=True,is_datazoom_show=True,datazoom_range=[0,8],yaxis_name='套')
        overlop=Overlap("小区装修情况")  # 使用 Overlap 创建画布,实现两种图的叠加
        overlop.add(bar)
        overlop.add(line)
        overlop.render('../my_html/6. html')
```

8. 房屋朝向雷达图,部分关键代码如下:

```
def 房屋朝向统计(self):
        self.data['房屋朝向']=self.data['房屋朝向'].apply(lambda x:x.replace(' ',''))
        data1_count=(self.data['房屋朝向'].value_counts()/100)
        data1_mean = round(self.data[['房屋朝向','单价']].groupby('房屋朝向').mean()/
        10000,2).reindex(data1_count.index)
        radar=Radar("房屋朝向统计")
        c_schema=[{"name":data1_count.index[1],"max":10,"min":0},
                        {"name":data1_count.index[2],"max":10,"min":0},
                        {"name":data1_count.index[3],"max":10,"min":0},
```

```
            {"name":data1_count.index[4],"max":10,"min":0},
            {"name":data1_count.index[5],"max":10,"min":0}]
radar.config(c_schema=c_schema)
radar.add("房屋朝向/百分比",[data1_count.values],area_color="#ea3a2e",area_
opacity=0.3)
radar.add("均价/万",[data1_mean.values],area_color="#2525f5",area_opacity=0.2)
radar.render('../my_html/7.html')
```

9. 地区单价与总价的分布情况地图(注:这里必须安装 pyechart 的地图包,否则地图不显示),部分关键代码如下:

```
def 地图可视化(self):    #地图可视化
data=self.data[['价格/万','地区','单价']].groupby(['地区']).mean().sort_values(by=
['价格/万'],ascending=False )
area=['湖里区','思明区','海沧区','集美区','同安区','翔安区']
valueq=[4079263.79,4073649.27,2969285.95,2856623.6,2508863.64,2204233.33]
#区域价格
map=Map('厦门区域房价图')
map.add('房价',area,valueq,effect_scale=5,maptype=u'厦门',is_visualmap=True,
visual_range=[min(valueq),max(valueq)],type='heatmap',visual_text_color="#
fff",symbol_size=15,is_roam=False)
map.render('../my_html/ditu.html')
```

10. 对房屋详情信息关键词出现的次数做统计,生成词云图,可以更直观地看出厦门房子标签的普遍规律,部分关键代码如下:

```
def 房屋标签词云(self):
word_lst=[]
word_dict={}
ls=['小区名','价格/万','地区','房屋户型','所在楼层','暂无数据','未知','其他','有','未知
结构','建筑面积','户型结构','建筑类型','房屋朝向','建成年代','装修情况','建筑结构','梯
户比例','产权年限','配备电梯','房屋用途','单价\n']
with open(' pure_data.txt ',encoding="gbk") as wf:
    for word in wf:
        word_lst.append(word.split(','))
        for item in word_lst:
            for item2 in item:
                if item2 not in word_dict and item2 not in ls:
                    word_dict[item2]=1
                elif item2 in word_dict and item2 not in ls:
                    word_dict[item2]+=1
```

```
name＝word_dict.keys()
count_list＝sorted(word_dict.items(),key＝lambda x:x[1],reverse＝True)
count_list＝count_list[:170]
name＝[i[0] for i in count_list]
value＝[i[1] for i in count_list]
wordcloud＝WordCloud( width＝800,height＝500)
wordcloud.add("",name,value,word_size_range＝[20,100])
wordcloud.render('../my_html/ciyun.html')
```

8.6　数据分析结果

1. 各小区二手房交易情况

从图 8-3 和图 8-6 分析可知,像万达广场、未来橙堡等商圈类的二手房转手数量较多,其余纯住宅型小区的转手数就较少,属于长尾分布类型,说明本市业主购买纯住宅型小区以自住为主,商用型住宅的二手房转手率高,有投资性倾向。

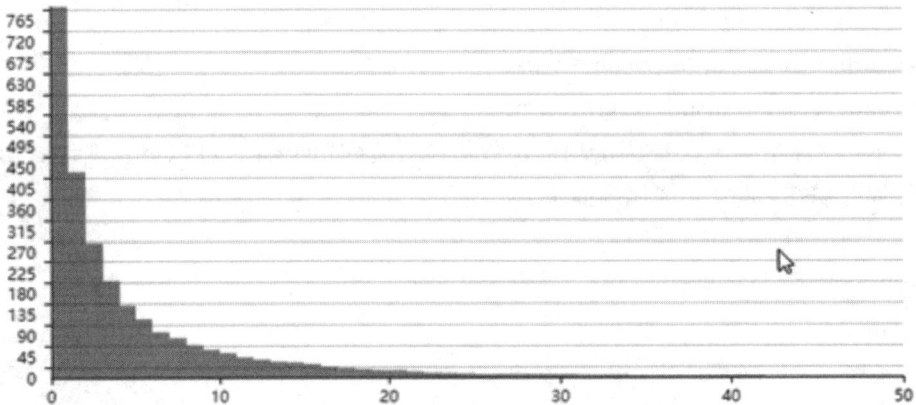

图 8-6　各小区出售量直方图

2. 各小区户型占比

通过图 8-7 和图 8-1 可以看出,业主选择 3 室 2 厅户型的比例较大,说明一般三口之家理想户型是 3 室 2 厅户型,符合中国家庭消费习惯。考虑房屋总价和业主个人实际经济能力,如果没有选择 3 室 2 厅作为标配,则选择 3 室 1 厅、2 室 2 厅和 2 室 1 厅的房源的业主也占比不少,其他房屋户型的房源占比就比较少了,说明开发商在开发地产时以 3 室 2 厅、3 室 1 厅、2 室 2 厅和 2 室 1 厅户型为主是有数据佐证的。

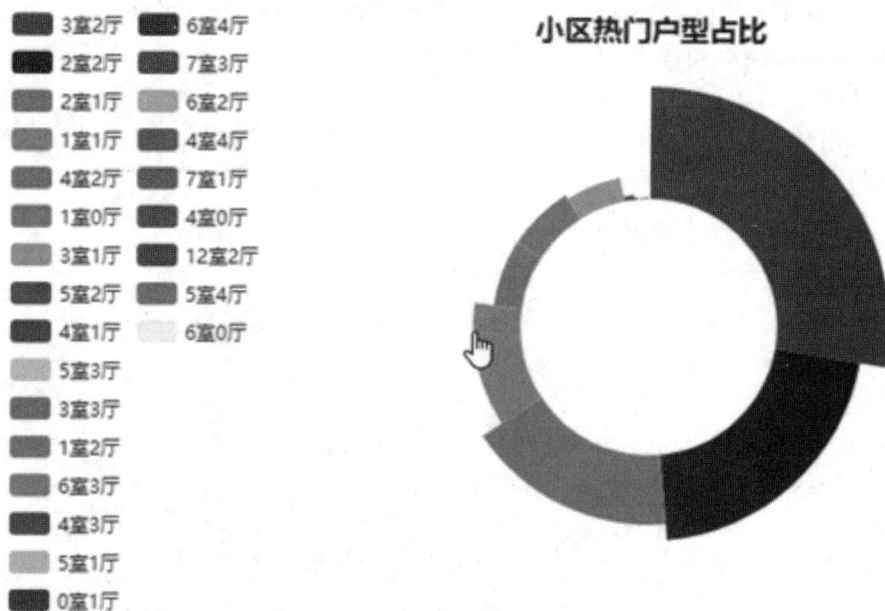

图例：

3室2厅	6室4厅
2室2厅	7室3厅
2室1厅	6室2厅
1室1厅	4室4厅
4室2厅	7室1厅
1室0厅	4室0厅
3室1厅	12室2厅
5室2厅	5室4厅
4室1厅	6室0厅
5室3厅	
3室3厅	
1室2厅	
6室3厅	
4室3厅	
5室1厅	
0室1厅	

小区热门户型占比

图 8-7　房屋户型占比玫瑰图

3. 小区单价统计情况

图 8-8 为各小区二手房平均单价柱状图,横轴为本市各小区名称,纵轴为单价(元/平方米),从图中可以看到虎园路 10 号之一、兴华路和紫金家园二期这三个小区的二手房平均单价最高,均在 10 万元/平方米以上。虎园路 10 号之一属于本市学区房区域,属于思明实验小学片区,房价一路飙升,现在已经成了本市 2018 年最贵的小区之一,其均价一直高升不下。从整体来看,本市小区均价都已超过了 40000 元/平方米,处于较高的价位区间。从图 8-5 可以看出,思明区和湖里区的小区的二手房均价最高,其次是海沧区和集美区,翔安区

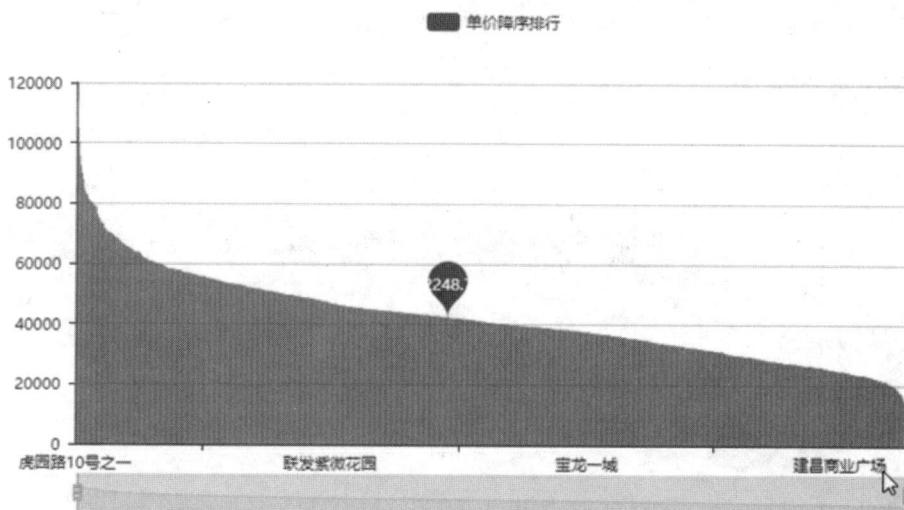

图 8-8　小区平均单价柱状图

和同安区由于距离市区较远的原因,它们区的二手房均价最低,但也超过 20000 元/平方米。

4. 楼层售出的情况和面积、价格的关系情况

图 8-9 是楼层售出数量、价格与建筑面积的 3D 柱形图,X 轴为各个楼层的名称,Y 轴为售出价格、售出数量和建筑面积,Z 轴用来记录数量。通过观察发现,中楼层的房源最受欢迎,售出数量最多,层差价格差异不大,地下室的价格相对更低。在楼层选择方面,业主偏向中高层楼层,销售数量高于其他楼层。

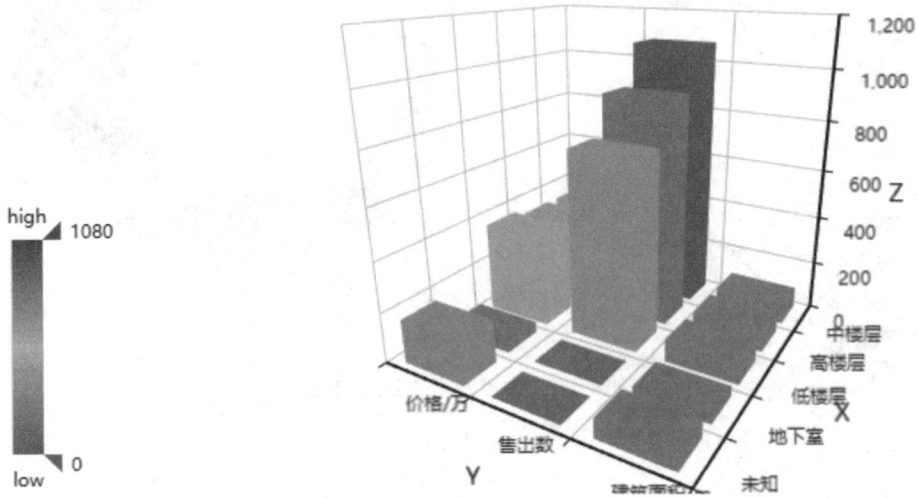

图 8-9 楼层均价与面积统计 3D 柱形图

5. 成交量和房价、单价统计情况

图 8-10 上图是二手房单价与建筑面积散点图,纵轴为建筑面积(平方米),横轴为单价(元/平方米)。从图中可以看出,建筑面积与单价并无明显关系,散点集中在面积为 100 平方米附近、单价在每平方米 3 万元到 6 万元之间。从图中可以看出,单价高的房源,建筑面积一般都比较小(个别特例是比较大),可能因为这些房源一般都位于市中心。

图 8-10 下图是二手房总价与建筑面积散点图,纵轴为建筑面积(平方米),横轴为总价

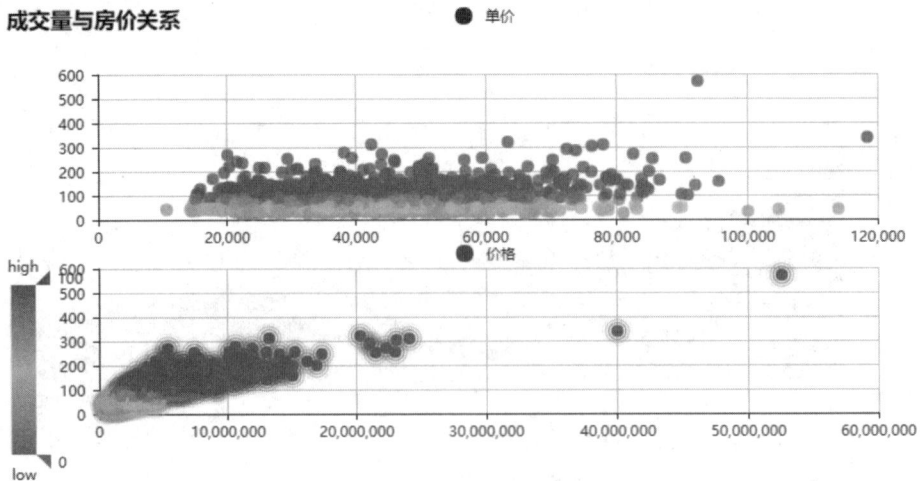

图 8-10 成交量与房价关系散点图

（元）。从图中可以看出，总价与建筑面积这两个变量符合正相关关系。数据点分布比较集中的区域大多数都在总价 100～200 万元与建筑面积 50～150 平方米这个区域内，与图 8-10 上图的数据分析是相符合的。

6. 各区二手房成交量与房价情况

图 8-11 是本市各区成交量与房价的折线图，通过此图可以看出，思明区的房源最受欢迎，集美、海沧、湖里次之，而翔安和同安的成交量偏少，这与其偏远的地理位置、交通医疗与教育等配套条件差异有对应的关系。思明区和湖里区是本市核心区域，交通发达，有地铁、BRT，公交网络全覆盖且乘坐方便；医疗资源和教育资源丰富，本市最好的三甲医院和最出名的学校均在这两个区；城市化建设设施完善，任何一个地方步行十分钟均有一座公园供市民娱乐健身，所以是本市二手房成交主力。随着海湾型城市建设的加快，这几年，岛外的集美区、海沧区异军突起，房地产开发明显加速，加上集美区的优质教育资源和海沧区的优质港口资源，这两个区的二手房交易成交量喜人。

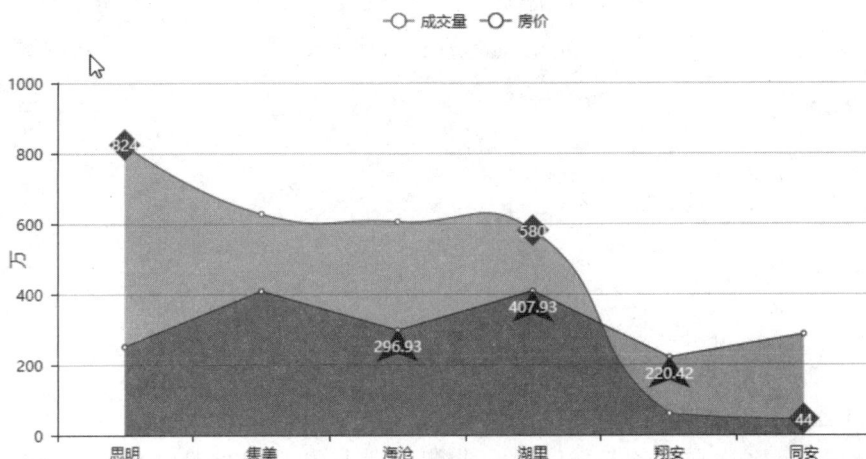

图 8-11　各区成交量与房价折线图

7. 各小区二手房装修情况

从二手房房屋装修情况图（图 8-12）可以看出，大部分房源的房屋装修情况都是"其

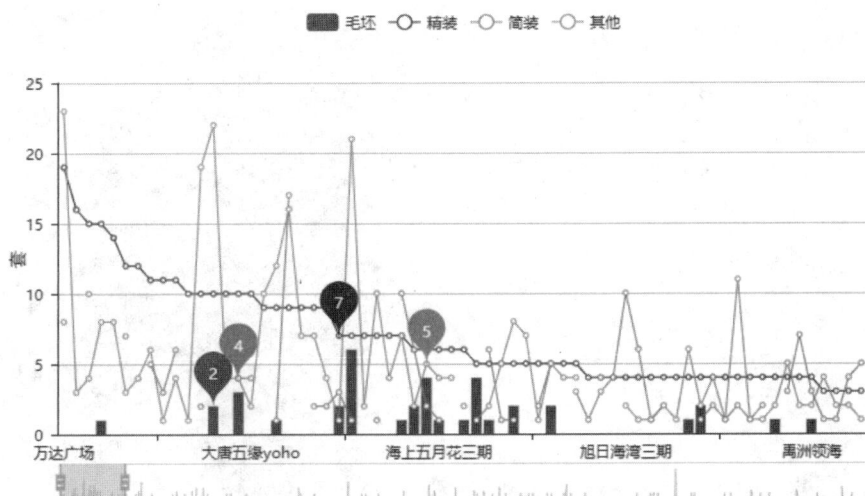

图 8-12　二手房房屋装修情况

他",因为房源数据全部为二手房的缘故,很多业主都自主装修过。像万达广场这种商圈的房屋大部分以精装为主,所以万达广场房源精装数量最多。而海上五月花三期在交房时一手房为毛坯,二手房交易时还是毛坯,说明该小区的很多业主是投资性购房。

8. 房屋朝向和价格的关系情况

从图 8-13 中我们可以看出,南北朝向的房源占百分比最多,其次是东南,向北朝向的少,符合人们的选房需求。从地理上来说,房屋朝向一半以上都是坐北朝南、南北通透,易于空气流通。但是从图分析,房屋朝向与房屋均价的关系不大,房屋朝向不是影响房屋均价的主要因素。

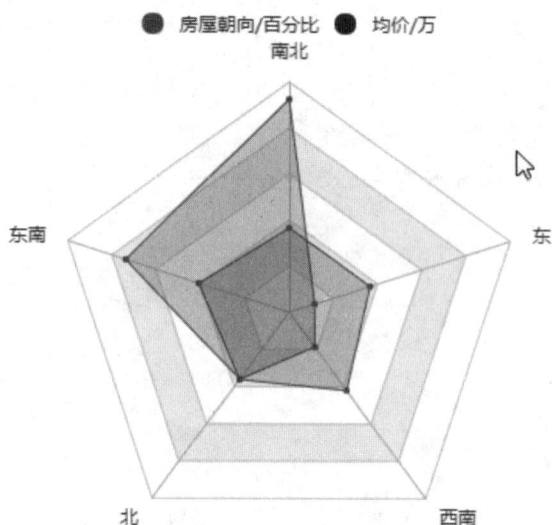

图 8-13　房屋朝向与价格雷达图

9. 本市区域房价地图显示

通过观察本市各个区域的二手房房价地图,思明区和湖里区是红色的,房源单价最高,海沧区和集美区是米黄色,房源单价次之。本市二手房房源单价按思明、湖里、海沧、集美、同安、翔安这样的顺序递减。如图 8-14 所示。

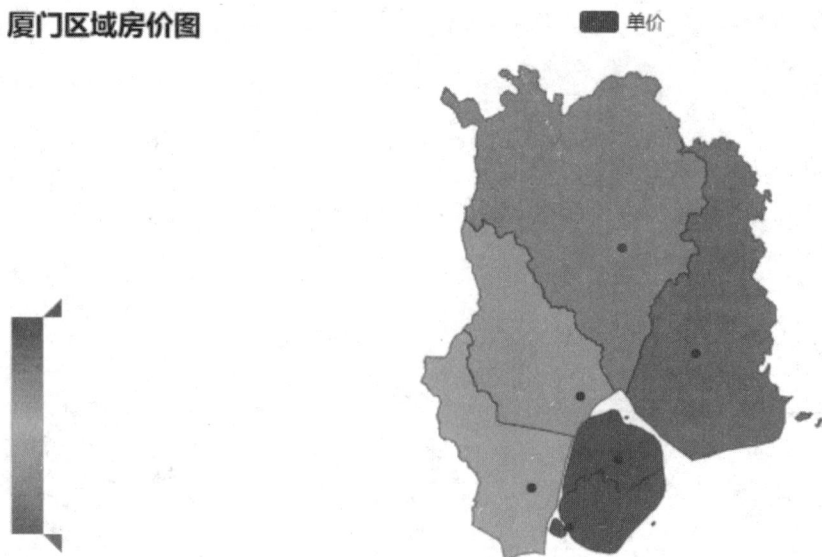

图 8-14　区域房价地图

10. 数据文件词云分析

从整体数据文件词云图(图 8-15),可以得到在本市二手房房源信息中经常出现的高频词,如 70 年(房屋年限)、平层、钢混结构、精装等。我们可以通过这些高频词了解整个数据文件中的基本内容,还可以通过高频词的频率大小判断人们所购的房源信息更偏向于 3 室 2 厅、钢混结构、平层等。

图 8-15　数据词云图

参考文献

[1]Fabio Nelli.Python 数据分析实战[M].北京:人民邮电出版社,2016.

[2]赵守香,唐胡鑫,熊海涛.大数据分析与应用[M].北京:航空工业出版社,2016.

[3]张良均,王路,谭立云,苏剑林.Python 数据分析与挖掘实战[M].北京:机械工业出版社,2015.

[4]曾剑平.互联网大数据处理技术与应用[M].北京:清华大学出版社,2017.

[5]江红,余青松.Python 程序设计与算法基础教程[M].北京:清华大学出版社,2018.

[6]董付国.Python 程序设计(第 2 版)[M].北京:清华大学出版社,2016.

[7]周苏.大数据可视化[M].北京:清华大学出版社,2016.

[8]科斯·拉曼(Kirthi Raman).Python 数据可视化[M].北京:机械工业出版社,2017.